Estelle Dereault
1991. Souvenir de J. Marc.

Y0-CDP-681

IL RESTERA TOUJOURS
LE NEBRASKA

Nathalie Petrowski

IL RESTERA TOUJOURS
LE NEBRASKA

roman

Boréal

Conception graphique : Gianni Caccia

© Les Éditions du Boréal: Canada

© Le Seuil: France

Dépôt légal : 4ᵉ trimestre 1990
Bibliothèque nationale du Québec

Diffusion au Canada : Dimedia

Données de catalogage avant publication (Canada)

Petrowski, Nathalie, 1954-

Il restera toujours le Nebraska

ISBN 2-89052-360-8

I. Titre.

PS8581.E87147 1990   C843'.54   C90-096575-4
PS9581.E87147 1990
PQ3919.2.P47147 1990

1

MÊME SI J'Y RESTE...

J'ai quitté Julien Paradis ce matin. Il ne le sait pas encore. J'ai tout laissé en plan. L'appartement, les meubles, les trois quarts de mes vêtements. J'ai pris ce qui me tombait sous la main. J'étais pressée. Ma valise ne pesait rien. Je pesais encore moins qu'elle. J'aurais quasiment pu m'y glisser et m'envoyer par livraison spéciale à la destination de mon choix. C'est l'avantage des valises bouclées en catastrophe. Elles sont légères, compactes, pas encombrantes et potentiellement explosives ; de vraies bombes à retardement. Je tiens cette manie de ma mère. Elle faisait sa valise à tout bout de champ. Mon père la regardait en calculant le temps qu'elle prendrait entre la maison et le restaurant du coin avant de changer d'idée et de rebrousser chemin.

Pour ces deux caractériels avancés qui répondaient au nom de parents, la monotonie n'était pas un mot du dictionnaire, mais une chute de pression temporaire, qu'il fallait à la première démangeaison rayer de la face de la terre. On ne s'ennuyait jamais avec eux. Quand la flamme venait à manquer dans leur foyer, ils allumaient des incendies domestiques dont j'étais le témoin privilégié. Mon père piquait une sainte colère à propos d'une serviette ou d'une salière égarées. Pour ma mère, c'était le signal. Elle sautait sur la valise qu'elle gardait toujours à portée de la main. L'instrument de chantage bien en vue, elle traversait le salon en claquant des talons. Puis elle claquait la porte. Mon père, pendant ce temps-là, tournait les pages de son journal en faisant des efforts extraordinaires pour ne pas rire dans sa barbe.

Plan américain de ma mère qui s'en va dans le soleil couchant, puis zoom sur mon père qui ne réagit pas. Tilt down sur moi, cinq ans, le menton tendu, la bouche ouverte, les yeux au bord du mélodrame. Je regarde mon père, suppliante, l'air de dire : réveille-toi, fais quelque chose, retiens-la, fonds en larmes, roule-toi par terre !

De mon père j'attendais n'importe quoi qui m'indiquerait à moi, sa fille sur le point de devenir orpheline, qu'il était un être humain et non un édifice d'indifférence généralisée. Mais mon père ne perdait pas les pédales, ne délaissait pas son journal, restait calme, confiant, sûr de son pouvoir sur ma mère et sur moi. Parfois il haussait les épaules et disait d'un air blasé : t'en fais pas, elle va revenir, où veux-tu qu'elle aille ?

Mon père avait raison. Ma mère n'avait nulle part au monde où aller, si bien qu'elle faisait le tour du pâté de maisons, allait prendre un café, puis revenait, défaisait sa valise, se mettait à pleurer ou à laver la vaisselle. Moi, je suivais ses allées et venues sans bouger, comme de la première rangée au cinéma. Je croyais toujours qu'elle partait pour la vie. Je voyais apparaître le mot « fin » sur la porte qui venait de claquer. Je me disais : pourvu qu'elle parte, puis pourvu qu'elle revienne. À la fin je ne me disais plus rien du tout. Je me demandais seulement s'il restait encore sur terre une seule personne saine en mesure de m'expliquer ce qui se passait. Mais il n'y avait rien à expliquer, rien à comprendre. Ma mère revenait toujours et, au moment fatidique où elle ouvrait la porte, qui maintenant grinçait, me venait à l'esprit une pensée sournoise que je me gardais bien de proférer car elle m'aurait temporairement rangée dans le camp de mon père. Dis donc, comme sortie ratée, c'est plutôt réussi ! disait mon père qui avait tout deviné.

Dans mon for intérieur, j'en voulais toujours un peu à ma mère de revenir. Non pas que je souhaitais rester seule avec mon père et vivre mon œdipe sereinement. Avec un père comme le mien, c'est-à-dire un homme dont l'unique plaisir consistait à écœurer le peuple, en l'occurrence ma mère et moi, l'œdipe on s'en guérit assez vite merci. Non, je souhaitais que ma mère parte pour qu'elle nous venge du sale caractère de mon père. Ma mère malheureusement partait aussi régulièrement qu'elle revenait, l'un n'allait pas sans l'autre. Il fallait que je me rende à l'évidence : elle ne pouvait pas humainement partir et me laisser seule avec mon vieux con de père. Alors, chaque fois qu'elle ouvrait la porte qu'elle avait quelques heures plus tôt si bien claquée, je lui en voulais peut-être mais j'étais en quelque sorte soulagée qu'elle n'ait pas pris ses désirs et les miens pour la réalité.

Je lui disais : t'en fais pas, maman, la prochaine fois on fout le feu à son journal et on se sauve quelque part au Nebraska. Je ne sais pas pourquoi je pensais au Nebraska dans ces moments-là. Je n'y avais jamais mis les pieds et mes lamentables connaissances géographiques n'auraient su m'y conduire. N'empêche que, dès que je mentionnais le Nebraska, ma mère retrouvait ses couleurs. Elle me souriait

9

gentiment à travers le rideau de ses larmes, puis m'entraî-
nait dans la cuisine pour préparer le souper du vieux con
mort de rire dans son journal.

Un jour, ma mère a claqué la porte tellement fort que
celle-ci a failli sortir de ses gonds. Un peu de plâtre s'est
émietté sur le plancher. Les oreilles m'en ont sifflé pendant
deux jours. Cette fois-là, mon père n'a même pas eu besoin
de déposer son journal. La spécialiste des bombes à retardement venait, après quinze années de fidèles et loyaux
services, de lui donner congé. Comme coup de théâtre
après des années de mauvais cinéma, ce fut plutôt réussi.

*   *   *

Moi aussi, j'ai claqué beaucoup de portes dans ma vie.
Ce matin pourtant, j'ai refermé la porte tout doucement. Je
ne voulais pas réveiller les voisins. Je ne voulais surtout pas
réveiller leur chien. Je suis partie à l'aube, quelques heures
avant la cérémonie. Je devais me marier aujourd'hui. Je dis
bien je devais, car j'ai hésité jusqu'à la dernière minute.
Maintenant je n'hésite plus. Je ne peux pas sérieusement
épouser Julien Paradis.

La rue est aussi calme qu'un cactus. Il est six heures
du matin. Cette fois, c'est vrai, je pars pour de bon. Je ne
veux plus jamais entendre parler de mariage, de couples
unis pour la vie et de bébés qui braillent devant des parents
qui bavent d'admiration. Je ne veux surtout plus entendre
parler d'engagement même si ce mot a toujours échappé à
mon entendement. Pour tout dire, je ne me suis jamais
engagée à court ou à long terme dans quoi que ce soit.
L'engagement, pour moi, c'est un mur conçu expressément
pour que l'on fonce dedans. C'est la Mort avec des tonnes
de responsabilités et sans la garantie qu'on sera enterré dans
le cimetière de son choix.

C'est pour cela et pour d'autres raisons que je préfère taire que je quitte Julien Paradis le matin de nos noces. Je sais que j'aurais pu me décider avant, mais il faut parfois se rendre au bord du précipice pour comprendre à quel point on n'a plus envie de sauter. Je ne quitte pas Julien Paradis par dépit. Je crois au contraire que c'est une ultime preuve d'amour que je lui offre même si, au cours de notre longue idylle qui a duré exactement cinq mois, deux jours, huit heures et douze minutes, je n'ai jamais su si je l'aimais ; vraiment, je veux dire.

Je quitte Julien Paradis et, par le fait même, je quitte Montréal, la ville des pistes cyclables, des espaces verts et des gros trous dans les rues au dégel. Montréal, comme de raison, ne le sait pas encore car, à cette heure-ci, Montréal dort. Ce n'est pas nouveau comme phénomène. Montréal passe sa vie à dormir. On dirait que sa population somnole constamment, qu'elle roule au neutre, à l'ombre des grands actes et des grands sentiments, tout affairée au ronron de sa routine consanguine. Tout est propre, tout est tranquille, le métro glisse, les portes-fenêtres coulissent, les murs jaunissent, les gens ne transpirent pas. Ils suintent seulement la peur. Celle de vivre comme celle de mourir. Quand ils ont vraiment trop peur, ils se marient.

Ce matin, l'air est froid et têtu comme un hiver qui s'encrasse. Julien ne voulait pas attendre jusqu'au printemps. Il a dit : Avec la température qu'on a, on pourra attendre le printemps toute notre vie et ne jamais se marier. Je n'ai pas voulu le contredire. Le printemps n'aurait rien changé, de toute façon.

Une poussière de neige tourbillonne dans les rues. J'entends les flocons éclater et leur bombe blanche fondre sur l'asphalte. J'entends le souffle du vent. Dans quelques heures, les cloches sonneront. Dans quelques heures, je serai loin.

11

J'ai appelé un taxi. Je chuchotais au téléphone telle-ment j'avais peur qu'un traître me dénonce à la police, une peur non fondée puisqu'il n'y avait autour ni traître ni police qui aurait pu douter de mes intentions. Personne, de fait, ne s'en doutait, pas même Julien Paradis à qui j'avais fait croire jusqu'à la dernière minute que j'étais mûre pour le mariage. Et moi-même j'aurais pu y croire si seulement je n'avais pas découvert, par le plus malheureux des hasards, le dernier lapin dans le chapeau sans fond de mon ex-futur mari.

Julien était parti à Québec, la veille, régler un certain nombre d'affaires. Entre son départ et ma découverte, quelques heures seulement s'étaient écoulées. Pendant ce court laps de temps, j'avais toutefois compris la nécessité de réviser mes positions. Le statut de future épouse ne me convenait plus, il ne me restait qu'à joindre les rangs des personnes portées disparues. J'aurais voulu en discuter au préalable avec mes amis, mais mes amis à ce stade-ci étaient soit morts, soit invités à mon mariage, ce qui revenait au même dans mon esprit. Les morts n'étaient pas ressus-citables ; quant aux autres, ils auraient à tour de rôle tenté de me dissuader en disant des choses comme : tu es en train de gâcher ta vie. Et comme je suis particulièrement influen-çable devant la moindre décision à prendre, je les aurais écoutés comme j'écoute tout le monde, y compris le chien du voisin. Je les aurais tellement écoutés que je ne serais jamais partie.

Le chauffeur de taxi est blême d'avoir travaillé toute la nuit. Sa voix lasse ne montre aucune disposition pour l'empathie.

— L'aéroport, s'il vous plaît, lui dis-je en prenant place dans son sanctuaire humide.

— Lequel ? demande-t-il sèchement.

J'hésite un instant. Non pas que je n'aie pas prévu le coup, mais cette question, comme toutes les autres, me ramène à mon sport favori : le doute raisonnable. Pour pallier ce doute grandissant, je lance le nom de Dorval et l'indication supplémentaire que je vais aux États-Unis. Le chauffeur de taxi me regarde avec un soupçon de condescendance. Encore une autre, doit-il se dire, une autre de ces bonnes femmes qui prennent la vie pour un roman et l'avion pour un taxi. Toujours la même histoire qui commence ou finit par un avion qui décolle, par une bonne femme qui s'envole. Toutes les mêmes, ces bonnes femmes...

J'ai envie de m'excuser sur-le-champ. C'est mon sport préféré après le doute raisonnable. Je m'excuse de tout et de rien. Je m'excuse surtout d'exister. Ce matin, je m'excuserais volontiers de partir à l'aube du plus beau jour de ma vie. Mais devant le mutisme renfrogné du chauffeur de taxi, je conclus que l'acte de contrition ne fera qu'aggraver mon cas. Alors je me tais en fixant obstinément le coffre à gants. Je sens que le chauffeur rêve de m'y enfermer.

Nous roulons en silence le long des rues mornes et des avenues désertes. De temps à autre, j'aperçois le regard éteint du chauffeur de taxi dans le rétroviseur, d'où pendouille une statue de la Sainte Vierge. Heureusement qu'il ne collectionne pas des figurines de mariés. J'ai beau avoir l'air déterminée et sûre de mon coup, j'ai beau savoir que ce mariage était improbable, il reste qu'il m'arrive de m'attendrir à l'idée que j'aurais pu être madame Julien Paradis. Des fois, même, j'en braillerais.

Le paysage défile en accéléré à travers la vitre, et la statue continue son mouvement de balancier. Des images de ma vie passée se superposent aux arbres et aux maisons, en autant d'impulsions lumineuses téléguidées par la mémoire. J'essaie de les neutraliser en m'accrochant aux bâtiments, aux maisons et à la Sainte Vierge qui s'en balance éperdument, mais ma mémoire, tenace et pas tuable, insiste. Elle vient de m'envoyer le visage de Julien. Son visage, ses gestes, sa façon de parler comme un petit garçon. J'essaie de le chasser de mon esprit, mais c'est plus fort que moi : j'anticipe ses paroles avant qu'il ne les formule, ses gestes avant qu'il ne les pose. Alors je m'y soumets et je le vois tel qu'il est ce matin, jour de notre mariage. À quoi pensent les hommes ce jour-là ? À tout annuler ? Non, pas Julien. Lorsqu'il s'engage, c'est pour la vie. Il est tout le contraire de moi. Lorsque je m'engage, je ne pense par la suite qu'à me dérober. Mon père me l'a toujours dit : je suis une fille complètement irresponsable. Si seulement il savait...

J'imagine Julien qui franchit le pont Jacques-Cartier au moment où mon taxi s'engage dans le dernier bras d'autoroute avant l'aéroport. Il gravit les marches de l'escalier deux à deux, pousse la porte de l'appartement. Le chien des voisins aboie. Julien se dirige vers la chambre à coucher. Le lit est vide. Il ne comprend pas. Il va maintenant d'une pièce à l'autre. Il me cherche au fond des placards. Il voit ma robe de mariée étalée sur la table de la salle à manger. Il la soulève pour voir si elle ne cache pas une lettre, une explication. Il ne trouve rien. Il aurait fallu que je lui écrive un roman pour lui expliquer. Je n'avais pas le temps ni suffisamment de papier.

Le taxi a freiné d'un coup sec devant la porte des départs. Le chauffeur se tourne vers moi. Toujours le même visage blême qui demande qu'on lui fiche la paix, qui ne pense qu'à aller se coucher, qui ne veut rien savoir de moi ni de l'humanité. Je lui tends un billet en lui indiquant de la main de garder la monnaie. Il marmonne un merci pâteux avant de retrouver la Sainte Vierge, la seule femme de sa vie.

L'aéroport est bondé de voyageurs mal réveillés qui traînent leurs valises comme des boulets. Au tableau d'affichage, il n'y a que des vols en partance pour les États-Unis. Je regarde défiler les noms de New York, Pittsburgh et Miami. New York est trop grand, Pittsburgh, trop gris, Miami est moins une ville qu'une émission de télévision. Je cherche en vain le nom de Lincoln, la capitale du Nebraska, mais elle n'apparaît nulle part. Au kiosque d'information, la préposée somnole dans son café. Le Nebraska n'est évidemment pas sur sa liste de priorités. Elle consent toutefois à sortir un gros livre et à y promener un index endormi. Au bout de longues recherches qui prennent l'allure de fouilles archéologiques, elle trouve l'information et me la communique avec découragement. Il ne faut pas être pressé pour aller au Nebraska. De Montréal, on descend jusqu'à Miami, avant de changer de compagnie aérienne et de prendre un vol pour Saint Louis, lequel vol arrive quelques siècles plus tard à Lincoln, au Nebraska.

Je m'élance vers le premier comptoir qui annonce un vol pour Miami. Je suis plutôt fière de mon coup. Pour une fois, j'ai le nom de ma destination et la route précise qu'il faut prendre pour y arriver. Marco Polo peut aller se rhabiller, je découvrirai le Nebraska avant lui. Mais au moment où j'ouvre la bouche pour débiter mon catéchisme, je perds subitement l'usage de la parole. Dans ma hâte, j'ai oublié un seul détail. C'est malheureusement un détail crucial. Je ne comprends pas comment j'ai pu l'oublier.

Je peux tout faire dans la vie. Vraiment tout. Tuer un homme dangereux, ou du moins le blesser avec un pistolet. Rester un mois toute seule dans une cabane au fond d'un bois. Regarder entre les deux yeux un ours qui fouine dans mes poubelles, contempler une araignée, une souris ou un serpent à sonnettes sans que cela me fasse un pli. Rien ne m'effraie. Rien ne me terrifie. Rien, sauf l'avion. Impossible de me résoudre à l'idée que cet amas de ferraille, que cette bête lourde et boursouflée, puisse voler. Et si je doute souvent dans la vie, il m'arrive parfois d'être convaincue. Convaincue que tous les avions finissent un jour par tomber parce que les lois de la pesanteur sont ainsi faites. Convaincue que si je n'épouse pas Julien Paradis, je vais y laisser ma peau. Convaincue que ce que je fais est immoral, que je serai punie et que l'avion n'est là que pour précipiter ma chute.

— What's your destination, Miss ? interroge la préposée pour la quatrième fois avec un accent tellement pointu qu'il vient de me percer les tympans.

Pour toute réponse, je lui demande si elle parle français. Après tout, il paraît qu'au Québec on a le droit de mourir dans sa langue. La préposée parle une purée de pois qui se réclame plus du chinois que du français. Elle veut que je la paie sur-le-champ, mais j'ai tout mon temps. Pourquoi payer avant de mourir ? Je sors lentement des billets de banque. Ils sont lisses et neufs. Je les avais soigneusement cachés dans un recueil de poèmes de Charles Baudelaire. Elle pianote sur l'ordinateur et me tend finalement un billet. L'embarquement a lieu dans quarante-cinq minutes. On ne plaisante plus. Je reste pétrifiée sur place. Je n'ai jamais pris l'avion de ma vie. Maintenant, je n'ai vraiment plus le choix.

Je lui demande, la voix débordante d'appréhension :
— L'avion est en bon état ?

En guise de réponse, elle m'offre le sourire corporatiste et assuré de celle qui ne prendra pas l'avion, de celle qui se souviendra de ma question lorsque l'avion ne sera plus qu'un tas de ferraille fumante.
— Don't worry, répond-elle sans compassion.

Don't worry, mon œil ! Ce qu'elle veut dire, c'est que je mourrai torpillée à dix mille mètres dans les airs sans même le savoir, sans même le sentir.

— À quand remonte la dernière vérification ?

— La quoi ? demande-t-elle avec son accent pointu.

— La véri... the checkup. When was the last checkup ?

— Trust me, tranche-t-elle en souriant.

Trust me. Les Américains sont incroyables. Je devrais leur faire confiance quand je ne les connais même pas. Je devrais par la même occasion remettre ma vie entre leurs mains quand je sais pertinemment que leurs mains sont dangereuses. J'en veux pour preuve cette liste découpée dans le journal et que je traîne religieusement avec moi. Depuis 1979, exactement treize avions se sont écrasés aux États-Unis, dont deux à l'aéroport de Fort Worth à Dallas, un à Denver, un autre à Cincinnatti, deux à Los Angeles, et combien d'autres à Chicago, Washington, Milwaukee. La truster ? Non, mais elle plaisante ou quoi ! Et comme je m'attarde devant son comptoir en pliant et dépliant mon billet, elle me renvoie gentiment en susurrant la formule de politesse d'un pays qui n'est qu'un vaste champ d'indifférence. Have a nice day, dit-elle. You mean have a nice crash ! Elle éclate de rire. Elle me trouve drôle. Ou complètement pathologique.

Je m'éloigne à contrecœur. Je ne pense même plus à l'annulation de mon mariage. Seulement aux conséquences de mon prochain geste. Je marche comme une somnambule dans l'aéroport. Je croise des kiosques à journaux et des vitrines de verre poli qui me renvoient une image que je ne reconnais pas : le polaroïd de mon départ, quelques heures avant ma mort...

Au milieu de l'aéroport, près d'un demi-cercle de

fauteuils, j'aperçois un musicien. Un étui repose à ses pieds. J'ai l'impression de l'avoir déjà vu quelque part, peut-être lors d'un autre départ dans une autre vie. Il est assis dans un fauteuil en similicuir stigmatisé d'une longue cicatrice. Son saxophone brille comme un bijou au soleil. Il étudie l'instrument un instant, caresse la paroi de laiton, pianote sur les clefs puis lentement accroche le saxophone au cordon qui lui entoure le cou. Les yeux à moitié fermés, il porte le bec du saxophone à ses lèvres. Il prend une grande respiration, son torse se bombe, il attend un instant puis souffle doucement dans l'instrument. Les premières notes qui s'élèvent dans l'air sont grêles, désaccordées. Les notes se multiplient et commencent à cascader dans le désordre. Finalement, une plainte déchirante remonte le long de l'instrument avant de se répandre comme une nappe dans les couloirs de l'aéroport.

Je me suis arrêtée à quelques mètres de lui, fascinée. La plainte est devenue un air si triste, un air si doux que j'en ai les jambes coupées. Je me laisse tomber sur un banc. Il continue à jouer comme s'il n'y avait personne autour de lui, comme si l'aéroport était une scène sans planches dans un théâtre sans public. Un homme qui passe lance une pièce de monnaie qui retombe sans bruit dans l'étui ouvert à ses pieds. Le saxophoniste ne le remarque pas et continue à jouer de plus en plus fort pour couvrir les voix qui annoncent sur un ton monocorde les départs, les arrivées, les écrasements, les explosions, les retards.

Je suis toujours assise sur le banc en face de lui. Je me sens tout à coup très lourde. Juchée devant moi, la grosse horloge marque la mesure de ses longs doigts noirs. Dernier appel pour le vol à destination de Miami. Le musicien n'entend rien. Il continue à jouer cet air envoûtant, cet air obstiné qui me donne envie de rester à ses côtés pour la vie.

Et c'est probablement ce que j'aurais fait, n'eût été mon besoin maladif de traverser la frontière et d'oublier toute cette histoire qui m'a poussée, par un samedi matin de la fin de l'hiver, à fuir mes responsabilités et à décevoir mon futur ex-mari.

*   *   *

Il y a des gestes que l'on pose comme cela. Des gestes sans appel, sans rémission. J'ai abandonné le musicien à sa musique. J'ai entendu sa plainte jusqu'au contrôle de sécurité. Pour me soustraire à son écho et me donner du courage, j'ai enfilé les écouteurs de mon walkman et supplié Francis Cabrel de bien vouloir m'aider dans ce moment de doute intense. J'avais choisi une chanson de circonstance, la seule chanson de Cabrel que je supporte, car pour le reste, les pots de miel où il n'y a même pas d'abeilles, il me donne mal au cœur. Reste cette unique chanson qui est devenue mon hymne personnel.

J'ai chanté à tue-tête avec l'imbécile de Cabrel tandis que les douaniers américains me regardaient interloqués, l'air de se demander si j'étais désirable ou pas, dans le sens criminel du terme, et je leur ai souri pendant que ça hurlait dans les écouteurs, « même si j'y reste, même si j'en meurs, rien ne me fera regretter mon geste ». Alors les douaniers m'ont laissée passer, comprenant sans doute qu'il y avait urgence dans l'air.

Il ne restait plus personne dans les couloirs ni dans la salle d'attente. J'ai couru comme une folle en glissant sur le plancher trop ciré. Je me tenais le ventre d'une main pour calmer les crampes qui me donnaient des coups de poignard. J'ai dévalé une rampe avant de voir une ombre qui s'apprêtait à rabattre la porte de la carlingue. J'ai fait des signes désespérés en accélérant ma course. Je suis entrée dans l'avion comme une balle et j'ai manqué renverser l'hôtesse de l'air et son chignon crêpé.

— Vite, vite, a-t-elle lancé.

— Oui, je sais, ai-je rétorqué, nous allons décoller, mais allons-nous atterrir ?

Elle a levé les yeux au ciel.

J'ai remonté l'allée centrale de l'avion en bousculant les pieds et les jambes qui poussaient comme de la mauvaise herbe. J'ai finalement repéré mon siège, loin à l'arrière à côté d'un homme enfoncé dans une paire d'écouteurs, qui n'a même pas salué mon arrivée. Je me suis assise à contre-cœur en jetant un coup d'œil furtif au hublot. J'ai regardé la terre une dernière fois, puis j'ai fermé les yeux. Mes mains moites se sont cramponnées aux accoudoirs et s'y sont incrustées comme deux scorpions. J'ai entendu le moteur vrombir et senti l'avion bouger. J'ai gardé les yeux fermés pour ne pas voir le sol se dérober sous mes pieds. J'ai imaginé que le pont Jacques-Cartier s'écroulait et que je restais accrochée à un pilier comme un hameçon. J'ai senti Montréal basculer à l'horizon et la terre se mettre à tourner avec la furie d'une toupie. J'ai essayé de me raisonner en me disant que je venais enfin de couper les ponts. Peine per-due, des images de cataclysmes et de raz de marée ne ces-saient de me faire cadeau de leurs hallucinations. Mon cœur battait tellement fort que je n'entendais plus rien sinon les coups sourds de son solo de batterie. Et plus je cherchais à reprendre mon souffle, plus celui-ci m'échap-pait, courant à perdre haleine sur la terre ferme que je ne reverrais plus jamais.

J'ai cru que j'allais crier tellement j'avais peur. Je me suis mordu la lèvre. Les yeux toujours fermés, j'ai pensé à mon testament. Je laisserais tout à mon frère. Tout sauf une paire d'espadrilles roses que j'avais promises à quelqu'un. La panique a redoublé. Je ne savais plus à qui je les avais promises. Et comme je passais en revue dans ma tête tous les gens que je connaissais susceptibles de faire honneur à mes espadrilles, une main me secoua l'épaule. J'ai sursauté avant d'entrouvrir un œil. C'était une hôtesse de l'air. Elle était entourée de brouillard et ressemblait à un ange. Elle me regardait d'un drôle d'air. J'ai ouvert un deuxième œil sans lâcher les accoudoirs.

— Ça va ? m'a-t-elle demandé.

J'ai fait signe que oui, ça allait. J'ai vu qu'elle ne me croyait pas. Alors, pour la rassurer sur l'état de ma santé mentale, je lui ai demandé en desserrant légèrement les dents quelle région nous survolions. L'hôtesse m'a regardée avec perplexité.

— Vous n'avez pas entendu ?

— Entendu quoi ? ai-je répliqué, cessant subitement de respirer.

L'hôtesse de l'air semblait gênée. Elle n'a pas répondu immédiatement. J'ai eu envie de lui sauter au visage. Si jamais elle m'annonçait que nous avions perdu une aile ou que le moteur était en feu, je la tuais sur-le-champ.

— Le vol a été retardé. Nous ne pouvons pas décoller avant une heure.

2

MONTRÉAL, AVANT LE DÉLUGE

Je me suis retenue pour ne pas sauter au cou de l'hôtesse de l'air. J'étais comme ces gens qui meurent pendant quelques heures et qui reviennent à la vie juste au moment où on allait refermer leur cercueil. L'hôtesse de l'air a offert de me servir quelque chose. J'ai commandé une coupe de champagne. Je l'ai bue d'un trait en sentant les bulles me monter tout droit au cerveau. J'en ai commandé une deuxième. Je ne l'avais pas sitôt terminée que je me suis levée. La vie venait de m'accorder un sursis, mais ce n'était pas une raison pour en abuser. J'ai fait un signe à l'hôtesse de l'air. Lorsqu'elle est arrivée à ma hauteur, je lui ai demandé de m'indiquer la sortie. Elle n'a pas vraiment apprécié la plaisanterie. Elle m'a conseillé de me rasseoir, de prendre mon mal en patience et de lire des magazines. J'ai voulu protester. À la place, je me suis laissée choir sans rien dire. J'ai regardé devant moi. Au fond de l'allée, j'ai vu un homme se lever. Il portait un chapeau à large rebord. Je me suis immédiatement calée au fond de mon siège pour ne pas le voir. L'homme avançait comme au ralenti en prenant appui sur les rangées de dossiers. Il souriait et inclinait légèrement la tête vers la gauche. Et plus je le voyais avancer, plus je me disais que c'était impossible. Je rêvais. C'était un mirage, il allait disparaître d'une seconde à l'autre. J'avais beau dire, il continuait à avancer d'un pas lent et implacable. J'étais cuite, archi-cuite. Lorsque j'ai constaté que quelques mètres à peine nous séparaient, je me suis emparée d'un magazine que j'ai tenu obstinément à un poil de mon visage. Il ne fallait surtout pas que nos regards se croisent. L'homme est passé à côté de moi en me frôlant comme un fantôme. Subitement, l'histoire que je cherchais tant à oublier est revenue avec une force et une clarté qui n'avaient d'égal que ma stupeur. Dire que j'avais fait tout ce chemin-là pour me retrouver une fois de plus à la case départ.

* * *

Il ne se passait rien. C'était le début de l'hiver. Les mois traînaient leurs jours, les jours leurs heures, et moi je traînais les pieds. Je venais d'avoir trente-deux ans. Je n'étais pas mariée. Je ne l'avais jamais été. Je n'avais pas d'enfant, ni de chien, ni même de poisson rouge. J'habitais seule dans un appartement acheté en copropriété. Ma vie était au point mort. J'étais convaincue qu'il ne m'arriverait plus rien. Ma mère avait beau me répéter qu'à trente-deux ans on a la vie devant soi, je ne voyais qu'un grand trou noir auréolé de brouillard. Ma mère mentait de toute façon. À trente-deux ans, une femme qui n'est pas mariée, qui n'a ni enfant, ni chien, ni poisson rouge, vaut moins que rien ; socialement, je veux dire. Elle n'encourage pas la patrie. Elle n'encourage pas l'industrie. Elle n'encourage même pas la SPCA. Il ne lui reste plus qu'à se réserver une place au cimetière et à regarder passer la vie sans pouvoir y participer comme les trois quarts de l'humanité.

Je ne sais trop d'où me venait cette certitude. Je sais seulement qu'elle était plutôt bien installée en périphérie de mon plexus solaire, qu'elle se conduisait en propriétaire des lieux et qu'elle refusait d'être délogée. Alors, plutôt que de me battre avec elle et d'imaginer un avenir, des projets et que sais-je encore, je m'accrochais à la seule chose qu'il me restait : le passé et les quelques exploits que j'y avais accomplis. Car avant mes trente-deux ans et la paralysie subite qui m'avait envahie, j'étais un parfait petit soldat du système, et la vie me souriait de son sourire pepsodent. Je vivais sur un nuage, libre et insouciante. J'étais cinéaste, je me spécialisais dans le documentaire. C'est ainsi que je me présentais sur ma carte de visite. « Alice Malenfant. Cinéaste. Films documentaires en tous genres. »

À vrai dire, j'avais réalisé un seul documentaire sur la peur de prendre l'avion. Le film avait été présenté trois jours dans une salle obscure avant de faire la tournée des festivals et de remporter un prix du public dans les Rocheuses. Je n'avais malheureusement pas pu l'accompagner étant donné ma phobie des avions. J'avais par la suite écrit une douzaine de projets, la moitié desquels m'avaient valu des versements réguliers du Conseil des Arts. J'avais entre-temps tâté de la vidéo avant de siéger pendant quatre ans au conseil de direction d'une association de cinéastes de films documentaires où nous nous demandions régulièrement s'il valait mieux filmer la réalité ou la changer. Je m'y étais fait de nombreux amis même si je n'y avais pas tourné un millimètre de pellicule. Qu'importe. J'avais de grandes discussions philosophiques dans les bars, tard le soir. Je voulais aller de l'autre côté des apparences, faire éclater le système, et cela en dépit du fait que j'en sois un des plus dévoués sujets. J'entretenais toutes sortes d'ambitions dans toutes sortes de domaines. La plupart du temps, je me prenais soit pour une artiste incomprise, soit pour un génie méconnu. Rien n'était trop beau ni trop grand. Rien n'était impossible.

Côté cœur, je n'avais pas à me plaindre, même si je me plaignais tout de même. J'avais rencontré l'homme parfait et vivais avec lui depuis un certain temps. Il voulait être cinéaste comme moi, sauf qu'il ne jurait que par la fiction. Nous avions écrit notre premier scénario ensemble, et gagné notre première subvention, ensemble comme de raison. Nous faisions tout ensemble jusqu'au jour où je l'ai quitté. Je ne sais pas pourquoi je l'ai quitté. J'étais bien avec lui. Nous avions, à quelques genres cinématographiques près, les mêmes idéaux, les mêmes champs d'intérêt. Mais je ne pouvais me résoudre à l'idée de ne connaître qu'un homme de ma vie. Je me disais qu'il y en aurait d'autres. Comme lui, et beaucoup mieux aussi. J'en ai passé toute une collection après lui. Aucun n'a duré aussi longtemps que lui. De fait, aucun n'a duré.

À trente-deux ans, j'ai fait une croix sur mes relations avec les hommes avant de me rabattre sur ma carrière. Ou ce qu'il en restait. J'ai commencé à colporter mes projets de documentaires dans toutes les maisons de production de la ville et de la périphérie. J'ai multiplié les stages en montage-son, en montage-image, en maniement du zoom et de la caméra. J'ai dîné avec des documentaristes réputés. Rien n'a abouti. À bout de forces mais non à bout d'arguments, je me suis lancée dans l'action sociale. Les causes à défendre étaient nombreuses. On pouvait en changer aussi souvent que de chemise. J'ai milité pour le cinéma des femmes, pour le vidéo des gays, pour l'équipement audiovisuel des handicapés et pour le droit de dernière coupe des cinéastes du Tiers-Monde. J'ai tellement milité que j'ai dû changer ma carte de visite. On pouvait maintenant y lire : « Alice Malenfant. Cinéaste de films documentaires en chômage. Militante en tous genres. » Après six mois de ce régime, j'ai fait une indigestion idéologique. Je suis donc rentrée chez moi comme bon nombre de personnes de ma trempe et, pour la première fois de ma vie, je me suis retrouvée face à moi-même. J'ai alors passé un très mauvais quart d'heure et celui-ci, contre toute attente, s'est prolongé indûment. Voilà où j'en étais à l'hiver de mes trente-deux ans.

Au début, j'essayais en vain de me rassurer en me disant que tout n'était pas perdu, que j'étais encore jeune, que les choses pouvaient changer. J'énumérais devant mon miroir les éléments favorables de mon existence : mon appartement acheté en copropriété, mon noyau d'amis bien intentionnés, mon réseau d'amants plus ou moins doués, mon nouveau projet sur les femmes pilotes. Mais cette énumération volontariste me laissait une drôle d'impression, comme si j'essayais de me convaincre de quelque chose à quoi je ne croyais pas. En fait, je ne croyais plus à rien. Cette absence de foi et de ferveur me conférait une certaine légèreté en même temps qu'elle me renvoyait à une sorte d'absence généralisée. J'étais absente, et bien que cette situation ne soit pas particulièrement réjouissante, elle me préservait d'une grande peur : celle d'être normale.

Normale : je répétais le mot devant le miroir, puis devant la fenêtre d'où je pouvais apercevoir les gens normaux qui vivaient leur vie normalement, faisaient leurs courses, sortaient leurs ordures ménagères, avaient des problèmes d'argent, disputaient leurs enfants, perdaient leurs clés, souffraient de migraines ou de maux de dents. Comme je les trouvais dérisoires, eux et leurs petits problèmes ! Moi, je n'avais aucun problème et c'était ma seule et unique malédiction. Que fait-on quand on a trente-deux ans et pas l'ombre d'un problème à se mettre sous la dent ? On ne fait rien. On rêve en attendant de vivre de grands drames et de grands désespoirs comme dans les romans.

N'empêche que plus le temps passait, plus je me sentais devenir à l'image de ces ménagères de banlieue qui sombrent dans la neurasthénie et se retiennent pour ne pas rôtir leurs bébés pour le souper, découper leurs maris en rondelles de saucisson ou encore miner le tapis du salon quand les invités s'y installent pour le café. Alors, pour échapper au cas clinique que j'étais en train de devenir, je me racontais des histoires et j'en racontais aux autres. Je fumais trois paquets de cigarettes par jour, une habitude qui avait pour effet de creuser d'au moins six pieds les cernes sous mes yeux. Je ne tolérais aucune couleur sinon le gris, le noir étant décidément trop à la mode, et je n'avais d'intérêt vestimentaire que pour l'évolution des peignoirs. Aux amis, aux voisins et à la société en général, je me contentais de dire que le désespoir était un état propice à la création et qu'un artiste qui n'était pas désespéré n'était pas un artiste.

— Désespérée, mon œil ! me lançait régulièrement ma copine Dolores, une terrienne endurcie qui n'admettait pas qu'on se plaigne et qu'on gémisse quand on avait, comme moi, tout ce qu'on pouvait demander de la vie. « Si toi t'es désespérée, alors moi je suis une candidate au suicide », renchérissait-elle.

Dolores habitait au troisième étage et surplombait de sa crinière rousse la désespérée du deuxième, et Victor et Madeleine, le couple parfait du rez-de-chaussée. Nous nous étions connues au collège. Dolores se prenait pour Janis

Joplin, moi pour Jean-Luc Godard. Nous avions sympathisé dans le cours d'histoire de l'art donné par une vieille sœur qui sentait la naphtaline. Nous l'appelions d'ailleurs Naphtaline. C'était mieux que Boule-à-mites. De toute façon, la sœur en question était plate comme une crêpe, de sorte que nous aurions été malvenues de l'affubler d'un surnom avec le mot boule dedans. Dolores est devenue ma meilleure amie, ma voisine, et finalement ma copropriétaire.

Cet hiver-là, Dolores, qui se prenait toujours pour une chanteuse rock, était barmaid à L'Empire, un bar à la mode où traînaient les trois producteurs de disques de la ville. Dolores était convaincue qu'à force de les servir elle finirait bien un jour par les gagner à sa cause. Elle avait écrit quelques chansons qu'elle avait enregistrées sans grand résultat. Dolores ne s'inquiétait pas de son avenir pour autant. Elle disait qu'elle avait le temps, qu'elle n'était pas pressée et qu'un jour ou l'autre la chance finirait par lui sourire, fût-ce à trois heures du matin dans les brumes de l'alcool frelaté et des promesses faites trop tard pour que leur auteur s'en souvienne le lendemain. Elle travaillait tous les soirs, sauf le week-end, finissait à quatre heures du matin, dormait jusqu'à deux heures de l'après-midi et à son réveil venait cogner à ma porte pour emprunter du beurre ou deux aspirines, histoire d'attirer ma sympathie ainsi qu'un bol de café au lait que je faisais mousser au nom de notre amitié et de mon horaire passablement flexible. Nous passions le reste de l'après-midi à discuter des choses de la vie et à nous dire que la vie, ces temps-ci, était plutôt plate, merci. De temps à autre, Madeleine, l'épouse modèle du rez-de-chaussée, venait nous rejoindre.

J'avais rencontré Madeleine pendant ma période militante, dans une manif contre le massacre des bélugas ou quelque chose du genre. Elle cherchait un logement pour sa

petite famille nucléaire, moi je me cherchais des copro-
priétaires. Nous avions acheté l'immeuble avec Dolores et
la bénédiction hypothécaire de mon père. Victor et
Madeleine étaient déjà ensemble à l'époque. Ils étaient
ensemble depuis le début des temps. Mariés, trois enfants,
un chien. Victor était prof de géographie à l'université.
C'était un fonctionnaire. Madeleine aussi. Elle fonctionnait
surtout comme employée du foyer. Je n'enviais pas leur vie.
J'enviais seulement leur stabilité. Tant qu'ils étaient là, au
rez-de-chaussée, je me sentais en sécurité et je pouvais en
toute quiétude continuer à vivre une vie dissolue. S'il avait
fallu que quelque chose entre eux se détraque, je ne sais ce
que j'aurais fait. C'est pourquoi je ménageais leur couple
parfait. Je les citais sans cesse en exemple à Dolores, qui
évidemment ne voulait rien entendre. Dolores était l'anti-
thèse de Madeleine. Pas surprenant que je cherche à les
fréquenter séparément. Elles étaient comme les deux pôles
de ma personnalité. Quand elles étaient ensemble, j'en
devenais schizophrène. Je ne savais plus de quel côté pen-
cher. Alors je restais coincée entre les deux à faire l'arbitre
de leurs différences. Des fois, je me disais que ce n'était pas
pour rien que j'habitais entre les deux. Des fois, je me disais
que je devrais déménager.

*   *   *

— Quoi de neuf ? me demanda Madeleine, qui était
venue tuer l'après-midi en attendant d'aller cueillir ses
deux petits monstres à la garderie.

— Rien, lui répondis-je.

— C'est intéressant, ça... Rien... Ni personne ?
ajouta-t-elle en insistant sur le « personne ».

Madeleine adorait m'entendre raconter mes histoires
d'amour tordues.

— Non, rien ni personne.

— Et le sculpteur de l'autre soir ?

— Quel sculpteur ?

— Il n'a pas rappelé ?

— Je ne crois pas qu'il sache composer un numéro de téléphone.

— Est-ce qu'il a ton numéro, au moins ?

— Ça, ma chère, c'est le cadet de mes soucis, de toute façon, j'ai rompu l'autre soir.

— Comment ça rompu, vous ne vous êtes jamais parlé !

— Tant pis, j'ai rompu avant qu'il ne soit trop tard, ça m'a épargné beaucoup de temps et d'énergie.

— Je te dis, toi, on dirait que t'as l'art de te gâcher la vie.

J'aimais bien quand Madeleine me disait que j'avais l'art de me gâcher la vie. Au moins j'avais l'art de quelque chose. J'aurais aimé qu'elle poursuive et m'accable de tous les blâmes possibles, mais Madeleine ne se chauffait pas de ce bois-là. C'était mon amie, mon îlot de raison. Sa fonction principale consistait à m'encourager quand j'étais au plus creux de ma misère morale.

Madeleine changea le sujet de la conversation, préférant regagner le terrain neutre du vernis à ongles et de l'épilation. Après les causes perdues, Madeleine s'était convertie à la décoration intérieure, aux plantes et aux produits de beauté. Elle suivait de très près l'actualité en matière de crèmes antirides et de gels bronzants aux antiradicaux libres. Elle connaissait toutes les marques de rouge à lèvres, tous les nouveaux parfums, le bas de nylon de l'heure et le dernier modèle de soutien-gorge en solde à la lingerie du coin. Elle était également experte en matière de souliers et pouvait au premier coup d'œil juger de la qualité et de la durée d'un talon aiguille. Son père, je crois, était cordonnier, et Madeleine, une diplômée *cum laude* non seulement du soulier mais de la féminité, classe dont je me sentais irrémédiablement exclue.

— Qu'est-ce que tu fais, ce soir ? enchaîna Madeleine.

— Rien, lui répondis-je.

— Toi alors, on dirait que tu n'as que ce mot à la bouche.

— Rien ni personne, soupirai-je, l'histoire de ma vie...

— Viens souper chez nous, ce soir, si t'es seule...

— Je n'ai pas faim.

— Peut-être pas maintenant... insista Madeleine.

— Ni maintenant ni tout à l'heure, je refuse de manger tant que je n'aurai pas produit une œuvre artistique majeure.

— Ma pauvre, t'as le temps de crever de faim d'ici là !

La sonnette de la porte retentit au même moment.

— Y'a quelqu'un ? cria Dolores qui sonnait toujours avant d'entrer, par crainte, je suppose, de me surprendre dans une situation compromettante.

Je profitai de l'intrusion pour marcher vers elle comme une seule femme et comme le seul membre du comité d'accueil.

— T'as pas une bière ? demanda Dolores en refermant la porte. Elle portait un survêtement en coton blanc ainsi que de grosses lunettes de soleil sous ses cheveux presque cramoisis. Des bracelets tintaient autour de ses tout petits poignets. J'ai toujours été fascinée par les poignets de Dolores. Ce sont des œuvres d'art, menus, ciselés avec le souci du détail d'un orfèvre vénitien. Leur délicatesse est en parfaite contradiction avec les reliefs accidentés de sa personnalité.

— Tu ne veux pas plutôt un café ? lui dis-je en indiquant de la tête le juge d'instruction dans la cuisine.

— Non, une bière pour accompagner ceci, répondit Dolores en sortant un joint immense de son sac en plastique.

— Madeleine est là, ai-je chuchoté.

— So what ? On est en démocratie, non ? rétorqua-t-elle.

Je préférai ne pas répondre même si je savais que les manières cavalières de Dolores heurtaient Madeleine qui ne fumait pas, se soûlait avec un verre de vin et dont le seul vice caché consistait à mariner dans des bains d'algues et de boue volcanique qu'elle faisait entrer clandestinement au pays.

Dans la cuisine, Madeleine faisait déjà le ménage. C'était le signe qu'elle se sentait coupable de ne pas vaquer à de plus nobles tâches. Dolores se laissa choir sur une chaise, enleva ses lunettes de soleil pour exposer deux yeux cernés de raton laveur.

— J'ai quitté Michel, annonça-t-elle de but en blanc.

— Pas toi aussi ? s'étonna Madeleine en s'accoudant sur l'évier.

— Comment ça ? Dis-moi pas qu'il en fréquentait une autre en même temps que moi ? lança Dolores avec mauvaise humeur.

Madeleine décida de s'asseoir pour nous offrir sa petite théorie sur le sujet. La rupture, selon Madeleine, était en voie de devenir un phénomène de société propre aux célibataires de trente-deux ans. Me prenant à partie puisque je venais de rompre avec un sculpteur que je n'avais du reste jamais fréquenté, elle déclara que les célibataires de trente-deux ans manquaient de patience, qu'elles larguaient les hommes avant que ceux-ci n'aient eu le temps de se prononcer. Coupables avant d'être accusés ! lança-t-elle sur un ton moqueur.

— Tu peux toujours les défendre, mais quand le seul événement excitant du matin, c'est l'arrivée de ton café, c'est le signe qu'ils sont coupables et qu'il est temps de les remplacer. Et si les hommes n'étaient pas si aveuglés par leur journal et leur café, ils auraient le temps de se prononcer, répondit Dolores avant de prendre une gorgée de bière et d'allumer un joint en répandant des gerbes d'étincelles.

Je sentis Madeleine se hérisser.

— T'en fais pas, Madeleine, ricana Dolores, le seul feu qui brûle, ici, c'est le feu que j'ai au cul !

Je me gardai bien d'intervenir. Comme les filles de dix-sept ans, Dolores était une grande révoltée. Elle ne s'intéressait à rien, sauf à l'amour. Elle tombait en amour avec une régularité quasi scientifique. La nuance n'était pas son fort. Il lui suffisait de regarder un homme dans le blanc de l'œil pour décréter qu'il y avait coup de foudre. Elle allait ainsi de coup de foudre en coup de foudre sans jamais se faire frapper, excepté par les autos. Car elle accumulait les coups de foudre comme les accidents d'auto.

— Moi, c'est pas compliqué, poursuivit Dolores, je veux qu'il y ait de la passion, de l'action, je veux qu'il se passe quelque chose, autrement c'est sans intérêt, vraiment sans intérêt.

— Et Michel, qu'est-ce qu'il dit de tout cela ? demanda Madeleine qui tenait pour acquis que les absents avaient toujours raison.

— Michel est un imbécile, trancha Dolores en respirant profondément la fumée de sa cigarette et de son joint qu'elle fumait en alternance.

Il y avait de l'orage dans l'air. Quand Dolores avait le feu au cul, c'est-à-dire chaque fois qu'elle congédiait un prétendant, il fallait acquiescer, sans quoi elle faisait une crise de nerfs. J'essayai en vain de limiter les dégâts et de parler du dernier bulletin de météo. Peine perdue, Dolores était partie en peur sur son sujet favori : les hommes. Tous des imbéciles. Tous des demeurés. Tous des nuls. Madeleine ne put s'empêcher de réagir en faisant appel à la voix de la raison.

— De toute façon, aucun homme n'est parfait, aucune femme non plus. L'important, c'est d'arriver à harmoniser ses imperfections. C'est ce que je fais tous les jours avec Victor, et Dieu sait s'il n'est pas parfait, dit-elle en levant les yeux au ciel.

— Après dix ans, j'imagine que tu n'as plus le choix, déclara Dolores avec scepticisme.

N'en pouvant plus, je décidai de présenter ma propre vision des choses. Et ma vision se résumait à ceci : tous les hommes sont semblables, donc interchangeables, donc foncièrement décevants.

— Pas du tout, répliqua Dolores, le monde est grand, ma fille, des gars trippants, y en a des millions, au bas mot, des millions, c'est pourquoi ça ne sert à rien de se faire chier avec des abrutis.

— Le problème, dis-je avec commisération, c'est que ce sont tous des abrutis et que, dans le fond, on vit très bien sans eux.

— Décidément, vous deux, se plaignit Madeleine, c'est pas l'optimisme qui vous anime.

— Non, mais c'est vrai, ajoutai-je avec ferveur, je suis profondément convaincue que tous les hommes sont des abrutis, du moins dès qu'on les fréquente plus de deux jours.

— T'es brave quand ils ne sont pas là, cracha Dolores qui avait tout à coup décidé de se ranger du côté de Madeleine.

Et même si je ne lui fis pas le plaisir de battre en

35

retraite, je fus obligée d'admettre qu'elle avait un peu raison.

Il est vrai que j'avais rencontré beaucoup d'abrutis dans ma vie, mais pas suffisamment pour que je perde complètement espoir. Ainsi, quels que soient les propos désobligeants que je puisse tenir à l'endroit des hommes en présence de mes amies, je n'y avais pas complètement renoncé. Même que je n'y avais pas renoncé du tout. Je manquais seulement de réalisme. Contrairement à Madeleine qui s'accommodait de sa vieille chaussette et contrairement à Dolores qui cherchait un dépanneur-désir ouvert vingt-quatre heures par jour, j'œuvrais seule dans une sorte de no man's land amoureux en rêvant à un homme neuf, quelque part entre le bébé et le veuf. À vrai dire, j'attendais quelqu'un qui n'existait pas : un oiseau rare, un objet de collection, un bijou exclusif, quelqu'un qui serait beaucoup plus qu'un amant, un ami ou un mari ; quelqu'un qui me sauverait la vie. Et comme les sauveurs se faisaient rares de nos jours, j'avais décidé de prendre mon mal en patience, en attendant des jours, sinon un siècle, meilleurs.

— Avoue-le donc... S'il y avait un homme dans ta vie, tu serais la fille la plus heureuse de la terre, déclara Madeleine, qui ajouta que mon orgueil allait me perdre.

— Pas du tout, tentai-je de lui expliquer, ce n'est pas de l'orgueil, c'est de l'idéalisme, je cherche l'homme idéal et je ne veux pas n'importe qui. Je n'ai pas envie de partir avec le premier venu sous prétexte qu'il me faut absolument quelqu'un dans mon lit.

— Je n'ai jamais parlé de premier venu, se défendit Madeleine.

Puis, dans le silence qui accueillit cette dernière phrase, elle y alla d'un trait sournois :

— Quoique, des fois, ce soit effectivement le premier venu qui est le bon. C'est la loi du hasard qui veut cela.

— Le hasard ne m'intéresse pas, répliquai-je avec fermeté, et puis pour quoi faire ? J'ai pas besoin d'un concierge, tu sais.

— Tiens, un concierge, je n'y avais pas pensé, fit Dolores d'une voix songeuse.

— Pensé à quoi ? coupai-je avec impatience.

— J'ai connu un plâtrier, un plombier, trois serveurs, un comptable, un travailleur de la construction, mais jamais de concierge, poursuivit Dolores qui regardait son joint en louchant.

— Non, moi, j'ai besoin de quelque chose de plus grand, de plus fort, j'ai besoin d'un partenaire cosmique, dis-je en proie à une sorte d'extase.

— Un partenaire cosmique, répéta Madeleine avec amusement.

— De toute façon, répliquai-je, je m'en fous. Y a pas que des histoires d'amour et des histoires de cul dans la vie, y a autre chose.

— Comme quoi ? lancèrent Dolores et Madeleine en chœur.

Je n'en avais pas la moindre idée, de sorte que je me mis à bafouiller qu'il y avait le travail, la carrière et le cinéma. Oui, c'est ça, le cinéma.

— Tu veux dire le cinéaste, taquina Madeleine tandis que Dolores bayait aux corneilles.

Je m'ouvris une bière en haussant les épaules. Nous composions un joli tableau. Trois femmes d'âge déjà moyen dans une cuisine l'après-midi à pérorer sur les hommes tandis que ceux-ci étaient occupés à gouverner nos destinées. Quoi de plus classique, de plus conventionnel, de plus prévisible ?

Je décidai de rompre le charme discret de l'après-midi en me réfugiant dans le salon. Madeleine et Dolores s'éclipsèrent et je me mis à méditer devant une série de natures mortes que j'avais accrochées à la manière d'un jardin zen sur les murs blancs du salon. J'en avais une bonne demi-douzaine. Elles séchaient bêtement dans leurs cadres comme des commandes d'épicerie. Trois pommes, deux oranges et un citron. Ou encore trois oranges, quatre citrons et une poire. Je ne sais pas pourquoi je m'acharnais à collectionner des natures mortes. Je devais m'identifier à leur drame. J'étais morte comme elles et j'attendais qu'un sauveur me réveille. Un sauveur ou son frère. À ce stade-ci de ma vie, l'un ou l'autre ferait l'affaire.

3

L'ACCIDENT

Je me souviens de la date. C'était le 11 novembre. Je me souviens aussi du bulletin de météo. Une tempête de neige s'était abattue sur la ville pendant la nuit. À l'aube, la ville était blanche, et aussi lourde qu'une femme enceinte. Le vent cognait contre la fenêtre. C'est le vent qui m'a réveillée. J'ai voulu me lever. En cours de route, je me suis découragée. J'étais aussi lourde que la neige sur la ville, aussi léthargique que ses rues. Je restais au lit comme un enfant qui refuse de sortir du ventre de sa mère. Je ne dormais pas, je somnolais, ballottée par les vagues dans les draps.

Je suis restée ainsi pendant une heure ou deux, les yeux grands ouverts, braqués sur le plafonnier. Je sentais peser sur moi le poids de la neige, peser sur moi le poids de la vie. Dehors, la ville commençait à s'agiter. De mon lit, j'entendais tout : les sonneries des réveille-matin, les chiens aux abois devant les brosses à dents, l'étirement des chats roulés en boules moites aux pieds des lits, les galops sourds des enfants sur les divans, le glouglou du café dans les percolateurs. Et toute cette agitation ne me donnait aucune envie de me lever. Au contraire, elle me clouait au lit comme un spectateur refoulé sur le trottoir après avoir perdu son billet.

Lorsque je me suis finalement levée, il était presque midi. J'ai tiré sur la cordelette rêche des stores vénitiens. La lumière blanche du jour m'a aveuglée quelques instants. J'ai traîné les pieds jusqu'à la cuisine en clignant des yeux. J'ai bu un café en fixant le frigidaire, puis mon regard a glissé jusqu'à l'horloge au-dessus de l'évier. J'ai senti le soupçon d'un reproche de sa part. Il était déjà trop tard. Inutile d'insister, je n'accomplirais rien de la journée. Tout n'était pourtant pas perdu. Il me restait une dernière activité en perspective : la fête d'un ami, ce soir, à l'autre bout de la ville.

J'ai pensé au cadeau que je n'avais pas acheté, aux politesses que je devrais faire, à l'intérêt que je devrais manifester, au vide que j'allais ressentir. Je me suis allumé une cigarette par dépit, par dégoût, par ennui. J'ai attendu en vain que Dolores vienne faire un tour, mais elle a appelé à deux heures pour annoncer qu'elle était clouée au lit. Au ton joyeux de sa voix, j'en ai déduit que ce n'était pas une grippe qui la terrassait ainsi en plein après-midi.

Le reste de la journée s'est déroulé sans incident majeur, sauf la crise d'angoisse qui m'a attaquée pendant que je buvais mon douzième café de la journée. Ces crises revenaient de plus en plus souvent. Elles frappaient sans crier gare. Elles me laissaient abattue et noyée dans mes pensées. C'était comme des crises d'hyperventilation, quand on a respiré trop d'air. Dans mon cas, j'avais respiré trop de vide. Je me voyais vieillir et me ratatiner en accéléré toute seule dans ma tasse de café. Personne ne venait me sauver.

La crise a duré vingt minutes, après quoi je me suis calmée. On ne peut pas passer une journée complète à être terrorisée par le vide de son existence. Il y a parfois des choses plus importantes à régler. Comme la vaisselle et le ménage. Je me suis ruée sur la vaisselle sale dans l'évier. Je l'ai lavée avec beaucoup de soin. J'ai monté le son de la radio AM. J'ai écouté des gens jacasser inlassablement sur ceci, cela. J'ai changé de poste et entendu une chanson que j'aimais. J'ai esquissé quelques pas de danse avec le balai. Je suis sortie à deux reprises sans dépasser l'enseigne éteinte du dépanneur. Une fois pour le journal, une autre fois pour les cigarettes. J'ai regardé la demande de subvention inachevée sur ma table de travail. J'ai voulu mettre de l'ordre sur mon bureau. J'y ai renoncé. À quoi bon ? La journée était déjà trop avancée.Il ne me restait plus qu'à repousser ma terreur et à attendre la nuit. Je me suis recouchée.

J'ai dormi longtemps d'un sommeil lourd et presque définitif. Je crois que j'ai rêvé. J'ai rêvé d'un grand hôtel rose enseveli sous la neige. J'étais dehors en chemise de nuit, pieds nus dans la neige. Je ne sentais pas le froid. Je ne sentais rien. Par les fenêtres éclairées filtrait une lumière chaude et orangée. Je voyais des couples en tenue de soirée tournoyer et tournoyer sous d'immenses chandeliers. La porte principale de l'hôtel s'est ouverte. Un homme est sorti. Son visage était un écran blanc, lavé de tous traits. Il était en robe de chambre et tenait une bougie. La cire de la bougie coulait sur la neige comme la sève des érables au printemps.

Je me suis réveillée à la tombée de la nuit. La croix électrique du mont Royal brillait contre le croissant de la lune. J'ai pris une douche, j'ai essayé mille robes. Aucune n'allait. J'ai enfilé une paire de jeans et un vieux pull troué.

De toute façon, je ne séduirais personne. Ni ce soir. Ni jamais.

Lorsque je suis sortie, la souffleuse était passée. Ma voiture avait disparu dans un banc de neige. J'ai eu toutes les difficultés du monde à la dégager de sa prison. J'ai balayé le pare-brise. Le givre y avait incrusté une voie lactée. J'ai tourné la clé du démarreur. La voiture a toussé en râlant. Elle a démarré au troisième tour, aussi raide et rétive qu'un vieillard. J'ai allumé la chaufferette mais elle était gelée. La voiture a dérapé en sortant du banc de neige. Elle a dérapé encore dans la rue avant de retrouver son aplomb. Je roulais lentement. Je ne voyais rien. Je grattais continuellement la vitre pour y voir clair à travers les constellations de givre.

Je ne l'ai pas vu déboucher d'une rue transversale. D'ailleurs, je me demande s'il a vraiment débouché de quelque part. Lorsque je l'ai vu, c'était déjà trop tard. Nos deux voitures venaient de se tamponner. Il est sorti le premier. Je l'ai vu s'avancer en somnambule à travers la buée de la vitre. Il portait une canadienne marine et un chapeau aux larges bords. Je distinguais mal ses traits. Il s'est avancé encore mais la poudrerie brouillait son visage. J'ai finalement ouvert la portière avec un air de petite fille prise en flagrant délit. Le coup de la petite fille, ça marche chaque fois. J'ai dit : je m'excuse, je ne vous ai pas vu venir, c'est ma faute. Il a souri. Il avait de grandes dents. J'ai regardé ses dents, puis ses yeux. Il avait les yeux bleus. J'ai un faible pour les yeux bleus. Leur propriétaire peut être le dernier des imbéciles, je suis prête à tout lui pardonner. En réalité, je n'ai pas seulement un faible pour les yeux bleus, je crois que j'en fais une fixation. C'est à cause de mon grand-père. Je n'ai pas vu son œil lorsque l'accident est arrivé, mais on m'a raconté l'histoire avec tous ses menus détails. Je me suis toujours demandé si le bleu de son œil avait coulé sur sa joue comme le jaune d'un œuf cassé.

J'ai regardé la voiture de l'étranger. La porte avant était défoncée. J'ai dit : quel gâchis. Il a répondu : c'est pas grave, c'est pas ma voiture. J'ai trouvé cela plutôt singulier. J'ai dit : qu'est-ce qu'on fait ? Il a regardé par-dessous son chapeau d'un air circonspect. Il a vu en même temps que moi la porte du café. Il a dit tout bonnement : on pourrait aller prendre un café.

On a rangé les voitures le long des bancs de neige. On est entrés dans le café. Je croyais qu'on allait s'échanger nos permis de conduire, nos contrats d'assurance et nos numéros de série. Mais non. Il n'avait rien de tout cela. Ses poches, m'a-t-il montré en les retournant d'un air cocasse, étaient vides. Mais alors qu'est-ce qu'on fait ? ai-je demandé presque amusée. On ne fait rien, a-t-il répliqué, on prend un café.

Le café était brûlant. J'ai failli m'étouffer à la première gorgée. Il a ri. J'avais une drôle d'impression. Comme s'il essayait de gagner du temps. Je lui ai demandé ce qu'il faisait dans la vie. Il m'a répondu : concierge, enfin ces temps-ci. J'ai éclaté d'un grand rire dément, et plutôt que de s'offusquer, il a ri de bon cœur avec moi, découvrant ses grandes dents blanches plantées comme des piquets symétriques au milieu d'un sourire des plus inspirants. Puis il a enlevé son chapeau qu'il avait gardé jusqu'à maintenant. Il a dit : vous aimez mon chapeau ? C'est la première fois que je le porte. Je n'avais jamais osé avant ce soir. J'ai feint l'admiration. Ah, oui, votre chapeau ! Oui, en effet, c'est tout un chapeau. Il avait l'air satisfait de ma réponse. Satisfait de l'effet de son chapeau. Il m'a regardée longuement comme s'il étudiait une carte géographique, puis il a dit : je parie que vous êtes artiste ? J'ai bafouillé. Enfin, oui, mais si peu... Comment le savez-vous ? Une intuition, a-t-il répondu. Puis il a dit cette chose bizarre, cette chose quasi inconvenante : vous savez, j'avais hâte de vous rencontrer. J'ai cessé de rire brusquement. Hâte, ai-je répété presque hébétée, mais comment pouviez-vous avoir hâte, comment pouviez-vous savoir... ? Je le savais, a-t-il répondu simplement en hochant la tête, je le savais.

Ma bouche est restée ouverte comme un gouffre affolant. J'étais proprement stupéfaite, frappée de stupeur, comme on dit. Fermez votre bouche, a-t-il demandé gentiment, sans cela vous allez avaler des mouches. Et il s'est remis à rire devant mon air égaré, mon air de fille qui ne comprend pas ce qui lui arrive, qui se demande si elle ne rêve pas, si elle n'est pas somnambule, si elle ne va pas se réveiller en chemise de nuit dans un banc de neige à la vanille. Mais non, vous ne rêvez pas, m'a-t-il assuré, regardez, touchez ma main, c'est une vraie main, je vous le jure. Et bêtement, sans penser à ce que je faisais, j'ai touché sa main, une main large et parfaitement dessinée, une main douce et chaude, et tellement réelle, tellement tangible que j'ai senti un courant électrique me traverser le corps et que j'ai promptement retiré ma main comme si je venais d'éprouver la plus vive brûlure.

Il s'appelait Julien. Julien Paradis. C'est du moins ce qu'il m'a dit en se présentant. Je n'ai pas de permis de conduire ni d'extrait de naissance, mais je peux vous garantir que je m'appelle bel et bien Julien Paradis. Et vous ? Moi, moi, c'est Alice... Alice Malenfant. Enchanté, Alice Malenfant, a-t-il dit en prenant une dernière gorgée de café. Si nous partions ?

Il a dit cela comme si nous avions épuisé les lieux et la situation et qu'il fallait maintenant passer à autre chose. Je vous raccompagne ? a-t-il demandé en m'effleurant du regard. J'ai immédiatement baissé les yeux en bredouillant, mais, mais... mais les voitures ? On n'a qu'à prendre la

vôtre, a-t-il offert le plus naturellement du monde. Mais...
mais... ai-je poursuivi. Mais, mais rien du tout, a-t-il déclaré
en me prenant le bras pour que je me lève, en m'aidant à
enfiler mon manteau, puis en rattrapant l'écharpe qui avait
glissé et en me l'enroulant autour du cou. Mais, mais, on
dirait que vous n'avez que ce mot à la bouche, allez, venez,
a-t-il dit en me poussant doucement vers la porte... Vous
habitez tout près d'ici, n'est-ce pas ?

   L'hiver a ceci de bon, je puis le dire maintenant,
l'hiver est une douche froide, qui réveille, qui fouette le
sang, qui rétablit les esprits égarés comme le mien. Sur le
pas de la porte du café balayé par les rafales, j'ai tout à coup
aimé passionnément l'hiver et son effet dégrisant. Je me
suis arrêtée comme une statue de glace sur le trottoir et,
retrouvant toute ma raison, j'ai enfin réussi à organiser les
mots pour qu'ils aillent porter un message clair à Julien
Paradis. Je l'ai regardé droit dans les yeux, même s'il était
plus grand que moi et que son regard pur avait le don de
m'enlever tous mes moyens, et j'ai dit : écoutez, tout cela
n'a aucun bon sens. D'abord nous venons d'avoir un accident et vous faites comme si rien n'était arrivé. Je n'ai
même pas vu votre permis de conduire, vous n'avez même
pas regardé le mien. Vous me dites que cette voiture n'est
pas la vôtre, alors à qui appartient-elle, je vous le demande ?
Et puis maintenant, vous voulez me reconduire chez moi,
mais enfin, d'où sortez-vous, je ne comprends plus rien et
puis je, je... je n'ai pas le temps, je suis en retard à mon
rendez-vous, et c'est précisément parce que j'allais quelque
part, parce que j'avais un rendez-vous important que... que,
que nous avons eu cet accident, et que... Je me suis arrêtée,
essoufflée, ne sachant plus quoi dire et ne me rappelant déjà
plus ce que je venais de débiter. Son visage s'est assombri.
Un voile est venu s'y déposer. Je venais de le blesser. Il ne

saignait pas encore, mais au timbre de sa voix, à peine un murmure, j'ai pu constater les premiers dégâts. Je vous demande pardon, a-t-il simplement ajouté, je ne voulais pas vous brusquer.

J'ai quitté Julien Paradis pour la première fois, là sur le trottoir glacé. Enfin, je ne l'ai pas vraiment quitté puisqu'en partant j'ai griffonné mon numéro de téléphone sur un bout de papier que j'ai glissé dans la poche de sa canadienne. Il a promis d'appeler le lendemain et j'ai immédiatement imploré le ciel, le seigneur et tous les saints pour qu'il tienne sa promesse. À mon grand étonnement, le ciel, le seigneur et tous les saints m'ont écoutée. Le lendemain matin, quelques minutes après onze heures, le téléphone a sonné. J'ai attendu le troisième coup avant de décrocher avec la nonchalance d'une grande actrice. Bonjour, Alice Malenfant, a dit Julien Paradis avec sa voix claire et fraîche de sauveur. Nous avons parlé au téléphone pendant une heure. Je ne sais pas ce que nous avons dit. Nous parlions mais les mots ne s'enregistraient pas. Ailleurs dans la ville, au même moment, des hommes et des femmes se rencontraient pour la première fois, se quittaient, se disputaient à propos d'une salière mal placée, se retrouvaient après des années d'errance, se tombaient dans les bras, se tournaient le dos, et nous, nous restions accrochés au téléphone, et malgré les parasites sur la ligne et la friture indiscrète des télécommunications, malgré l'agitation de la ville et de la planète, nous étions, j'en suis sûre, seuls au monde.

Nous sommes allés au restaurant, ce soir-là. Nous sommes rentrés à pied chez moi avant de tomber dans le lit comme dans un puits sans fond. Nous y sommes restés quarante-huit heures, peut-être plus. Le téléphone sonnait à intervalles réguliers. Je le laissais sonner dans le vide. Le vide ne me faisait plus peur. J'avais trouvé mon sauveur. Il avait enlevé sa canadienne, ses bottes et son chapeau. Je ne le voyais plus de la même manière. Je ne voyais plus rien. Même pas les frontières de la chambre. Je n'étais plus chez moi. J'étais dans une chambre d'hôtel au milieu d'une ville étrangère. Une chambre au milieu de la tempête qui continuait à déferler sur la ville. La neige s'accumulait sur le pas de la porte et sur le rebord de la fenêtre. Qu'importe. Nous ne regardions jamais par la fenêtre. Nous passions notre temps à nous regarder dans le blanc des yeux. Nous dormions soudés et confondus pendant des heures. Il m'arrivait de rêver. Des rêves fous, décousus, insensés. Des rêves où les rideaux volaient et prenaient feu dans une chambre blanche frappée par d'immenses vagues, par la mer qui avançait et m'encerclait de ses bras liquides. Je fondais dans ses bras et je me noyais dans les vagues, et Julien était un poisson lumineux qui passait et repassait entre mes jambes, une algue qui s'enroulait autour de mes cheveux.

La tempête a pris fin le troisième jour. Julien s'est réveillé à l'aube. Il m'a dit : je crois que je n'ai plus le choix. Il ne me reste plus qu'à emménager ici. Je vais chercher mes affaires et je reviens. Je n'ai pas tenté de le dissuader. Il me semblait à moi aussi que c'était inévitable. Autant plonger tout de suite. On ne risquait rien, non ? Si ça ne marchait pas, il n'avait qu'à partir. C'était simple, dans le fond. Un jeu d'enfants. Face, tu restes. Pile, tu pars.

L'entente favorisée par la conjoncture et par la cécité temporaire qu'impose l'amour se régla en moins de quinze minutes. Deux parfaits étrangers, qui trois jours plus tôt ne se connaissaient ni d'Ève ni d'Adam, deux parfaits étrangers renonçaient à leurs habitudes, à leur liberté, à leur solitude pour engager leur vie dans la plus délicate entreprise de rapprochement.

Est-ce lui qui l'a voulu, est-ce moi qui l'ai déclenché ? Est-ce un simple calcul de probabilités ? Le même jour, mais deux minutes plus tôt ou plus tard, j'aurais pu rouler dans la même rue sans le frôler, sans lui foncer dedans. J'aurais pu avoir un accident avec quelqu'un d'autre. J'aurais pu ne pas sortir et lui ne jamais mettre de chapeau. Un jour plus tôt, deux mois plus tard, et la rencontre était aussi ratée qu'un hasard qui change de trottoir, qu'une poutre qui tombe à côté d'un piéton, qu'une femme qui avorte au dernier moment.

Cette fois, pourtant, ça y était. Peut-être la tempête de neige, peut-être la longue marche des mois, peut-être une solitude mutuelle qui cherchait à prendre fin ou encore une volonté plus forte que nous deux, un complot qui dépassait notre entendement. Mille facteurs entrent en ligne de compte avant que le hasard ne bénisse un accident.

*   *   *

Julien est revenu une heure plus tard avec une unique valise. Il l'a déposée au milieu du salon. Je me suis mise à tourner autour d'elle comme un chat craintif autour d'un bol de lait. Julien a dit avec aplomb : voilà l'étendue de mes possessions. J'étais étonnée. C'est tout ? J'ai laissé le reste là-bas. Je n'aime pas accumuler les choses inutilement, a dit Julien en se laissant tomber sur le divan. Je me suis réfugiée dans ses bras en me demandant déjà ce qu'il entendait par là-bas. Géographiquement, je veux dire.

Je ne savais rien de lui. Où habitait-il avant et avec qui ? Avait-il une femme, des enfants ? Qui étaient ses parents, ses frères, ses sœurs ? Julien ne me fut d'aucun secours. Il n'aimait pas parler du passé, même si ce passé remontait à seulement quelques heures. Il se contenta de dire qu'il habitait avec son frère avant de me rencontrer. Il

48

songeait à le quitter depuis longtemps. Notre rencontre miraculeuse — c'est lui qui a employé le mot — avait précipité les choses. L'explication était suffisante. Je ne voulais pas en savoir davantage. J'étais comme Julien à cette époque-là. Je voulais qu'on m'épargne les détails.

Les premiers jours de notre cohabitation furent merveilleux. Une vraie lune de miel. Je faisais tout pour lui, et lui, tout pour moi. Nos présences se comblaient réciproquement. Je lui cuisinais des petits plats qu'il se faisait un devoir de savourer bruyamment. Nous faisions l'amour à tout bout de champ, sur des tas d'assiettes sales, sur les journaux de la veille et même ceux du jour, contre la chaleur des calorifères et la glace du frigidaire, dans les rapides de la douche. Nous tracions notre territoire. Je ne sais pas comment nous faisions, mais notre désir était intarissable. Notre désir nous muselait, nous laissait épuisés, silencieux et comblés.

*   *   *

Julien a dit : tu es la femme de ma vie. J'ai dit : on se connaît depuis une semaine. Des fois, trente secondes suffisent, a répondu Julien. Nous sortions du cinéma. Le film était pourri. Mais, il se terminait bien. Il se terminait par un mariage. La fin du film avait inspiré Julien. Il a dit : on devrait se marier. Disons dans un mois, jour pour jour. J'avais peine à croire ce qu'il me proposait, de sorte que je ne réagissais pas. Julien a interprété cela comme un signe. Le signe que j'acceptais. Il a ouvert la portière de l'auto avec un sourire satisfait.

L'auto m'appartenait. Julien n'avait pas d'auto. Il préférait conduire celle des autres. J'avais compris cela dès le départ et je lui remettais les clés de l'auto chaque fois que nous sortions. Je le faisais en toute bonne foi, pour être polie, pour lui faire plaisir, mais aussi parce qu'il était un homme et qu'en principe, un homme ça doit conduire. Non pas que je sois du genre soumise, mais ma culpabilité était telle qu'elle me poussait à prévenir chez les autres, et plus particulièrement chez les hommes, la moindre humiliation.

Lorsque je demandais à Julien où il avait appris à conduire, il répondait qu'il n'avait pas vraiment appris, qu'il conduisait depuis toujours. Le mot toujours avait une drôle de sonorité dans sa bouche. Lorsqu'il le proférait, le mot toujours perdait son poids, sa teneur, pour voltiger léger dans les airs sans faire référence à quelque chose de spécial, sans même effleurer l'éternité. En fait, c'est comme si le mot toujours prononcé par Julien Paradis voulait dire hier.

Julien Paradis savait conduire, c'est vrai. Le seul problème, c'est qu'il conduisait comme un vrai fou. Pas un fou furieux ni même un fou agressif, plutôt un fou inconscient et distrait. Au volant, mon sauveur me faisait peur. Quand ma peur était à son paroxysme, quand tout mon corps tremblait et que je sentais mes poignets saigner et mon pouls battre le tambour, Julien ne ralentissait pas. Il accélérait, mine de rien. Ce fut notre premier sujet de discorde. J'essayais faiblement de lui expliquer que j'étais terrifiée en voiture, que c'était un atavisme maternel que je traînais avec moi. Julien ne ralentissait jamais. Il disait que je devrais oublier le passé et guérir mes traumatismes d'enfant. Il disait qu'il ne servait à rien de ralentir, parce que de toute façon je ne serais jamais contente tant que l'auto ne serait pas parfaitement immobile. Il disait que ce n'était pas contre la vitesse que j'en avais, mais contre l'essence même du mouvement. Devant un aussi beau plaidoyer, je ne savais que répondre. Julien avait peut-être raison.

En fait, Julien avait toujours raison. À ce moment-là, du moins. C'est ce que je croyais. C'est ce que j'avais besoin de croire. Comment pouvais-je partager mon lit, mon appartement, mon auto, ma vie avec quelqu'un qui aurait foncièrement tort ? Si je remettais en question ses propos, je remettais en question son existence, et par conséquent la mienne. Le risque était trop grand.

Pour lui prouver ma bonne foi et conjurer tous les doutes, je lui ai remis un double de mes clés d'auto. Julien accepta mon cadeau en souriant. De fines pattes d'oie crépitaient autour de ses yeux bleu tendre. Il était particulièrement beau ce jour-là. Il avait l'air sincère. Sincèrement heureux que je lui témoigne ainsi mon amour. Il m'a embrassée sur le front avec douceur. Il souriait toujours. Je lui ai rendu son sourire. Il a pris les clés de l'auto et il est parti faire un tour. Il ne m'a jamais dit où il était allé. C'est à partir de ce moment-là que j'ai senti que quelque chose clochait.

4

LES MORTS ONT TOUJOURS TORT

J'ai attendu à la fenêtre jusqu'à la tombée de la nuit. J'ai cru que Julien m'avait abandonnée. C'est ma grande peur dans la vie. Si jamais je devais me réincarner, je crois que je serais un quai de gare. Les gens iraient et viendraient comme bon leur semblerait. Moi, je resterais là sans jamais pouvoir les retenir. C'est un drôle de sentiment qui m'habite. Je l'ai attrapé très jeune dans des circonstances très précises. Je n'en parle pas souvent, de cette affaire-là. À vrai dire, j'ai longtemps fait comme si ça c'était passé chez le voisin.

*   *   *

J'ai un an. Mes parents m'ont déposée chez mes grands-parents comme une poche de linge sale. Ils disent que l'air de la campagne va me faire du bien. Ils prétendent même qu'une travailleuse sociale a déclaré que leur maison — en fait, une chambre minuscule au huitième étage d'un immeuble délabré — est insalubre pour un enfant. La travailleuse sociale a menacé de me placer dans un orphelinat s'ils ne devenaient pas des parents responsables. Mon père a tout de suite appelé sa mère. Il ne lui avait pas parlé depuis des mois. Il lui a annoncé qu'il était père et elle, grand-mère. Ma grand-mère a répondu : je ne savais même pas que t'étais marié.

Je ne crois pas que mon père lui-même le savait. Il était soûl quand il s'est marié et gelé comme une balle quand il m'a conçue. Au moment de ma naissance, il n'était ni l'un ni l'autre. Il était juste parti acheter des cigarettes. Il est revenu dix-huit heures plus tard.

Je ne veux pas juger mes parents, mais je tiens à donner ma version des faits. Je sais qu'ils ne seront pas d'accord, mais tant pis pour eux : le premier qui écrit l'histoire a toujours le dernier mot. Mes parents, donc, sont ce qu'ils sont et, s'ils le sont, c'est la faute de Jean-Paul Sartre. Mes parents suivent ses conseils à la lettre et boivent ses paroles jusqu'à la lie. Ce sont des existentialistes, mes parents. Enfin, c'est ce qu'ils prétendent. Pour le prouver, ils ne cessent de se poser des questions sur le sens de leur vie. Ma mère travaille dans une banque et s'habille toujours en noir. Mon père ne travaille pas et passe ses journées à jouer à la machine à boules. Ma mère est tellement obsédée par Jean-Paul Sartre qu'elle veut me donner le nom de l'héroïne d'un de ses romans. L'héroïne s'appelle Evitch. Tant mieux pour Evitch si elle porte bien son nom, moi je n'ai malheureusement pas la tête de l'emploi. Ma mère insiste malgré la résistance qu'elle rencontre autour d'elle à l'hôpital. Evitch n'apparaît pas dans le calendrier des saints, annonce le docteur. Pff, le calendrier des saints ! renâcle ma mère. Appelez-la donc comme vous voulez. Les gens de l'hôpital se regardent avec perplexité. L'un d'entre eux se détache alors du groupe et sort de sa blouse blanche un petit livre bleu où des noms sont notés par ordre alphabétique. Il ouvre le livre à la première page, y promène un doigt plein d'assurance avant de s'arrêter au hasard au bas de la page. Alice ! annonce-t-il triomphalement. Alice, ricane de nouveau ma mère, Alice au pays des étroits d'esprit !

Mon père ne s'en mêle pas. Les prénoms, il n'en a rien à faire. Il vient retrouver ma mère à l'hôpital. Il n'a pas de fleurs. Seulement un paquet de cigarettes. Il me regarde. Il me trouve plutôt laide. Il a raison. Je suis jaune et fripée comme un vieil existentialiste qui a trop fumé. Mon père menace de me répudier. Il se ravise. Ma mère le fait vivre. Mieux vaut la ménager.

Je passe les premiers mois de ma vie dans la chambre de mes parents. Je dors dans une corbeille en osier près du calorifère qui coule. Je dors avec un bonnet sur la tête tellement il fait froid. Ce n'est vraiment pas une existence, même pour un produit de l'existentialisme. Mes parents ne savent que faire de moi. Jean-Paul Sartre ne leur est d'aucun secours. De toute façon, selon lui, on ne choisit rien dans la vie, ni ses parents, ni ses enfants, ni son milieu social, ni son quartier, ni même son droit de naître ou d'avorter. Jean-Paul Sartre dit que la meilleure chose à faire avec les enfants, c'est de les confier à la société. Mes parents sont tout à fait d'accord. C'est pourquoi ils s'empressent de m'envoyer chez des gens sains d'esprit qui sont capables d'être ce qu'ils ne sont pas : à savoir des parents.

Mon enfance chez mes grands-parents n'est pas malheureuse. Par moments, même, mon enfance ressemble à un conte de fées. On me promet toujours qu'un prince charmant et une belle princesse viendront un jour me chercher et m'emporteront loin dans leur carrosse doré. Alors, tous les jours, j'attends le miracle. Évidemment, tous les jours, je suis un peu plus déçue. Cinq ans, c'est long quand on ne sait pas encore compter.

Mes grands-parents ne sont pas méchants. Ils ne me battent pas, ils me nourrissent régulièrement. Ils n'ont pas beaucoup d'argent, mais ils ont une petite maison bancale qui sent le chou farci. C'est tout ce qu'ils ont. Ma grand-mère fait des ménages, mon grand-père travaille dans une usine de pneus. Ce sont des immigrants de la première génération. Ils ont immigré des steppes d'Ukraine au début du siècle pour s'installer à Winnipeg. Mais Winnipeg ressemblait trop à l'Ukraine et pas assez à l'Amérique. Au bout de quelques années, ils ont déménagé au Québec, dans un village retiré du nom de Trois-Trous, en banlieue d'une petite ville fleurie de drive-in, de take-out, de salons funéraires et de stations-service. C'est là qu'ils ont changé leur nom pour mieux se fondre dans le paysage. Malgré des efforts louables, ils n'ont jamais tout à fait réussi à masquer leurs gênantes racines étrangères ni à se débarrasser de leur accent à coucher dehors.

Ils ont travaillé fort toute leur vie, mes grands-parents. La vie ne leur a rien donné en retour, sinon la maison qui sent le chou farci au bout d'un rang à Trois-Trous. C'est là qu'ils ont élevé leurs deux enfants, mon oncle Léon et Arthur, mon père, un délinquant qui volait des pneus à douze ans.

On dit que mon père est le portrait craché de mon grand-père. Je ne pourrais le certifier, étant donné que je ne connais pas encore mon père. Je ne connais pas tellement ma mère, non plus. Il paraît qu'elle prend le train de Montréal et qu'elle vient me visiter une fois par mois. Je ne me souviens pas d'elle à cette époque-là. À vrai dire, je ne me souviens pas de grand-chose. Ma mémoire est morte. Elle doit constamment se brancher sur les souvenirs des autres

56

pour se faire une opinion sur le passé.

Je commence à marcher vers onze mois et à parler quelques semaines plus tard. Mes parents ne sont pas là pour apprécier les efforts que je fais pour m'intégrer. Ils ne me chantent pas de berceuses pour m'endormir. Ils ne soignent pas mes premières otites. Ils ne sont pas là pour me consoler quand je tombe et m'écorche le genou. Tant pis pour eux. Lorsque je suis en mesure d'avoir des conversations, je dis que mes parents sont morts. Pas à mes grands-parents bien sûr, mais à mes petits amis du coin. C'est plus romantique et puis c'est moins humiliant. Mes amis me prennent en pitié et je jouis d'un statut particulier dans leurs familles.

Les années passent. Mes grands-parents m'élèvent comme leur enfant ou plutôt comme les lapins et les poules dans leur cour. J'ai les mêmes privilèges. Je ne porte ni souliers ni culotte. J'ai le droit de pisser dans les fleurs. Des deux, c'est le grand-père que je préfère. Ses mains sont calleuses et il sent le caoutchouc. Il répond à mes moindres volontés et mange du foin quand je lui demande d'en manger. À l'heure du souper, il m'assoit sur ses genoux et me laisse me servir avec mes doigts et en mettre partout. Il paraît qu'il m'aime plus que ses propres enfants, plus en tout cas que le voleur de pneus.

Je joue à toutes sortes de jeux avec mon grand-père. Des fois, il se cache sous la table de la cuisine, des fois dans le poulailler. Je ne le trouve jamais et il me fait peur lorsqu'il apparaît soudain, couvert de plumes. Le soir, lorsqu'il revient de son usine de pneus, je vais l'attendre au bout du rang. Je vois sa bicyclette tricoter au milieu du sentier. Ma grand-mère me retient la main, moi je la tire de toutes mes forces tant j'ai hâte de sauter dans les bras de mon grand-père. Lorsqu'il arrive enfin à ma hauteur, j'entends les pneus de sa bicyclette crisser sur le gravier. Il me prend alors dans ses bras et m'assoit à califourchon sur la barre de la bicyclette. Nous remontons l'allée bordée de lilas en fleur.

Mon grand-père me raconte des histoires. Il me dit qu'un jour on ira rejoindre mes parents. On prendra l'automobile, et peut-être même le train. Je ne sais pas si j'ai déjà vu une automobile de ma vie, à plus forte raison un train. De toute façon, c'est sans importance. Mes parents sont morts et enterrés à Montréal. J'apprends très bien à vivre sans eux.

À trois ans, je fais face à un sérieux problème : mes jambes. Elles poussent de travers. Peut-être l'absence de souliers, peut-être le grand air. Quoi qu'il en soit, mes jambes décrivent un arc de cercle presque parfait et refusent obstinément de se redresser. Le docteur du coin dit que j'ai une maladie des os, qu'il faudra me casser les jambes avant de les recoller. Il dit que je devrais rester dans le plâtre pendant mille ans avant d'avoir à nouveau des jambes normales. Normales, mon œil, je crois que ce docteur-là m'en veut personnellement.

Ma grand-mère ne sait pas si elle doit l'écouter. Elle m'amène chez une sorcière qui habite dans une cabane décomposée au fond d'un champ. La sorcière sent la vieille chèvre et porte la moustache. Dès qu'elle ouvre la bouche, son haleine pourrie fait faner toutes les fleurs des environs. En la voyant, je ne pense qu'à me sauver. Mais ma grand-mère m'ordonne de m'étendre sur le lit de bois. Elle menace même de m'attacher. La sorcière brasse une boue verdâtre au fond d'un chaudron, après quoi elle m'en tartine les jambes. La boue est brûlante, et je crie tellement fort qu'on m'entend à l'autre bout du village. Ma grand-mère me dit que j'ai intérêt à me taire, sinon on va me couper les jambes. Je continue à crier tout de même, parce que si je n'ai plus de jambes, il me reste au moins des cordes vocales !

Je subis le traitement de la sorcière pendant six mois. Je vais la voir deux ou trois fois par semaine, toujours à la même heure, c'est-à-dire juste avant que mon grand-père ne revienne de travailler. Lorsqu'il arrive, je l'implore de me sauver de la sorcière. Il me donne de gros baisers mouillés et des framboises presque violettes pour me faire taire. Un jour, il m'annonce en regardant mes jambes que je suis guérie et que je n'aurai plus besoin d'aller chez la sorcière. Je suis tellement heureuse que je danse avec lui dans la cuisine. Mon grand-père est l'homme le plus merveilleux du monde. Je veux passer ma vie avec lui, même si je n'ai encore que trois ans et que la vie est longue quand on existe depuis si peu de temps.

Mon grand-père trouve lui aussi que la vie est longue. Trop longue, même. À la tombée du jour, je continue à l'attendre, assise dans l'herbe parmi les pissenlits et les trèfles à trois feuilles. C'est comme cela que j'apprends à compter. Un jour qu'il tarde à arriver, ma grand-mère me présente un trèfle à cinq feuilles. Tiens, un trèfle infirme, qu'elle me dit. Je le regarde sans comprendre. C'est quoi un trèfle infirme, mémé ? C'est un trèfle qui a trop de feuilles, qu'elle me répond. Garde-le, ça porte bonheur. Je ne comprends pas en quoi l'infirmité peut être providentielle, mais devant son air sérieux je décide de ne pas insister. Ma grand-mère n'est pas femme à se lancer dans des explications.

Mon grand-père arrive avec une bonne heure de retard. J'aperçois le guidon de sa vieille bicyclette qui brille comme une rivière de diamants dans le coucher de soleil. Il met une éternité avant d'arriver à ma hauteur, comme si chaque coup de pédale lui arrachait des grimaces et des soupirs, comme si la fatigue s'était incrustée jusque dans les replis de sa peau. Je me lève, je lui fais signe de la main, et lorsque son visage tout ridé se penche vers moi, je remarque qu'il affiche un drôle de sourire. Je remarque aussi qu'il ne sent pas le caoutchouc, mais un parfum plus fort, comme celui de la bière. J'attends qu'il me prenne par la taille avec ses mains calleuses et qu'il me pose sur la barre de la bicyclette, mais voilà qu'il descend du siège et dépose sa bicyclette en plein milieu du chemin. Voilà qu'il s'assoit dans l'herbe en tapotant celle-ci pour que je vienne m'asseoir à ses côtés. Ferme les yeux, me dit-il. Lorsque je les rouvre, une montre en or, ronde et plate, miroite dans la paume de sa main. Tu vois, Alice, dit-il, ça c'est vingt-cinq années de fidèles et loyaux services. Je regarde la montre sans comprendre. Le grand-père n'en dit pas plus. Il se couche maintenant dans l'herbe, et deux secondes plus tard je l'entends ronfler.

Le lendemain, je saute à pieds joints dans son lit. C'est ma façon de le réveiller. Sauf qu'aujourd'hui, on dirait que le grand-père se cache sous les couvertures et qu'il ne veut pas se lever. Tu ne vas pas travailler, pépé ? que je lui demande. Non, pas aujourd'hui, répond-il en m'enfouissant la tête sous les couvertures et en me chatouillant la pointe des pieds. Je ris tellement fort que j'en oublie ce brusque changement dans l'engrenage bien huilé de nos habitudes. Le manège dure une bonne semaine. Tous les matins je vais réveiller le grand-père, et tous les matins il refuse d'aller travailler. Finalement, un beau matin, il se lève, enfile un vieil habit fripé et déclare qu'il va chercher du travail. Je ne comprends pas, mais ce n'est pas grave. À trois ans, les problèmes de travail et de chômage, ça ne nous concerne pas vraiment. Il revient ce soir-là, encore plus fourbu et fatigué que les autres soirs. Il marche à côté de sa bicyclette et je le suis en essayant de mouler mes petits pieds dans le sillage des siens. Lorsque ma grand-mère apparaît sur le perron, il lui annonce qu'il s'est trouvé un job de livreur. Livreur, crie ma grand-mère, mais qu'est-ce qui te prend ? T'as perdu la tête ou quoi ? C'est en attendant, dit le grand-père, en attendant que j'ouvre mon garage avec Arthur à Montréal. Ma grand-mère hausse les épaules et s'en retourne dans sa minuscule cuisine préparer un minuscule repas. Mon grand-père ne remarque même pas qu'il y a de moins en moins à manger. Faut dire qu'il mange de moins en moins. Il respire de moins en moins aussi. Ses jeux avec moi ont perdu leur insouciance et, lorsque je lui tends du foin, il fait seulement semblant d'en manger.

On dirait que mon grand-père n'est plus là, que son esprit est occupé ailleurs, peut-être par le garage de mon père, peut-être par autre chose. Certains soirs, en rentrant, il sent la bière. À ma grand-mère qui grogne, il dit seulement que c'est l'odeur des caisses qu'il livre toute la journée. Ma grand-mère hausse alors les épaules et retrouve ses airs de vieille immigrante renfrognée.

Un matin en plein mois d'août, tandis que la chaleur est aussi gluante que du goudron, mon grand-père refuse de se lever. En fait, il ne refuse pas vraiment. Il reste étendu de tout son long sur le lit et la pâleur de son visage se confond avec la blancheur des draps. Ses yeux sont fermés sur le monde et sur moi. C'est la première fois que ses yeux restent fermés aussi longtemps. Il faut dire que mon grand-père n'a plus qu'un œil. Il a perdu l'autre dans un accident de travail à l'usine de pneus. Cela ne l'a jamais empêché de voir à travers les gens. Ce matin, pourtant, j'ai l'impression qu'il ne veut plus rien voir, pas même moi.

Ma grand-mère me dit de le laisser tranquille parce

qu'il est très fatigué. Je sors sur la pointe des pieds. Je l'attends toute la journée sans avoir envie de chasser les poules comme à l'accoutumée. Vers la fin de l'après-midi, une grosse automobile blanche s'arrête devant notre maison. Des hommes en blanc y enfoncent mon grand-père sur une civière. Il ne remue pas beaucoup. Toutes sortes de tubes lui sortent du nez et des bras. Je veux aller avec lui, mais on me l'interdit. Alors je le regarde partir et je m'endors en jouant avec les plumes de mon édredon et en cassant leurs tiges. C'est mon passe-temps préféré quand le grand-père n'y est pas. Chaque tige que je casse me fait penser au cou d'un oiseau qui se brise.

Après le départ de mon grand-père, je reste au lit très longtemps. Je prétends que mes jambes ne veulent plus marcher. Je dis que la sorcière m'a coupé les jambes à force de les broyer avec sa boue. Je dis que je ne marcherai plus jamais. Au bout de quelques jours, pourtant, mes jambes commencent à me démanger. Je me lève, un peu chancelante, et je vais voir si le grand-père est revenu. Peine perdue, le grand-père n'est pas là. Il y a seulement ma grand-mère avec ses yeux rouges et son nez gonflé. Je m'approche d'elle tout doucement. Elle relève la tête. Je lui demande innocemment : où est pépé ? C'est alors qu'elle m'envoie la plus grande méchanceté de sa carrière. Elle me dit que le grand-père ne reviendra pas, qu'il est parti pour toujours. Elle me lance un mot que je ne veux pas entendre. Mort. Ton grand-père est mort, entends-tu ? Mort, répète-t-elle en pleurant. Moi, je crie plus que je ne pleure. Je crie de toutes mes forces. Je crie que ce n'est pas vrai, qu'elle est une menteuse, que les seuls morts de la famille sont mes parents, morts et enterrés à Montréal. Ma grand-mère me prend par les épaules et me secoue comme un prunier. Elle redouble de sanglots avant de me lancer que mes parents sont vivants et qu'ils vont bientôt venir me chercher. Je ne l'écoute déjà plus. Je sais qu'elle dit n'importe quoi. Mes parents ne viendront jamais me chercher. Quant à mon grand-père, c'est clair qu'elle l'a caché quelque part au grenier.

Pendant les jours qui suivent, les gens du village défilent chez nous devant la longue boîte en bois où dort mon grand-père. Je m'en tiens le plus loin possible. D'abord je sais que ce n'est pas mon grand-père, mais quelqu'un d'autre que je ne connais pas. Alors je reste dans le jardin. Je tourne en rond dans le poulailler. Je refuse de jouer avec les poules. Je refuse de jouer avec qui que ce soit. Tous les soirs à la même heure, je vais l'attendre au bout du rang. Ma grand-mère ne m'accompagne jamais. Je m'assois dans l'herbe et j'attends. Mon cœur bat très fort. Parfois, mes yeux se brouillent et je crois le voir, là-bas au bout du rang, une ombre, une silhouette, quelque chose de doux, de flou, quelque chose, quelqu'un qui approche au ralenti. Je me lève. Mes jambes tremblent et puis subitement l'image s'évanouit comme une brume matinale, comme un rêve. Alors je baisse la tête et je donne des coups de pied dans l'herbe, des coups de pied dans la clôture, et je rentre en claudiquant parmi les lilas déconfits.

Je ne pleure pas, enfin pas extérieurement. Mais je crois qu'en dedans les larmes se bousculent comme en période de crue. Personne ne le sait, sauf peut-être mon grand-père qui me regarde du haut de ses nuages. Et je pleure, et je pleure, des larmes salées, des larmes amères, des larmes qui attestent que ma machine à fabriquer du chagrin fonctionne à merveille. Et je maudis le grand-père qui m'a abandonnée au beau milieu de mes trois ans, l'employé émérite qui est descendu tellement bas qu'il ne lui restait plus qu'à mourir et à se laisser enterrer. Maudit grand-père qui m'a brisé le cœur alors que je ne savais même pas qu'on pouvait avoir un cœur et qu'il pouvait à l'occasion se mettre à saigner. Et quand j'ai fini de maudire l'absent et le traître, mes yeux sont secs et mes poings fermés. Et rien ni personne ne sait me consoler...

5

AU HASARD BALTHAZAR

Je ne sais pas quand j'ai commencé à fouiller dans les affaires de Julien Paradis. Je n'avais aucune raison de le faire, aucune raison valable. Les choses allaient merveilleusement bien entre nous. Peut-être trop bien, même. C'en était inquiétant. Et pour calmer l'inquiétude que je sentais monter en moi à mesure que Julien s'installait et prenait ses aises, je compris qu'il fallait que je bouge, que je déplace de l'air, que je sorte de la torpeur moite dans laquelle je m'enfonçais et qui finirait par me rendre gâteuse. Ce fut mon premier sursaut après l'accident. La première fois que j'ouvris les yeux et que j'émergeai du coma dans lequel j'avais sombré avec mon sauveur.

Julien n'en sut rien. La transformation eut lieu en son absence. Un matin, il s'éclipsa très tôt et je découvris avec un bonheur mêlé d'effroi que je respirais mieux. D'un revers de la main dramatique et sans avoir calculé mon effet, je me mis à balayer les preuves matérielles de son existence. Les preuves avaient beau être minimes, je les scrutais au radar. Tout ce qu'il avait laissé traîner — une chaussette, un pull, un journal et des magazines —, tout fut déposé à la frontière qui délimitait mon domaine et le sien. D'une main j'entrouvris la porte de la pièce au fond de la cuisine que j'avais déblayée à son intention et de l'autre j'y lançai pêle-mêle tout ce que j'avais récupéré dans un élan inégalé de zèle.

Au début, je me gardai bien de fouler le sanctuaire de Julien. Ce n'est pas la pudeur qui me retenait. C'était autre chose. Depuis quelque temps, cette pièce était devenue un symbole. Elle se dressait devant moi comme une épine plantée dans mon intimité. Elle me rappelait que je n'étais plus seule. Qu'il y avait désormais quelqu'un dans ma vie. Et plutôt que de me réjouir de cette nouvelle situation, je me mis à déprimer. La perte de ma solitude ressemblait à la perte de ma virginité. Son côté inéluctable me rendit nostalgique et me fit regretter ce que je portais jadis comme une croix. C'était à n'y rien comprendre. Plus ça allait, plus je me perdais dans une mélasse de contradictions. Pour m'y soustraire, je ne trouvai rien de mieux que le ménage et sa rassurante illusion de propreté.

Je me mis donc à faire le ménage avec vengeance, à faire le ménage comme du passé on fait table rase. Mais je ne trompais personne. Mes gestes n'étaient pas ceux d'une ménagère comblée mais bien ceux d'une femme envahie sur un territoire occupé. Au bout de trois semaines, lorsque l'appartement nickelé se mit à ressembler à une salle d'opération, je mis un frein à mes ardeurs domestiques. Je restais maintenant de longues heures assise dans le salon à me dire que Julien n'existait pas. Je cessais de parler de lui à Dolores et à Madeleine, qui du reste ne venaient pratiquement plus chez moi. Quand je réussissais à m'arracher à ma léthargie et à rendre visite à mes amies, j'affirmais que cette relation était le pur produit de mon imagination, que notre couple était une entité théorique, et qu'un jour, un jour, la réalité s'immiscerait dans la fiction et pousserait mon sauveur à ficher le camp.

Mais Julien restait. Julien ne partait pas. Avec toi, disait-il, je commence à vivre. Je trouvais curieux qu'il dise « je commence », plutôt que « je recommence », d'autant qu'il devait avoir environ trente-cinq ans — il n'avait jamais été très clair au sujet de son âge. C'était illogique. Il ne pouvait pas commencer à vivre seulement maintenant. Il avait dû comme tout le monde stocker un certain nombre d'expériences, de connaissances, d'attachements. Mais Julien n'en soufflait mot et s'entêtait à répéter qu'il commençait à vivre. Pour m'en convaincre, il me resservait mes propres arguments, dénaturés ou embellis. N'avais-je pas souhaité que le destin m'envoie un homme aussi pur et neuf qu'un bébé naissant ? N'avais-je pas rêvé d'un homme qui ne vivrait pas au passé mais au présent avec moi ? Alors de quoi pouvais-je me plaindre, maintenant qu'il était à mes côtés et qu'il menaçait d'y rester de toute éternité ? Ce révisionnisme historique de la part de Julien me tapait sur les nerfs. Mais plutôt que de lui en faire la remarque, je battais en retraite comme une enfant d'école.

Notre nouvelle vie à deux suivait son cours sans que rien y paraisse. Julien avait abandonné son job de concierge pour se consacrer entièrement à l'écriture. Car Julien était écrivain, ou du moins aspirait à l'être. Il n'avait rien publié mais prétendait avoir écrit des centaines et même des milliers de pages de prose et de poésie. Lorsque je lui demandais de me faire lire ne serait-ce qu'un poème, il me répondait qu'il avait tout brûlé. Ses écrits n'étaient pas encore dignes de la littérature, disait-il. Pour une seule page de grande littérature, il fallait parfois en écrire mille. C'est ainsi que travaillaient les grands écrivains, pontifiait Julien Paradis.

Un jour, je lui demandai à brûle-pourpoint de me nommer ses cinq auteurs préférés. Il suffit parfois d'une référence lâchée par mégarde pour révéler ce honteux trait de caractère que l'on avait camouflé. Julien me vit venir avec mes gros sabots. Il fut catégorique. Il y avait trop d'auteurs, trop de trésors dans la littérature pour qu'il puisse tous les nommer. S'il commençait ce petit jeu-là, il allait à coup sûr en oublier. Ce serait profondément injuste. Mieux valait ne nommer personne, disait-il. Le message était clair. Défense d'entrer.

Un jour, je décidai à son insu de fouiller dans les poches de son pantalon. N'y trouvant rien, j'en fouillai un autre, puis un troisième, puis sa garde-robe au complet. Je me trouvais parfaitement ridicule. J'étais devenue un cliché ambulant. Je m'en prenais à un innocent pantalon et je ne savais plus très bien qui m'intéressait davantage : le vête-ment ou celui qui le portait. Quant aux dites poches, elles étaient vides de tout soupçon et remplies de sinistres pièces de monnaie. Rongée par une curiosité malsaine, je décidai la semaine suivante d'entrer dans les ligues majeures et de perquisitionner sans mandat le sanctuaire de Julien Paradis.

Une pile de journaux reposaient sur le coin du bureau et, à côté, une collection de magazines sur tous les sujets possibles et imaginables. Julien dévorait tout ce qui touchait à l'actualité. Il était insatiable. Le passé lui importait peu, mais le présent, c'était une autre histoire. Julien ne voulait pas en perdre une seconde. Il prenait des cours de rattrapage permanents. Près de la lampe en laiton, je découvris un compte de téléphone décacheté et adressé à Gustave Paradis. Gustave Paradis ? Probablement ce fameux frère avec qui il habitait avant notre rencontre miraculeuse. Le nom me fit sourire. Le nom et la situation. Je me sentais comme ces enfants qui cherchent dans les tiroirs de leurs parents un certificat d'adoption.

Je souriais toujours. Il avait donc un frère, un vrai, mais était-ce tout ce qu'il avait ? Mon sourire bloqué en une sorte de rictus imbécile commençait à pourrir. Avait-il une sœur ? Était-il marié, divorcé, veuf, séparé ? Combien de vies avait-il vécues avant notre accident ? Je remis le compte de téléphone à l'endroit précis où je l'avais trouvé et restai devant la table de travail un moment, le regard vague et brouillé. Par la fenêtre, j'aperçus un bout de ciel gris. Des fronts nuageux se déplaçaient entre les trouées du soleil. L'hiver ramollissait temporairement. Je demeurai immobile un bon quart d'heure, sans attentes, sans envie, oubliant le décor immédiat et la raison qui m'y avait poussée. Puis, tranquillement, je retrouvai l'usage de mes membres engourdis, effleurant maintenant les papiers épars, les chemises rigides, le carnet d'allumettes frappé du nom d'un restaurant et de nouveau le compte de téléphone de Gustave Paradis. En dessous du nom, je lus l'adresse et constatai que Gustave habitait à quelques coins de rue de chez moi. Nous avions presque le même numéro de téléphone. Le là-bas fictif et abstrait qui m'avait hantée le jour de l'arrivée de Julien Paradis s'est matérialisé. J'ai vu une maison de trois étages. J'ai vu une porte d'entrée. J'ai vu le visage de son frère. Je me suis dit que je devrais l'appeler. Je n'avais aucune raison, aucune raison valable de le faire. Voulais-je comparer le son de sa voix ou m'assurer qu'il existait vraiment, je ne saurais le dire.

J'ai regardé le numéro de téléphone. Je l'ai regardé jusqu'à ce que les chiffres se mettent à danser, jusqu'à ce que leurs pattes crochues dégoulinent sur le papier, puis j'ai composé le numéro. La cloche fêlée du téléphone a sonné dans le vide. Une première fois, une deuxième. J'ai commencé à paniquer comme si chaque nouveau coup décuplé, amplifié, m'assommait. J'ai laissé sonner dix fois, vingt fois, avec toute l'énergie de mon obstination. J'ai raccroché à regret, l'oreille meurtrie. Je suis sortie faire des courses. J'ai étiré la promenade pour tromper l'attente. Je suis revenue au bout d'une heure et j'ai recomposé le numéro. Un coup, deux coups. J'ai essayé de me raisonner. J'ai voulu abandonner mon projet. Et j'ai cru que j'y arriverais en me réfugiant dans le salon, à l'abri du téléphone qui enflait à vue d'œil. J'ai sorti une cassette de la discothèque et écouté avec soulagement les premiers coups de la batterie. J'ai monté le volume jusqu'à ce qu'il emplisse la pièce comme l'eau du bain. Lorsque la musique n'a plus été qu'une masse distordue, lorsque la caisse de résonance a fait vibrer ma colonne vertébrale comme un fil télégraphique secoué par les grands vents, lorsque la guitare s'est mise à me scier les oreilles, j'ai pris une grande respiration et j'ai ordonné à mes nerfs de se calmer.

Le téléphone a sonné faiblement à travers le vacarme. Je me suis levée par automatisme, puis je me suis immobilisée. Le téléphone a insisté. Qu'il sonne, me suis-je dit. Je me suis laissée tomber lourdement dans le fauteuil. Le téléphone sonnait encore. J'ai fait semblant de ne pas l'entendre. Le téléphone sonnait toujours. J'ai étudié la peinture au plafond, battu la mesure de ma main gauche. J'ai essayé de me soustraire à la sonnerie. Bientôt le téléphone a renoncé à poursuivre toute communication.

*   *   *

À l'intérieur du bâtiment, un néon vacillant diffusait une lumière verdâtre. L'atelier était au quatrième. Je le partageais avec trois autres cinéastes en chômage. J'ai monté les étages à pied et suis arrivée, essoufflée, devant la porte blanche maculée de marques de doigts. La pièce était immense, les rideaux tirés laissaient entrer une lumière affolante. Je me suis dirigée vers le chevalet. J'ai déposé mon sac de toile. J'en ai sorti trois pommes, deux poires et une orange. J'avais ramassé les fruits au hasard dans la cuisine. Je les ai posés délicatement, un à un, sur le cube blanc. J'ai déplacé et replacé les objets comme si je ne trouvais pas d'angle parfait à leur inertie. J'avais recommencé à peindre. En fait, c'était moins de la peinture que de la thérapie. Quand je n'avais plus d'idées et que mon scénario du moment n'avançait pas, je m'en prenais directement à la matière. J'avais lu quelque part que l'étude de natures mortes était un excellent exercice. Alors je m'y étais convertie. J'avais d'abord copié les tableaux dans le salon. Maintenant, je copiais les fruits décomposés dans ma cuisine.

J'ai commencé au fusain. J'ai dessiné de grands traits noirs comme du goudron sur la neige. Parfois ma main s'arrêtait en plein vol. Je regardais fixement les objets. Ils ne changeaient ni ne bougeaient. Ils se prêtaient au jeu de leur évidence sans la vanité des êtres humains. Ils existaient par eux-mêmes, sans désirs, sans pulsions, comme des puits sans fond qui se lovent à l'infini dans le regroupement serré de leurs atomes. Impénétrables. Insondables. Je les ai regardés, puis j'ai regardé ma main. Je me suis dit : qui guide ma main ? Qui décide de sa trajectoire ? Où commence ma responsabilité et où finit-elle ?

J'ai déposé le fusain et me suis allumé une cigarette, machinalement. Les traits de goudron m'ont lancé des dards. Adossée contre la fenêtre, j'ai laissé mon regard courir dans la pièce nue avant de s'arrêter à la boîte noire du téléphone.

71

Je m'en suis approchée. Qui guide mes pas ? J'ai composé l'ancien numéro de Julien. Qui guide ma main ? Au deuxième coup, quelqu'un a décroché le récepteur. J'ai entendu la voix. Sa tonalité était aiguë. J'ai hésité une seconde. Je m'attendais à tout, sauf à cela : la voix d'une femme.

Je me suis raclé la gorge et j'ai dit sur un ton professionnel :

— Est-ce que je pourrais parler à Gustave Paradis ?

La voix a répondu presque mécaniquement :

— Il n'habite plus ici.

— Est-ce que je pourrais parler à son frère, alors ?

Un silence lourd a écrasé ma question. Un silence qui a duré au moins mille ans. Finalement, la voix fatiguée a dit :

— Pardon ?

— Son frère, celui avec qui il habitait, est-ce que je pourrais lui parler ?

— Il n'a jamais habité avec son frère, a poursuivi la voix avec une pointe de lassitude.

J'ai hésité un quart de seconde, puis j'ai feint l'étourderie.

— Mais oui, c'est vrai, j'avais complètement oublié.

Silence à nouveau. Je me suis sentie caler au fond de l'eau. Caler très profondément, et puis, subitement, sans crier gare, je suis remontée à la surface comme un ballon.

— Vous n'auriez pas le numéro de son frère, par hasard, son frère Julien Paradis ?

— Il n'a pas de frère, a répondu la voix avant de raccrocher sèchement.

*   *   *

J'ai quitté l'atelier à la tombée de la nuit. J'ai marché

jusqu'à l'appartement comme un zombie. J'ai failli foncer dans Madeleine qui revenait de faire des courses et croulait sous ses paquets. Elle avait un air aussi zombie que moi.

— Ah, c'est toi, je ne t'avais pas reconnue, a-t-elle dit d'une voix aussi blanche que du lait.

— Moi non plus.

On a marché en silence un moment.

— Victor est parti, a-t-elle lancé sans préavis.

— Quoi ?

— Parti, disparu depuis hier soir.

Sur le coup, je n'ai pas su quoi dire. Victor disparu, c'était impossible. Une vieille chaussette ne disparaît pas. Tout au plus, elle s'égare dans un coin pendant quelques heures avant de réapparaître comme une fleur. Une vieille chaussette est un peu comme un vieux chien. Elle n'a pas l'esprit très baladeur.

— Il est parti chercher du poulet pour souper, hier soir. Il n'est jamais revenu, n'a même pas appelé, a poursuivi Madeleine.

— Il lui est peut-être arrivé un accident ? lui ai-je offert en guise de consolation.

— Non, il ne lui est rien arrivé.

Son ton était catégorique.

— Qu'en sais-tu ?

— Je le sais. J'ai appelé ce matin à l'université. La secrétaire m'a répondu qu'il était absent pour la journée et qu'il reviendrait d'ici quelques jours.

— C'est peut-être juste un coup de tête, vous vous êtes disputés ou quoi ?

— Non, rien, absolument rien, tout allait très bien. On devait manger du poulet. Les enfants étaient aux oiseaux. Victor est parti en chercher et il n'est jamais revenu.

— Pourquoi vous n'avez pas fait livrer le poulet ?

Je ne sais pas pourquoi j'ai posé la question. C'est plutôt imbécile comme question. N'empêche qu'on ne va pas chercher du poulet quand on peut se le faire livrer. Je ne crois pas que Madeleine ait relevé l'ironie de ma remarque. En tout cas, elle n'a rien laissé paraître.

— Victor a dit que ça prenait trop de temps. Il préférait aller le chercher lui-même.

— Oui, je vois.

En fait, je ne voyais rien du tout. Je voyais seulement que Victor était un hypocrite. Je n'aurais jamais pensé cela de lui.

— Si tu savais la nuit que j'ai passée, a-t-elle poursuivi, proche des larmes. Les enfants ont été insupportables. J'ai été obligée de commander un deuxième poulet. Les enfants se sont endormis dessus. Ce matin, ils n'arrêtaient pas de courir dans la maison en caquetant. Puis ils m'ont harcelée de questions. Où est Victor ? Où est papa ? Parti avec une poule ? Je voulais les étrangler.

— Qu'est-ce que tu vas faire ?

— S'il revient, je le tue, déclara-t-elle en reniflant bruyamment.

— Et après ?

— Après, on verra, soupira-t-elle.

Madeleine a disparu par le trou de la serrure. Je l'ai suivie du regard avant de monter les marches jusqu'à l'appartement. J'ai constaté que la peinture des escaliers foutait le camp. Pas juste la peinture.

*   *   *

Julien est rentré. Puis il est ressorti. Il m'a dit qu'il allait nager. Moi, je rageais silencieusement devant les robinets de l'évier. Je n'avais pas préparé le souper. J'aurais tout gâché. Je suis sortie à mon tour. Je croyais que ça me ferait du bien, que ça me calmerait. J'ai marché tête baissée, les mains dans les poches. L'air était frais, l'eau du bassin au milieu du parc était gelée. Un lac de glace dans lequel j'aurais voulu planter une hache pour faire gicler la vérité. Pourquoi m'avait-il menti ?

J'ai fait le tour du bassin plusieurs fois. Une grosse femme fourbue qui ployait sous plusieurs épaisseurs de manteaux fouillait dans une poubelle, sa vie consignée dans quatre sacs d'épicerie racornis. Elle s'est assise sur un banc en marmonnant dans une langue codée qu'elle seule semblait comprendre. Je suis passée au moins vingt fois devant elle sans qu'elle me remarque. Nous devions être obsédées par nous-mêmes.

Au bout d'une heure, je me suis mise à courir en direction de l'appartement. Mes bottines glissaient sur la mince couche de glace qui recouvrait les trottoirs. J'ai poussé la porte d'entrée. Elle a claqué derrière moi en fouettant l'air. Je ne voulais pas faire de scène. C'est vrai, je ne le voulais pas. Je ne sais pas ce qui s'est passé, mais le vase dans le couloir s'est écrasé par terre. Julien a sursauté. J'ai foncé dans la cuisine en m'agrippant au comptoir. Nous habitions ensemble depuis un mois. Nous allions bientôt vivre notre première grande scène. Julien est apparu dans l'embrasure de la porte. Je me suis retournée et je l'ai regardé droit dans les yeux.

— Pourquoi tu ne me l'as jamais dit ?

— Dit quoi ? a-t-il répondu sans même battre des cils.

— Que tu n'habitais pas avec ton frère.

— Qui t'a dit cela ?

— Pourquoi tu ne me l'as pas dit ? ai-je répété avec obstination.

Silence. Le regard de Julien fuyait par les fentes du plancher.

— Tu n'as jamais habité avec ton frère, Julien Paradis.

— Qu'est-ce que tu racontes ?

— Tu me prends pour une imbécile, ou quoi ?

— Mais non, Alice, a poursuivi Julien, les yeux toujours baissés, presque rabattus en visière, comme s'il fouillait sa mémoire et essayait de mettre de l'ordre dans ses classeurs.

— Mieux que cela, Julien. Comment as-tu osé me dire que tu habitais avec ton frère alors que tu n'as même pas de frère ? Te rends-tu compte ? T'as même pas de frère, Julien Paradis !

Julien n'a rien dit. Il s'est seulement assis sur la première chaise dans la cuisine. Il regardait toujours par terre comme un chien battu.

— C'est vrai, je t'ai menti.

— Tu m'as menti, sans blague ?

— Oui, je t'ai menti. J'avais peur que tu ne comprennes pas, que tu me juges. J'allais tout te dire bientôt, mais j'attendais...

— T'attendais quoi, au juste ? Que je sois assez grande pour comprendre ?

— Non.

— Non quoi ?

— J'attendais qu'on se connaisse davantage, a dit Julien sur le ton de la défaite.

— Qu'on se connaisse davantage ? Ça fait un mois que t'habites chez moi. Tu dors dans *mon* lit, tu conduis *ma* voiture, t'as même ton propre bureau dans *mon* appartement, et monsieur estime qu'il ne me connaît pas assez pour me confier ses secrets, pour me raconter les miettes de son passé. C'est un comble !

— Écoute, Alice, essaie de me comprendre.

— Et toi, as-tu essayé de me comprendre ? Tu ne me dis rien. Même le chien de Madeleine parle plus que toi ! ai-je crié avant de fondre en larmes.

— Calme-toi, Alice, a dit Julien, calme-toi, je vais tout te raconter.

*   *   *

Julien ne m'a rien raconté. Enfin, il m'a raconté certaines choses, mais tellement vagues que je n'étais pas plus avancée. Gustave Paradis, m'a-t-il avoué, n'était pas son frère, bien que Julien l'eût souhaité. Gustave Paradis était tout simplement un nom sur un compte de téléphone qui traînait dans la rue. Julien l'avait trouvé par hasard. Mais comme, selon Julien, il n'y avait pas de hasard, il s'était dit que ce compte de téléphone était un signe du destin et que Gustave Paradis aurait très bien pu être son frère même si techniquement il ne l'était pas.

Je ne comprenais rien à son foutu charabia. Avait-il, oui ou non, un frère ? Non, répétait Julien. Alors, pourquoi Gustave Paradis serait-il d'un quelconque intérêt ? À cause du nom, répondait Julien. C'est quand même bizarre de tomber sur un autre Paradis de cette façon-là, soutenait-il. Je ne voyais là rien de bizarre. Des Paradis, il devait y en avoir des centaines, peut-être des milliers à Montréal, alors pourquoi s'étonner de la chose ? Parce que ce n'est pas tous les jours que l'on tombe sur un compte de téléphone qui porte le même nom que le sien, répondait Julien.

— As-tu déjà trouvé un compte de téléphone ou même une lettre adressé à Anna ou Élisabeth Malenfant, comme ça, dans la rue ?

— Non, je ne marche pas la tête entre les jambes.

— Tu vois, a dit Julien sans m'écouter, ça n'arrive

pas tous les jours, c'est la preuve que c'est un signe.

— Mais un signe de quoi, Julien ?

— Un signe, tout simplement un signe.

J'étais confondue et, comme chaque fois que cela m'arrivait, je perdais tous mes moyens, je perdais surtout ma faculté d'analyser froidement la situation. Oublions un instant Gustave Paradis, déclarai-je finalement à Julien. Parlons un peu de toi. Tu sais, disait Julien avec un air pitoyable de setter anglais, tu sais, il n'y a pas grand-chose à dire de moi. Mais enfin, Julien, c'est impossible. Tout le monde a une histoire. La mienne est sans intérêt, répondait Julien. Il devenait subitement vague, comme dans vague à l'âme. Il se refermait sur lui-même, et j'avais la nette impression à ce moment-là qu'il cachait quelque chose de lourd et d'infâme. Peut-être un vol de banque, peut-être pire.

Il me dit alors avec un filet de voix : tu sais, Alice, des fois, c'est mieux de préserver un certain mystère entre les gens. Puis il se leva et, me prenant doucement par les épaules, il m'entraîna dehors. La nuit était froide et sans étoiles. Nos haleines fumaient en remplissant l'espace silencieux entre nous. Nous avons fait le tour du parc avant de nous asseoir sur un banc en grelottant. J'étais de profil, les jambes étendues, les pieds instables sur la couche de glace. Julien avait le corps tourné vers moi. Il a chuchoté mon nom. Je me suis tournée vers lui. La lumière du lampadaire venait éclairer son visage et le rendait transparent. Julien m'a regardée dans les yeux longuement. Quelque chose est passé dans son regard, une lueur étrange, toute sa tendresse, toute sa faiblesse, comme s'il ouvrait la dernière porte et se montrait enfin : un petit garçon. Ses yeux étaient humides. J'ai cru qu'il allait pleurer. J'ai eu très peur. Je me suis levée précipitamment. Je ne voulais pas le voir pleurer.

Je ne voulais pas voir sa fragilité. Je me suis mise à courir de toutes mes forces en direction de l'appartement. Julien me talonnait. Nous avons couru comme des fous, enjambé le terre-plein au milieu de la rue et sauté par-dessus les plaques de glace avant d'atterrir sur le trottoir devant l'appartement. Les lumières chez Victor et Madeleine étaient allumées. J'ai dit à Julien : je me demande si Victor est revenu ?

— Ils reviennent toujours, a dit Julien à travers son essoufflement.

— Comment le sais-tu ? lui ai-je demandé, interloquée.

— Je le sais, a répondu Julien Paradis. Je connais les hommes mieux que toi.

Il est passé devant moi et a monté les escaliers sans se retourner. Je me suis demandé si je devais le suivre ou me mettre à courir dans l'autre direction.

6

LA LETTRE

Victor n'avait pas donné signe de vie depuis quatre jours. La cuisine de Madeleine était dans un état de décomposition avancée. La vaisselle des derniers jours moisissait dans l'évier. Des pots de confiture décapités stagnaient sur la table près des décombres du déjeuner. Des pintes de lait végétaient sur les comptoirs parmi des édifices déchiquetés de briques Legos. Des plantes séchaient devant les fenêtres. Les assiettes n'étaient pas dans leur assiette et même les bols de céréales faisaient la gueule. Dans ce théâtre de l'attente, les dessins des enfants sur la porte du frigidaire étaient particulièrement éloquents. Ils campaient des poulets déplumés qui couraient devant des maisons aux fenêtres aveugles. Les enfants de Madeleine avaient manifestement transposé l'atmosphère funèbre qui régnait sur les lieux.

— C'est une étudiante, déclara Madeleine, d'un ton aussi catégorique que solennel

— Pardon ? demandai-je, prise de court.

Je venais à peine d'arriver. Elle m'avait fait entrer sans dire un mot. Debout contre le frigidaire placardé comme un local de grève, Madeleine m'avait annoncé la nouvelle sans me regarder. Elle se l'annonçait en fait à elle-même et avait besoin d'un témoin pour certifier qu'elle avait bel et bien parlé. Devant mon étonnement, elle se contenta de répéter la phrase comme une sentence.

— Qu'est-ce que tu veux dire ? fis-je au bout de quelques secondes de silence.

— Victor a une aventure avec une de ses étudiantes.

— Une étudiante, hein ?... Bof, je ne m'en ferais pas trop, ça ne dure jamais longtemps, ces affaires-là, dis-je pour la rassurer.

— En attendant, le salaud vit chez elle, lança Madeleine sur un ton assassin.

— T'es sûre ?

— Absolument certaine, répondit-elle.

Madeleine resta un instant muette avant de s'asseoir à son tour, le visage défait, le corps mou et privé de réflexes. Je ne savais que lui dire pour la consoler. Alors je ne disais rien, je laissais le silence s'installer entre nous et un pot de confiture dont je lisais et relisais l'étiquette comme si elle eût contenu quelque mot de passe, quelque message codé.

— Tu veux que je garde les enfants ? suggérai-je pour lui changer les idées.

— Non.

— T'as besoin d'argent ?

— Non, j'ai besoin de rien, mais...

— Mais quoi ?

— Tu pourrais peut-être me rendre un service.

— Lequel ?

— J'ai pris un rendez-vous.

— Un rendez-vous ?

Elle sentit la pointe de curiosité qui perçait dans ma voix.

— Il faut que ça reste entre nous, enchaîna-t-elle sur le ton de la confidence pour que les enfants n'entendent pas, mais les enfants étaient occupés à s'entre-tuer dans le salon et n'avaient aucun intérêt pour les messes basses de leur mère.

Alors je me contentai d'ajouter :

— Avec qui ?

— C'est pas ce que tu penses.

— Mais je ne pense rien du tout, lui mentis-je.

De fait, je voyais déjà le tableau. L'avocat, le procureur, le juge et moi au milieu de tout ce beau monde, obligée de témoigner contre Victor Tousignant, voisin, ami et livreur de poulet professionnel.

— Je connais une secrétaire au département de Victor... On a été à l'école ensemble. Elle a le nom et l'adresse de la fille, dit Madeleine.

— C'est tout ? fis-je à moitié déçue.

— Tu comprends... c'est très important pour moi, dit Madeleine avec un air de tragédienne.

— Excuse-moi, mais je ne comprends pas.

— J'ai besoin de savoir, répliqua-t-elle avec une ferveur mêlée d'entêtement.

— Mais savoir quoi, au juste ?

— Savoir où il est, c'est tout, répondit-elle avec impatience.

— Qu'est-ce que ça va te donner de plus ?

— Rien, trancha-t-elle.

— Alors ?

— C'est mieux que d'être dans le noir le plus complet.

— Oui, je comprends, dis-je, sans savoir si je

comprenais vraiment cette obsession singulière qui s'était emparée de Madeleine, la femme la moins obsédée que je connaissais.

— Tu ne vas quand même pas aller sonner chez la fille ?

— Jamais de la vie ! s'écria-t-elle, insultée.

— Mais alors ?

— Je veux une preuve que je pourrais lui lancer à la figure si jamais il essayait de nier.

— Mais qui te dit qu'il va nier ?

— Je m'en fous, je veux une preuve.

— Une preuve, hein ? répétai-je avec incrédulité.

— Écoute, je ne t'oblige pas à y aller. T'acceptes ou tu refuses.

*   *   *

J'ai accepté. Cette histoire ne me regardait pas et pourtant je ne pouvais laisser Madeleine en plan. J'avais beau ne pas comprendre la valeur qu'elle accordait à d'aussi pauvres renseignements, je me devais de les lui apporter. Si un nom et une adresse lui donnaient l'illusion de retrouver le contrôle de la situation, c'était son droit. Qui sait, du reste, si elle n'allait pas s'en servir pour faire chanter Victor ou alors pour le sortir de chez l'étudiante par la peau des fesses. Cette dernière image me remonta le moral. J'ouvris la porte de l'appartement en me retenant pour ne pas rire.

L'appartement était désert. Depuis quelque temps, Julien Paradis disparaissait régulièrement en plein après-midi sans jamais me laisser de mot ou de numéro de téléphone. Ces oublis qu'il mettait sur le compte de la distraction avaient le don de m'exaspérer. Je sentais qu'il le faisait exprès. Ma bonne humeur s'évapora devant la porte close du bureau de Julien Paradis. Pour ne pas la voir, je me fis un café. Je ne l'avais même pas entamé que la porte se mit à me narguer. Tout se mêlait dans mon esprit : l'histoire de Madeleine, les trahisons quotidiennes de Julien. Au bout de quelques minutes, je n'en pouvais plus. J'ai ouvert la porte du bureau et m'y suis insinuée.

Le compte de téléphone de Gustave Paradis avait disparu. J'eus un pincement amer au cœur. Julien m'avait pourtant tout avoué, ou du moins suffisamment pour que je sois rassurée. Que me fallait-il de plus ? La table de travail était aussi lisse qu'une patinoire. J'y ai laissé glisser ma main. Elle a dérapé jusqu'au premier tiroir à droite. J'ai tiré d'un coup sec. Le tiroir a résisté. Il était fermé à clé. Je n'aime pas les tiroirs fermés à clé. C'est clair qu'ils ont quelque chose à cacher.

Le serrurier est arrivé deux heures plus tard. J'avais invoqué une situation d'urgence. Je l'ai conduit dans le bureau d'un pas décidé et lui ai indiqué le tiroir d'un doigt à peine tremblant. Il a repoussé la chaise et tiré sur la lanière de cuivre qui résistait. Puis il s'est plié en deux, a collé son nez taché de couperose contre la serrure et a plissé les yeux en cherchant le numéro de série. Mais c'était un vieux bureau et une vieille serrure. Le numéro avait été usé par le temps et les trop nombreuses manipulations. L'homme s'est relevé, a pris sa trousse de métal, d'où ont surgi deux tablettes pliantes remplies d'instruments bizarres. Il a sorti un épais trousseau de clés qui ont tinté. Le tiroir s'est ouvert sans bruit.

J'ai dit au serrurier qu'il me fallait un double de la clé. C'est impossible sans le numéro de série, a-t-il répliqué. Il m'a alors proposé d'extraire la serrure. J'ai paniqué. Non, non, ça ne sera pas la peine. L'imbécile a insisté. Ils insistent toujours. Les plombiers comme les réparateurs de machines à laver. Ils insistent comme s'ils défendaient leur honneur et celui de la profession. Je l'ai abruptement reconduit à la porte en promettant de le rappeler, puis je me suis précipitée dans le bureau de Julien. Il ne me restait plus beaucoup de temps. J'ai sorti le tiroir de sa boîte, je l'ai posé sur le bureau avant d'apercevoir une enveloppe mauve déposée sur une pile de cahiers quadrillés. J'ai ouvert l'enveloppe, déplié la lettre et l'ai lue du début à la fin au moins vingt fois.

> *Toi, toi, toi,*
> *Comment décrire ce que je ressens après ce qui s'est passé hier. Je me sens autre. Je tremble à l'idée de te rencontrer de nouveau, quelque part dans la ville, au détour d'une rue. Je revois tes gestes, ton visage, j'entends notre musique. Ces choses-là n'arrivent pas souvent. Il faut les garder précieusement en mémoire et en finir une fois pour toutes avec le hasard. Appelle-moi dès que tu le pourras et laisse sonner trois coups. À bientôt. À très bientôt. Moi.*

Pas de doute, c'était une femme. Seule une femme pouvait pondre de pareilles idioties. Seule une femme pouvait signer aussi présomptueusement. « Moi, dit le dictionnaire, position du moi appartenant au registre de l'Imaginaire et qui représente l'idéal infantile de toute-puissance hérité du narcissisme. » C'est bien cela, ai-je fulminé en refermant brutalement le dictionnaire. Moi se prend pour une autre. Elle se positionne narcissiquement dans le monde. Ni à l'ombre, ni en périphérie, mais au centre, au plus creux de son nombril. Elle n'a pas besoin d'indiquer ni son nom, ni son adresse, ni même la date où elle écrit. Elle va de soi. Allô, c'est moi ! Combien de gens se présentent ainsi au téléphone ? À croire qu'il n'y a qu'eux au monde et qu'on passe sa vie à les attendre.

J'étais tellement enragée que j'en ai oublié les cahiers

quadrillés qui dormaient dans le tiroir. À côté d'une lettre qui brûlait d'amour, ils n'avaient aucun intérêt. J'ai refermé le tiroir, avant de sortir de la pièce avec la lettre au fond de ma poche. J'avais enfin trouvé ce que je cherchais : la preuve que Julien Paradis a un passé, qu'il ment depuis le début, que le mensonge chez lui est un puits sans fond et que j'aurais beau creuser, fouiller, je n'en viendrais jamais à bout.

*   *   *

La température s'était radoucie. Il pleuvait sur la neige grise de décembre. Il pleuvait quand j'ai franchi le bar de l'hôtel et son oasis de palmiers, de plantes vertes et de chaises de rotin. Le plancher de marbre avait la couleur claire du sable. Des serveurs en livrée allaient et venaient sous les palmes des ventilateurs. Au milieu de la pièce ouverte, un pianiste de seconde catégorie se donnait des airs de grand interprète. J'ai aperçu un couple qui parlait en catimini, un colloque d'hommes d'affaires qui riaient bruyamment et au fond, près des grandes fenêtres latérales, une fille seule qui fumait en sirotant un liquide douteux piqué d'un parasol en papier. Je me suis approchée. Thérèse Jalbert, secrétaire du département de géographie, m'a regardée avec indifférence. J'aurais pu être une potiche sur pattes que l'effet aurait été le même.

— Je peux m'asseoir ?

Elle a hoché la tête sans qu'un son sorte de sa bouche en cœur. Son visage était ordinaire. Le genre de visage qui se noie dans la foule. Elle avait des cheveux courts frisottés serré sans générosité, qu'elle devait rouler en bigoudis tous les soirs, lorsque personne ne regardait. Elle portait des lunettes à monture d'écaille derrière lesquelles mouraient deux yeux moroses. Ses formes rondes contenues dans une robe aux couleurs violentes débordaient dans une sorte de dérèglement de la chair laissée à elle-même. L'épaississement à la hauteur de la taille allait en s'accentuant vers le bas. Pas de doute. Thérèse Jalbert ne s'aimait pas et aimait encore moins les autres. La délation ne lui posait aucun problème.

Je me suis assise en face d'elle sans déboutonner mon imperméable. Nous restions sur nos gardes. Elle ne disait rien, de sorte que je pris les devants.

— Vous connaissez Madeleine depuis longtemps ?

— On a été pensionnaires ensemble à Québec.

— Ah oui ? répondis-je sans déjà savoir quoi ajouter.

— J'ai les papiers, dit Thérèse Jalbert. Ça devait arriver un jour ou l'autre. Je me demande d'ailleurs pourquoi ce n'est pas arrivé avant. Les hommes sont tellement peu fiables, et puis tout le monde sait que Victor est un coureur de jupons. Y a juste Madeleine qui le prend pour un saint... Ça va mal finir, tout cela, dit-elle en souriant, comme si le malheur des autres la remplissait de jubilation.

Je me sentis tout à coup coupable de participer à la frustration génétique de Thérèse Jalbert. Coupable ou inquiète à l'idée de lui ressembler un jour.

— Vous travaillez à l'université depuis longtemps ? demandai-je pour changer de sujet de conversation.

— Depuis trop longtemps, répondit-elle en faisant la moue. Et vous, vous faites quoi dans la vie ? demanda-t-elle sans intérêt.

— Je suis cinéaste, je fais des documentaires.

— Ah, une artiste, répondit-elle d'un air désobligeant.

J'attendis une remarque qui ne vint pas.

— Bon, écoutez, dis-je pour en finir au plus vite, je suis un peu pressée...

Thérèse se pencha, ouvrit son grand sac, sortit une enveloppe frappée du sigle de l'université qu'elle me tendit à contrecœur.

— Je peux vous faire confiance ? demanda-t-elle.

Je refoulai une envie subite de l'étrangler et me contentai de hocher la tête en silence.

— Tous les renseignements sont là, dit-elle en me tendant l'enveloppe et en ajoutant : moi, si j'étais Madeleine, j'engagerais un détective privé et je l'enverrais avec son appareil photo. Comme ça, si jamais ils vont en cour...

C'en était trop. Je me suis levée, j'ai empoché l'enveloppe en l'écrasant du regard. Je me retenais pour ne pas lui envoyer un coup de pied qui ferait basculer ses horribles lunettes. En lieu et place, je l'ai saluée d'un coup de tête sec, j'ai tourné les talons en les faisant claquer et je me suis élancée vers la sortie sans voir le muret de valises planté sur ma route. J'ai trébuché comme une idiote en m'accrochant à une plante qui s'est renversée et m'a entraînée dans sa chute. Un porteur de bagages a voulu m'aider à me relever. Je l'ai foudroyé du regard avant de le chasser de la main. Deux secondes plus tard, j'étais dans la rue avec de la terre plein les poches et l'écho du rire caverneux de Thérèse Jalbert dans les oreilles.

Un lamentable crachin tombait sur la ville. Il faisait nuit. J'ai piétiné sur le trottoir en frissonnant. Pas l'ombre d'un taxi. J'ai commencé à marcher pour me réchauffer, puis à courir, tête baissée, col relevé, la main gauche crispée sur l'enveloppe au fond de ma poche. J'ai évité les flaques, enjambé les trottoirs sous le regard d'une rangée de statues plantées en soldats sur le toit d'une église. Un taxi s'est finalement arrêté dans un glissement de pneus mouillés. Je me suis assise sur la banquette molle en pestant. Je me sentais sous l'emprise d'une hargne incontrôlable. J'en voulais au monde entier, à Thérèse Jalbert, à Madeleine, à Victor, au porteur de bagages, à la pluie, à la vie, mais surtout à Julien Paradis. J'ai fouillé dans ma poche, sorti l'enveloppe et donné au chauffeur l'adresse de la maîtresse de Victor. Je ne savais pas pourquoi je faisais cela. Cette histoire ne me regardait pas. C'est ce que je me répétais tandis qu'une curiosité morbide s'emparait de moi.

Le chauffeur de taxi s'est mis à parler de la météo. J'ai coupé court à son discours : vous ne pourriez pas changer de disque de temps en temps ? Le chauffeur s'est tu, son silence ponctué par la bombe à retardement du compteur. La ville se dérobait dans une traînée de néons mouillés tandis que le taxi filait en ligne droite, traversant la frontière psychologique entre l'est et l'ouest, tournant à gauche, remontant une large avenue avant d'emprunter une série compliquée de petites rues tordues. Il s'arrêta finalement devant une maison boiteuse de deux étages en face de la marquise mourante d'un dépanneur.

Je me suis penchée pour tenter de repérer l'adresse. Je l'ai tout de suite trouvée. Il n'y avait pas de rideaux aux fenêtres et toutes les lumières étaient allumées. J'ai sorti un billet de vingt dollars. Le chauffeur m'a rendu la monnaie en maugréant. J'ai traversé la rue et suis entrée dans le magasin pour m'acheter des cigarettes. Une odeur d'oignon, de javellisant et de pain Weston m'a sauté à la gorge. Le caissier, un homme gris et maigre au visage tailladé de rides, a déposé sa cigarette sur le coin du comptoir tout en continuant à regarder la télé. Je lui ai demandé un paquet de Rothmans spécial king size en lançant des coups d'œil inquiets vers la porte. J'avais peur de voir surgir Victor et son poulet. Le caissier m'a tendu le paquet d'un geste automatique sans délaisser son émission.

Les lampadaires de la rue diffusaient un halo de lumière jaune. Par les fenêtres, les lampes allumées étaient autant de petits brasiers qui crépitaient silencieusement. Immobile sur le trottoir, je n'arrivais pas à détacher mes yeux du spectacle privé qui se jouait derrière les vitres étanches. J'ai toujours rêvé de m'introduire chez les gens à leur insu et d'assister en mouche voyeuse aux drames qui s'y trament en sourdine. Derrière chaque porte et chaque fenêtre, j'imagine les cris et les chuchotements, les coups de couteau et les balles perdues. J'imagine surtout les millions de secrets qui tapissent les murs.

Le grincement d'une porte m'a fait tressaillir. Quelqu'un venait de sortir. Mon cœur a fait un bond. J'ai cherché désespérément un endroit où je pourrais me cacher et disparaître six pieds sous terre. Mais les arbres étaient trop rachitiques et les buissons trop déplumés pour m'être d'aucun secours. Alors je me suis mise à marcher dans les rues détrempées, me retournant constamment pour ne pas perdre de vue la fenêtre de la maîtresse de Victor. Un homme venait dans ma direction. Quand je l'ai aperçu, c'était trop tard. Je lui avais foncé dedans. L'homme a reculé d'un pas. Il était très grand. J'ai levé la tête et j'ai aussitôt reconnu un visage familier : celui de Victor Tousignant.

Il a prononcé mon nom avec une voix pleine d'étonnement. Il avait l'air tout à fait mal à l'aise. Son corps long et maigre était immobile et ses yeux fuyaient vers sa mâchoire affaissée. Il ressemblait à une statue de sel qui fondait sous la pluie. Je l'ai examiné un instant, puis j'ai jeté un coup d'œil par-dessus mon épaule pour m'assurer que mon ombre n'allait pas me poignarder dans le dos. Victor ne bougeait pas, seul son pied gauche frétillait sur la fente du trottoir.

— Qu'est-ce que tu fais dans le coin ? m'a-t-il demandé sur un ton faussement innocent.

— Je prends l'air. Toi ?

— Moi, je... j'arrive de l'université. On est en période d'examens, c'est la folie furieuse, je travaille comme un défoncé... Ça va bien, toi ?

— Ça va bien, oui.

— T'habites toujours avec Gilles ?

— Il s'appelle Julien.

— Julien, c'est vrai... Julien comment, encore ?

— Paradis.

— Julien Paradis, je m'en souviens jamais... Bon, bien, euh... a-t-il dit en hochant la tête, faut que je me sauve...

Le coup est parti au moment précis où il a amorcé son départ, pour ne pas dire sa fuite.

— Qu'est-ce que je dis à Madeleine ? ai-je murmuré.

Victor s'est arrêté net, puis est revenu vers moi lentement en se grattant la tête.

— Madeleine.

— Oui, Madeleine, ta femme.

— Est-ce qu'il faut vraiment que tu lui dises quelque chose ? a-t-il demandé avec un malaise grandissant.

— Ça dépend.

— Disons que... tu m'as pas vu, a-t-il poursuivi, avec plus d'autorité cette fois.

— Mais je t'ai vu, ai-je rétorqué.

— Madeleine n'a pas besoin de le savoir, a répliqué Victor avec un début de mauvaise humeur.

— Ah, non ?

— Non, a tranché Victor.

Et comme je ne réagissais pas, Victor s'est approché et, sur un ton qu'il voulait conciliant, a ajouté :

— Essaie de comprendre un peu.

— Comprendre quoi ?

Victor a détourné la tête en soupirant. Il a regardé sa montre, s'est mordu une lèvre avant de décréter qu'il était vraiment en retard. Il a commencé à s'éloigner en reculant.

— Je compte sur toi, Alice, a-t-il lancé avant de se retourner.

Sentant que je restais immobile, il a accéléré le pas puis a dépassé l'escalier en colimaçon de sa maîtresse, sans monter. Je l'ai vu tourner le coin de la rue et disparaître sous la pluie en sifflant. J'ai couru jusqu'à la grande rue transversale, puis j'ai sauté dans le premier taxi qui passait, sans regarder le chauffeur, sans rien regarder sinon ses essuie-glace qui hoquetaient. Dix minutes plus tard, il me déposait devant l'appartement. J'ai sonné chez Madeleine fort et longtemps. Elle est venue répondre d'un pas traînant avec deux de ses enfants enfouis dans ses jupes. Refusant d'entrer, je lui ai tendu l'enveloppe. Elle n'a pas compris. Je lui ai dit qu'il n'y avait rien à comprendre, que j'avais couru pour éviter la pluie, que j'étais fatiguée, que j'avais du travail à rattraper. Je parlais vite sans jamais la regarder dans les yeux. À un moment donné, j'ai failli craquer et lui avouer que j'avais vu Victor. Je me suis ressaisie. Dans le fond, je n'avais pas vu Victor. J'avais vu quelqu'un qui lui ressemblait. Quelqu'un qu'il valait mieux oublier.

*   *   *

Julien était perdu dans ses pensées, son profil parfait se découpait comme un buste de bronze contre la grande baie vitrée du salon. Une tristesse diffuse voilait son visage. Ses larges épaules s'étaient affaissées. Il restait debout, sans parler, comme s'il réfléchissait à la situation et qu'il n'y voyait pas d'issue. Il se retourna vers moi en soupirant.

Pauvre Alice, murmura-t-il. Mais qu'est-ce qui t'a pris ?

J'aurais voulu dire quelque chose, n'importe quoi, mais les mots étaient coincés, noués dans ma gorge, impuissants et inertes, comme des corps nus sans parures, des pieds empêtrés dans leurs chaussures. Les mots fuyaient, m'épargnant leur logique et me refusant leur secours. Alors je me contentais de piétiner dans le vacarme des mes voix intérieures.

— Mais qu'est-ce qui t'a pris ? répétait Julien. Pourquoi, Alice, pourquoi ?

Je ne répondais toujours pas.

— Je sais, je sais... poursuivait-il, je ne me livre pas beaucoup, enfin pas comme tu le voudrais. J'en suis pas capable, tu le sais. Pourquoi tu t'acharnes tant ?

La lettre en papier de riz couleur jasmin brûlait sous ma main. Et, malgré la douleur, je n'arrivais pas à m'y soustraire. Je gardais ma main dessus comme pour éviter que le feu ne se propage, qu'il ne lèche les tapis, qu'il ne grimpe aux rideaux, qu'il ne s'attaque aux meubles, qu'il ne lance des éclats lugubres sur les murs. Ma main serrait de plus en plus fort la lettre au parfum éventé, la serrait jusqu'à la broyer, jusqu'à la réduire à une boule informe de papier mâché.

— Pourquoi tu ne me l'as pas envoyée ? fis-je enfin.

— Par pudeur, je suppose, répondit Julien.

— Comment voulais-tu que je le sache, alors ?

— T'as pas reconnu l'écriture ?

— Tu caches tout ce que t'écris.

Julien soupira de nouveau. Il savait que j'avais raison. Il ne laissait jamais traîner le moindre bout de papier griffonné de sa main blanche. Malgré toutes ces heures passées ensemble, malgré tous ces gestes et ces mots transigés dans l'intimité, Julien aurait pu être manchot ou analphabête, le résultat aurait été le même. Je connaissais mieux le fond de ses poches que la forme de son écriture.

— Je ne sais rien de toi, poursuivis-je. Tu ne parles jamais de ton passé, des femmes avant moi. Ces femmes-là existent, non ?

— Oui, oui, répondit-il évasivement comme pour signifier qu'il connaissait la chanson.

— Oui, oui, quoi ? demandai-je en sentant ma vieille curiosité se réveiller.

— Oui, j'ai connu des gens avant toi, dit Julien.

— Des gens... Tu veux dire des femmes ?

— Oui.

— Alors, qui étaient-elles ? Habitent-elles à Montréal ?

— Oui, oui, répondit-il encore plus évasivement.

Le bal était reparti et les rôles étaient redistribués selon une logique qui nous était propre. J'étais une fois de plus l'inquisiteur et Julien était le martyr, l'innocent, le saint.

— Qui étaient-elles, Julien ?

Il se mordit la lèvre.

— C'est vraiment pas intéressant, Alice, ça ne vaut pas la peine d'en parler...

— Moi, je t'ai tout raconté de ma vie... Tu sais tout.

— Bon, très bien... Tu veux des noms ? demanda-t-il avec accablement.

— Tu fais exprès.

— Tu veux quoi, alors ?...

— Je veux que tu me racontes... je ne sais pas, moi, ton premier grand amour.

— C'est toi.

— Oui, mais avant ?

— Avant, avant, dit Julien d'un air songeur, avant... avant, rien.

Je le considérai un instant en silence. La route était barrée. Je ne savais plus quel chemin prendre pour contourner les obstacles que Julien avait posés entre nous. J'étais en train de chercher une nouvelle stratégie, lorsqu'une pensée effarante traversa mon esprit. Ce fut un éclair vif et fulgurant accompagné d'une vision. Je vis Julien au lit... avec un autre homme. Mais oui, c'était ça ! Pas surprenant qu'il ne puisse donner le nom de son premier amour. Il devait s'appeler Roger, Georges ou Alphonse. Pendant que ces pensées confuses torturaient mon esprit, une sorte de témérité s'empara de moi. Après tout, il fallait coûte que coûte que je sache, et le plus vite possible. Alors, rassemblant ce qu'il me restait de courage, je lui demandai d'une minuscule voix :

— Est-ce que c'est parce que, avant moi, tu n'aimais que... les hommes ?

Pour la première fois depuis le début de cette conversation absurde, Julien se fâcha. Julien fut parfaitement insulté.

— Non, mais ça va pas ? fulmina-t-il. Pis quoi d'autre encore ? Je suis peut-être aux chèvres aussi !

Il me tourna le dos tandis que je me précipitai pratiquement à ses pieds en me confondant en excuses. J'étais soulagée, tellement soulagée que j'en oubliai la lettre froissée qui tomba par terre. Voyant que j'étais revenue à de meilleurs sentiments, Julien se retourna et me prit par le cou avant de m'embrasser. Puis, brusquement, il se détacha et disparut dans la cuisine pour préparer le souper. Je l'entendis cogner des casseroles, pousser des assiettes et hacher des oignons, autant de sons familiers et rassurants. Je me laissai tomber sur le divan avec gratitude. Comment avais-je pu douter de Julien Paradis ?

La lettre était à quelques mètres de mes pieds. Je la

ramassai et me remis à la relire. Je souriais en savourant chaque mot, chaque virgule. À la dernière ligne pourtant, je sentis le malaise revenir. Il y avait quelque chose qui clochait : *Appelle-moi dès que tu le pourras, et laisse sonner trois coups*, écrivait Julien.

— Dis-moi, Julien, criai-je du salon, est-ce que tu m'as donné ton numéro de téléphone le soir où on s'est rencontrés ?

— Tu te souviens pas ? répondit Julien. C'est toi qui t'es empressée de me donner le tien.

— Donc, tu ne m'as jamais donné ton numéro de téléphone ?

— J'ai jamais eu le temps.

— Et la lettre, tu l'as écrite ce soir-là ? Le soir de notre rencontre ?

— Le soir même, ma chérie... Pourquoi donc ? demanda joyeusement Julien.

— Pour rien, dis-je en broyant le papier avec mes mains.

7
LA FUITE PAR LA FENÊTRE

J'ai quatre ans. Je vis toujours avec ma grand-mère à Trois-Trous. Je n'ai pas de nouvelles de mes parents, si ce n'est des cartes postales qu'ils m'envoient des quatre coins de leurs cafés préférés. Nous ne parlons jamais du grand-père. Nous nous sommes entendues pour dire qu'il est parti en voyage d'affaires. Je ne vais plus l'attendre au bout du rang. La nuit, pourtant, mes vieilles peurs déguisées en corbeaux viennent croasser au-dessus de ma tête. Ma grand-mère me dit que je broie du noir et que ça finira par me passer.

Un jour que je broie du gris, je m'empare d'une boîte d'allumettes qui traîne à côté du poêle à bois. Je la vide de son contenu et, dans sa gueule ouverte, je glisse deux billes bleues et des plumes de mon édredon. Dans le jardin fleuri de pissenlits, j'ai repéré un coin d'ombre sous un saule pleureur. De mes mains nues, je creuse un petit trou dans la terre. Une feuille toute veinée de jaune voltige. Je l'attrape et la glisse dans la boîte comme si c'était un arbre que j'y plantais. Je referme la boîte d'allumettes et je la place dans le trou que je recouvre de terre. Puis je cherche des copeaux à travers le jardin pour faire une croix, comme j'en ai vu dans les cimetières. Malheureusement, il n'y a que des pissenlits à perte de vue. J'en cueille un bouquet, que je dépose soigneusement sur le trou recouvert de terre. La main sur la tombe de mon grand-père, je jure de m'enfuir de Trois-Trous.

C'est le matin. Ma grand-mère est partie au marché. D'habitude, je l'attends sagement sous l'édredon en compagnie de ma poupée au crâne fracassé. Quand elle revient, j'entends ses vieux os craquer dans les escaliers, puis craquer de plus en plus fort à mesure qu'elle s'approche de mon lit. Je fais semblant de dormir. Elle me secoue comme un hochet, me pousse en bas du lit, puis me lave, m'habille et me fait avaler quelque infâme purée avant de m'envoyer jouer avec mes amis.

Ce matin, pourtant, je ne sais pas ce qui me prend, mais je n'ai pas envie d'être sage, pas envie de faire semblant, pas envie d'attendre la vieille grand-mère et ses os calcifiés. Le soleil entre en voleur à travers les fentes des volets. Je ne veux pas le regarder. Je me cache sous les couvertures. J'essaie de penser à autre chose ou encore de me distraire en cassant les plumes de mon édredon. Mais le soleil insiste, vient me narguer avec ses dards et me chatouiller le bout du nez avec ses rayons. On dirait qu'il veut m'influencer de la mauvaise manière.

La petite chambre est plongée dans la pénombre, sauf du côté de la fenêtre où le soleil strie le plancher. Je m'approche à pas feutrés et regarde à travers la fente des volets. Par-delà le jardin et les champs de blé, j'aperçois distinctement la grosse boule jaune du soleil qui m'invite à jouer à la balle avec elle. Puis j'entends la voix de mes amis. Je leur crie à travers les volets, mais ils ne m'entendent pas. Personne ne m'entend. Une envie de sortir monte en moi comme une poussée de fièvre. Je n'ai jamais fait cela de ma vie. Sortir sans prévenir, sortir sans demander la permission, sortir quand on m'a enfermée dans la maison. J'ai le vague sentiment de fouler un interdit, mais comment mesurer l'interdit quand on n'a que quatre ans, pas de parents, un grand-père mort et une grand-mère dépassée par les événements ?

J'enfile ma robe verte à l'envers avec des mains moites et maladroites. Je chausse mes souliers dans les mauvais pieds et m'élance dans le grand escalier. Je descends les marches une à une. Ma main n'arrive pas à la hauteur de la rampe et chaque pas exige un effort extraordinaire pour que je ne déboule pas. La porte d'entrée est fermée à double tour. Rien pour me faciliter la vie. Je grimpe alors sur le comptoir de la cuisine et j'ouvre la lucarne qui donne sur le jardin. Je dois savoir ce que je fais, car sous la lucarne repose un bidon de tôle, idéal pour les sauts périlleux. Je me glisse à travers l'ouverture. Mes jambes pendouillent un instant dans le vide. Je les étire comme des élastiques jusqu'à ce que mes pieds chaussés de travers frôlent le bidon, qui tangue dangereusement. Je trouve un semblant d'équilibre en atterrissant sur sa surface rouillée. J'hésite. La terre ferme est encore loin. Je prends une grande respiration, je ferme les yeux et je saute dans le vide. Je tombe sur un genou, peut-être sur les deux, la face la première dans la poussière. Les poules autour paniquent et leurs plumes volent comme une nuée de confettis. Elles courent maintenant comme des hystériques. J'ai peur que leur ramdam ne réveille le voisinage, mais elles reviennent vite à leur état normal de poules, de sorte que je peux m'échapper du jardin de ma grand-mère sans craindre leur trahison.

Je me mets à courir comme une folle à travers le jardin, puis à travers le champ, et je rejoins le petit sous-bois menant au jardin où jouent mes amis. Ils n'ont même pas l'air surpris de me voir arriver de si bonne heure. Nous jouons un bon moment ensemble jusqu'à ce que j'aperçoive leur mère sur le balcon. Je tourne immédiatement les talons et me réfugie au champ où je cueille des fleurs, chasse des papillons et énerve des abeilles. Je traîne en ne pensant à rien et en regardant le soleil droit dans l'œil. Puis, un peu fatiguée, je me rends au sentier où j'allais attendre mon grand-père. Je n'en ai jamais vu le bout, jamais vu la fin.

Je commence à marcher lentement. Je m'en vais. C'est vrai. Je m'en vais rejoindre le grand-père. Je descends le sentier couvert de gravier et de poussière qui voltige autour de moi en m'invitant à danser. Parfois mes chevilles se tordent sous l'effort, mais je continue à marcher comme si de rien n'était. Je rejoins la grande route plusieurs années plus tard. Des voitures filent comme des flèches en soule-vant des pans de ma robe. Je les regarde aller en me deman-dant laquelle je devrais suivre. Elles vont dans toutes les directions à la fois. Cela me laisse perplexe. Je piétine un instant en bordure de la chaussée. Incapable d'avancer, incapable de décider, perdue, paumée, pas fière avec ma robe pleine de poussière et mes quatre ans qui ne servent plus à rien sinon à me rappeler que le monde est grand et que je suis trop petite pour l'affronter. Un poids lourd me frôle en grondant. Je recule d'épouvante, presque déracinée par son mouvement, prête à rouler dans le fossé. Les pre-mières larmes jaillissent peu de temps après. Puis d'autres larmes. Une vraie fontaine qui sale la poussière et creuse de vilaines traînées sur mon visage affolé.

Je ne sais pas combien de temps je reste paralysée sur

le bord de la route. Des millions de voitures m'effleurent du bout de leurs pneus et de leurs pare-chocs, et tout ce que je vois, c'est leurs ventres métalliques qui rasent la route sans jamais s'y enfoncer. Je m'endors bercée par leurs sifflements secs sur l'asphalte. Quand je me réveille, une voiture ronronne à mes côtés. Je reconnais la voix, même si je distingue mal le visage. Qu'est-ce que tu fais là, Alice ? demande la voisine. Ta grand-mère te cherche depuis ce matin. Je monte dans la voiture en disant que j'ai faim et que la grand-mère ne m'a rien donné à manger. En cours de route, quelque chose se produit qui échappe à mon entendement. Au nombre de maisons que nous dépassons et à la longueur de la route que nous remontons, je comprends que j'ai fait pas mal de chemin toute seule comme une grande. Le grand-père doit être drôlement fier de moi.

La grand-mère, pour sa part, a ameuté les environs. Un attroupement monstre m'attend devant la maison. C'est tout juste si elle n'a pas appelé les pompiers. Les voisins ont passé la matinée à émettre toutes sortes d'hypothèses à mon sujet. Je les aperçois par la vitre de la voiture où je trépigne d'impatience. J'ai hâte d'aller raconter à ma grand-mère ce qui m'est arrivé. Je serais même prête à lui montrer l'endroit exact où j'ai passé la matinée tant je suis fière de mon exploit. J'ouvre la portière de la voiture avec un sourire idiot que j'ai de la difficulté à empêcher de s'élargir et de devenir carrément insolent. Tout le monde se retourne en même temps. C'est drôle à dire, mais en m'attendant les voisins regardaient en direction de la maison plutôt que de scruter l'horizon. Je m'avance en espérant que la grand-mère me prendra dans ses bras et me décorera d'une médaille. Après tout, je mérite bien ça. Ma grand-mère a effectivement levé les bras, mais c'était pour remercier le Seigneur avant de se jeter sur ma personne et de me tirer les oreilles. Salope, crie-t-elle, petite salope !

Je me débats maintenant comme une damnée en essayant de ne pas fondre en larmes. Heureusement, la rage vient à mon secours. Dans un ultime sursaut, je réussis à échapper à l'emprise de ma grand-mère qui n'est plus très jeune, ni très vaillante. Je cours à toutes jambes en fendant la foule d'adultes plantés comme des dindes sur mon chemin. Je grimpe les escaliers avant de faire claquer la porte et de me réfugier dans la maison.

Ils me retrouvent sous la table de la salle à manger, serrée contre ma poupée chauve au crâne fracassé. Le premier qui approche, je le mords jusqu'au sang. Ma grand-mère, visiblement à bout de souffle, n'arrive pas à plier son vieux corps arthritique pour m'extirper de sous la table. Elle se contente d'agiter un doigt accusateur en me criant des gros mots. Au bout de quelques heures de négociations ardues portant principalement sur le dessert dont je vais être privée, je décide de rendre les armes. Lorsque j'émerge de ma cachette, ma grand-mère retrouve la force nécessaire pour me donner une vigoureuse fessée avec son vieux martinet avant de me pousser dans un coin près du bahut de la salle à manger, dos à l'humanité. Elle m'interdit de bouger pour le reste de l'après-midi. J'attends qu'elle se soit retournée pour lui tirer la langue. Je lui en veux de ne rien comprendre, de me punir au lieu de me féliciter, de me traiter en bébé alors que je suis désormais une grande. Mais ma grand-mère n'est pas vraiment portée sur les compliments. Tout ce qu'elle trouve à dire maintenant, c'est si tu recommences, je te tue. Tu m'entends, je te tue. J'ai envie de lui rétorquer qu'elle devrait me tuer avant, comme ça, ça simplifierait les choses, mais pour une fois je prends le parti de me taire. Mieux vaut ne pas chercher à discuter avec ma grand-mère. De toute façon, avec elle, on ne peut jamais gagner. Ou bien on ne fait rien et on meurt d'ennui, ou bien on essaie de faire quelque chose et on manque de se faire tuer.

Pendant que je me laisse bercer par ces sombres pensées, j'entends ma grand-mère fouiller dans son coffre à outils. Le lendemain matin à mon réveil, je constate que ma grand-mère a disparu. Je constate aussi qu'elle a eu la brillante idée de menotter ma main gauche au montant du lit.

8

L'ÉTRANGER

Une vingtaine de photos en noir et blanc étaient étalées sur la table de cuisine. Elles campaient toutes le même sujet : Julien Paradis. On le voyait en gros plan, de profil, de trois quarts, ou encore en plan moyen, légèrement ployé vers l'avant, le poids de son corps reposant sur ses jambes écartées. Il semblait regarder fixement quelque chose ou quelqu'un. Une autre photo le montrait émergeant de la débauche des draps, un œil fermé, l'autre entrouvert, les cheveux en hérisson. Puis, Julien Paradis debout, au beau milieu du salon où il vient soit d'allumer la télévision, soit de l'éteindre ; Julien Paradis de dos, les pieds sur un bureau, le gros orteil sortant par le trou de sa chaussette.

J'avais abandonné pour un temps mon projet de documentaire. Les femmes pilotes m'intéressaient moins depuis que j'étais clouée au sol avec Julien Paradis. Pour me changer les idées, j'avais décidé de me lancer dans la photo, ou plus précisément dans l'étude de caractères avec un appareil photo. Pendant une semaine complète, alors que

Julien partait à la recherche de travail, je mettais au monde des images. La naissance de chaque photo m'apparut aussi fascinante qu'un accouchement. Je vis le visage de Julien Paradis dévorer la lumière et se battre dans la pénombre pour s'affirmer. Je le vis avancer, se répandre comme une nappe d'huile avant de trouver sa forme définitive. Je suivis chaque étape en retenant mon souffle et en croyant que Julien Paradis ne résisterait pas au polygraphe de l'objectif. Après trente ans, un homme est responsable de son visage, dit-on. Celui de Julien Paradis était lisse de toute trace.

Je pris une loupe et étudiai chaque photo. Je scrutai d'abord la géographie du visage, ses angles carrés, le front large, la cavité profonde des yeux, le nez fin, pointu, arrogant, les deux rides qui tiraient la bouche vers le bas et puis le menton un peu flasque comme une mollesse de caractère inavouée. Ce menton-là, ni en galoche ni trop long, mais avec juste assez d'imprécision dans le contour, en disait plus long sur Julien Paradis que lui-même n'osait l'avouer. Ce menton, c'était sa défaite. Et puis après ? Après ? Je n'en sus pas davantage et restai prise avec ma découverte inutile. Car comment bâtir un plaidoyer et développer un argument solide sur le simple flottement d'un menton ?

Je repoussai le paquet de photos d'un geste brusque, découragée par la minceur de ma piste. Peut-on vraiment reprocher à quelqu'un d'avoir le menton mou ou les oreilles décollées ? Peut-on aimer quelqu'un juste pour le galbe de son mollet ou la chute de ses reins ? Les femmes auraient tendance à avoir une vision plus vaste de l'objet du désir. Elles aiment en général un tout, un ensemble qui est certes la somme de ses parties, mais qui sans cette somme ne leur serait d'aucun intérêt. Les hommes, par contre, peuvent parfois aimer une femme juste pour la rotule de son genou ou le grain de beauté dans le repli de son sein gauche. Les

hommes supportent mal les sommes et pourraient facilement se contenter de quelques pièces bien choisies.

Je dessinai des poils sur le menton de Julien Paradis,
puis un épais trait de moustaches retroussées aux extrémités.
J'y ajoutai une paire de lunettes rondes, une verrue sur le
nez. Au bout de quelques minutes, la photo n'était plus
qu'un immense barbouillage à l'encre noire. Je déchirai la
photo, puis récoltai minutieusement les fragments d'un
visage défiguré qu'il me faudrait maintenant reconstituer.
Qui était Julien Paradis et pourquoi était-il entré dans ma
vie ?

*   *   *

— Tu t'en fais pour rien, s'énerva Dolores qui était
arrivée sur ces entrefaites avec son éternel survêtement de
coton blanc, ses lunettes de soleil et ses cheveux cramoisis.
Elle buvait un café aussi noir que mes pensées.

— Arrête donc de te méfier, me conseilla-t-elle.

— J'aimerais t'y voir, lui répondis-je. Ça fait un mois
et demi qu'il vit ici et je ne sais rien de lui, rien, nada,
même pas la date de sa fête...

— C'est déjà mieux que moi, tu me l'as jamais
officiellement présenté.

Et comme je me taisais soudainement, Dolores enchaîna :

— En parlant de fête, c'était la mienne avant-hier,
c'est bien la première fois que t'oublies, dit-elle en feignant
le reproche.

Je reçus la nouvelle d'un air navré. C'était effectivement la première fois que je manquais à ce rituel sacré
entre Dolores et moi. Je me levai pour l'embrasser sur les
deux joues et lui demander comment réparer mon erreur.
Elle me répondit que ça n'avait pas d'importance puisqu'elle

avait reçu le plus beau cadeau de sa vie. Elle me raconta alors une curieuse histoire dont nous aurions dû toutes les deux nous méfier. Mais nous étions trop préoccupées pour nous méfier de quoi que ce soit. Dolores y alla donc de son récit et moi d'un semblant d'intérêt, sans que ni l'une ni l'autre devine qu'un compte à rebours venait de commencer.

— Imagine-toi qu'il conduit une BMW ! déclara-t-elle tout de go, comme si la BMW importait plus que celui qui la conduisait.

Je n'eus aucune réaction. Une BMW, une trottinette ou une brouette à pédale, pour moi, c'était du pareil au même. Je ne comprenais pas les filles qui s'extasiaient sur la marque d'une voiture. Il fallait être un peu piétonne dans l'âme pour aimer un gars pour sa voiture. Piétonne ou complètement tarée. Des fois, Dolores était les deux. L'essence d'un homme, pour elle, avait le parfum d'un carburateur. Je n'aimais pas cela. J'aimais cela d'autant moins que j'avais un faible pour les hommes qui ne savaient pas conduire. J'étais plutôt mal servie avec Julien Paradis, j'en conviens. Mais je me consolais à l'idée qu'il n'avait jamais ressenti l'impérieuse nécessité de posséder une voiture. Il ne pouvait pas être si pourri que cela.

J'eus envie de dire à Dolores que l'association homme-voiture était aussi évidente que celle de l'homme et de son chien et qu'il n'y avait aucun mérite à s'associer à l'un ou à l'autre puisque c'était dans l'ordre des choses et dans l'ordre de la nature de porter un pantalon et de conduire une BMW. Je n'en soufflai mot à Dolores tant elle semblait transportée par sa nouvelle flamme en BMW.

— Et puis, tu sais pas quoi ? continua-t-elle avec le même engouement. On a le même âge, et pas juste le même âge, on est nés le même jour, c'est formidable, non ?

Oui, c'était formidable. Mais, à vrai dire, je n'écoutais déjà plus Dolores. Je pensais au petit souper que je pourrais lui organiser avec Julien et Madeleine. Un petit souper où je pourrais faire d'une pierre trois coups : fêter Dolores, distraire Madeleine et observer le comportement social de Julien Paradis. Jusqu'à présent, nous avions plutôt vécu en vase clos, à l'abri des situations sociales. Maintenant, il était temps que cela change. Temps que les autres se mettent à circuler dans notre nid d'amour trop bien calfeutré.

— Le plus beau, poursuivit Dolores, c'est qu'on s'est rencontrés le jour de notre fête.

— Justement, ta fête... dis-je avec un empressement coupable.

— Le jour exact de sa fête et de la mienne ! enchaîna-t-elle sans égard pour ma culpabilité.

Elle me raconta alors comment elle avait décidé de se payer la traite le jour de ses trente-trois ans. Elle s'était réservé une table de choix à L'Empire et s'était fait une beauté en prévision de la bouteille de champagne qu'elle pensait être seule à vider. Monsieur BMW, Bob de son prénom, avait décidé de faire la même chose bien qu'il ne travaillât pas à L'Empire mais dans une firme comptable. Il était assis à la table voisine, comme de raison, et le souper en solitaire s'était terminé en tête à tête. Toute une coïncidence !

Le destin venait enfin de sonner et moi, de perdre une amie, je le sentais. C'était vague comme sentiment et, pourtant, ce n'était plus qu'une question de temps. On dirait parfois que les hommes ont été inventés pour nous séparer. Il suffit qu'ils se pointent quelque part pour que notre belle solidarité féminine s'effondre, pour que nous nous mettions toutes à frétiller comme des adolescentes, à nous précipiter aux toilettes pour nous poudrer, à rougir jusqu'à la racine des cheveux, à battre des cils, à fondre sous leur charme.

— Mais ta fête... essayai-je de glisser dans la conversation.

— Oublie ma fête. De toute façon, je travaille ce soir, et tous les autres soirs, et Bob vient me chercher après...

— Oui, mais j'aurais aimé organiser quelque chose d'intime ici avec Julien et Madeleine...

— Laisse tomber, répliqua Dolores, j'ai pas envie de voir la face de carême d'en bas. Au fait, qu'est-ce qu'elle attend pour foutre son crétin de Victor à la porte ?

— Disons que, pour l'instant, Victor s'est lui-même foutu à la porte, alors...

— Tant pis pour lui, trancha Dolores en se levant précipitamment. Merde ! dit-elle en se frappant le front, mon rendez-vous ! J'avais complètement oublié, je sais plus où j'ai la tête, ces jours-ci.

— Avec qui, ton rendez-vous ? demandai-je sans réel intérêt.

— Avec une graphologue, répondit Dolores, une fille absolument too much. Elle peut tout te dire sur toi juste en regardant ton écriture : tout, ta personnalité, ton avenir, tes maladies, si tu vas tomber en amour, si tu vas vivre longtemps, name it, elle est géniale. Tu devrais aller la voir...

Dolores ouvrit alors son gros sac, fouilla fébrilement pendant quelques instants, sortit sa trousse à maquillage, deux peignes, un séchoir à cheveux, une paire de talons hauts, avant de finalement me tendre la carte de visite de Stella Lumières, graphologue. Je regardai la carte d'un air perplexe pendant que Dolores disparaissait dans le tunnel du couloir. Pourquoi diable irais-je voir quelqu'un qui me dirait qui je suis et quel jour je vais mourir ? criai-je à Dolores du fond de la cuisine. Pour toute réponse, j'entendis la porte d'entrée se refermer.

*   *   *

— Toujours sans nouvelles de Victor ?

— Ne m'en parle pas, répondit Madeleine avec exaspération. Il a finalement appelé, hier, pour me dire qu'il allait bientôt rentrer, mais qu'en attendant il avait besoin de réfléchir.

— Réfléchir, hein ?

— Ouais... réfléchir.

— Seul ou avec d'autres ?

Madeleine soupira.

— Je m'en fous... J'ai perdu confiance en lui.

— Il était temps.

— Comment ça ?

— Enfin, sois réaliste. Victor est peut-être moins fidèle que tu ne le penses.

— C'est la fille qui a tout manigancé, se défendit Madeleine... Victor n'a rien vu venir...

— Donc, Victor est innocent ?

— Victor est un enfant. Les femmes peuvent en faire ce qu'elles veulent.

— T'as une haute estime de ton mari.

— Je le connais, insista Madeleine avec supériorité, et je sais qu'il va revenir parce que, au bout de deux semaines avec sa franfreluche, il va s'ennuyer à mort.

— En attendant, Victor est ailleurs.

— Est-ce que tu veux me déprimer davantage ? demanda Madeleine sur un ton sec.

Je ne répondis pas. Je ne voulais pas la déprimer, mais

il me semblait qu'elle était aveugle, que Victor n'était pas aussi facile à manipuler qu'elle le pensait et qu'il savait exactement ce qu'il faisait. Mais Madeleine ne voulait rien entendre. Elle avait encore besoin de protéger Victor et, bien que je ne sois pas d'accord, je connaissais pour les avoir maintes fois éprouvés les écueils de l'âme féminine. Je pris congé d'elle en la priant d'économiser ses indulgences. Un jour, elle en aurait peut-être besoin pour elle-même.

*   *   *

Julien n'avait pas trouvé de travail. Il avait frappé aux portes de toutes les usines des environs. Il voulait soi-disant participer de plus près à la lutte des classes. Malheureusement pour lui, la lutte était terminée. Les usines fermaient les unes après les autres. C'est ce qu'il m'apprit devant l'image neigeuse du téléjournal. Et pendant qu'il m'annonçait la nouvelle, affalé dans le fauteuil du salon, une pensée traversa mon esprit et, sans que j'aie prévu le coup, une petite voix diabolique monta en moi : dis-lui de s'en aller, chantait la voix, dis-lui de faire de l'air, de débarrasser le plancher, dis-lui qu'il est de trop et que la comédie a assez duré. Dis-lui que tu ne veux pas vivre avec lui, que tu n'as jamais voulu ! Allez, vas-y, dis-lui, dis-lui !

J'en eus le souffle coupé. Je n'en revenais pas d'avoir osé penser cela. D'un pas chancelant, je trouvai refuge dans la chambre à coucher pour faire taire la petite voix sournoise et pernicieuse, la petite voix qui montait, qui montait. Je refermai la porte avant de commencer à faire les cent pas, les bras croisés, des crampes aux jambes et à l'estomac. Du calme, du calme. J'essayais de me raisonner. Je veux qu'il s'en aille, mais d'abord il me faut trouver pourquoi.

Je m'étais assise sur le lit et me massais les tempes en

me disant que ce n'était qu'un malaise, que j'aimais Julien Paradis et que je n'avais rien, strictement rien à lui reprocher. Voilà pourtant que la voix redoublait : il profite de toi, disait la voix, c'est un vaurien, il reste ici parce qu'il n'a nulle part où aller, parce qu'il n'a pas d'ambition et que ces gars-là sont tous les mêmes, des profiteurs en puissance qui se cherchent des bonnes pâtes comme toi, des cruches qui ne voient pas clair, des idiotes qui croient encore au sauveur, qui croient encore à l'amour. Fous-le à la porte !

J'ouvris la porte et chargeai dans le salon. Julien se retourna en me souriant et en tendant les bras. Viens, viens, dit-il du regard. Il m'attrapa au vol et je cherchai immédiatement à me dégager de ses bras gluants, de son étreinte visqueuse, de ses caresses mielleuses, de ses baisers mouillés. Il pensait que je jouais avec lui. Lorsqu'il me vit m'asseoir sur le divan contre la fenêtre, raide comme une barre de fer, sa bonne humeur se convertit en étonnement.

— Qu'est-ce qui ne va pas, Alice ? demanda Julien avec son air de bête blessée.

— Rien, y a rien, répondis-je sur un ton sec et sans appel.

— Pourquoi tu fais cette tête-là ?

— Fous-moi la paix, fous-moi la paix, comprends-tu ! Je veux la paix, la sainte paix. Et puis trouve-toi du travail, je suis écœurée de te faire vivre.

C'était parfaitement malhonnête de ma part. Malhonnête et de mauvaise foi. Je ne faisais pas vivre Julien Paradis. Il payait sa part du loyer. Il payait l'essence de la voiture. Il faisait régulièrement le marché. Je ne sais pas où il faisait pousser l'argent, mais il n'en manquait jamais. Et il n'était pas pingre. Il revenait toujours de ses promenades avec des bouquets de fleurs, des bouteilles de vin, des petites culottes en soie. En fait, pas une semaine ne passait sans qu'il me gratifie d'un cadeau, comme si j'étais une princesse et qu'il avait été mis sur terre pour me servir. Mais la princesse sentait des épines lui pousser sous l'effet de ses égards presque gênants.

— T'es un beau parleur quand même, Julien Paradis, un beau parleur et un petit faiseur, poursuivit la princesse aux épines.

— Tu voulais vraiment que j'aille travailler à l'usine ? demanda Julien.

— Pourquoi pas ? Je t'ai pris au sérieux.

— Si tu veux savoir la vérité, j'ai fait le tour des usines à cause d'un passage dans le roman. Je voulais avoir une idée, tu comprends, une idée, une odeur, une atmosphère, un peu de recherche sur le terrain, c'est parfois tout ce que ça prend.

— Alors, pourquoi mentir ? Pourquoi dire que tu allais te chercher du travail, pourquoi tout ton numéro sur la lutte des classes ?

— Pour te rassurer, répondit Julien avec douceur. Je te sens tellement méfiante. On dirait que ça te dérange que je n'aie pas de travail stable. Écrire, ça ne te suffit pas...

— Surtout quand on écrit avec de l'air, ajoutai-je avec cynisme.

— Tu ne crois pas en moi, hein, Alice ? demanda Julien. Tu ne crois vraiment pas en moi ?

— Non, je ne crois pas en toi, jappai-je. Non. Ton roman, c'est de la foutaise, de la fumée, de la bullshit, de la grosse bullshit.

Julien s'est levé. Son visage était pâle, son menton flottait comme une voile au vent.

— Je crois que je vais aller faire un tour, dit-il simplement en enfouissant ses mains dans ses poches.

Puis, d'une voix triste, il ajouta :

116

— Tu ne m'aimes pas.

— Comment veux-tu que je t'aime, criai-je avec hargne, je ne te connais même pas ! T'es un étranger, Julien Paradis, rien qu'un étranger !

9

LE TROTTOIR D'EN FACE

J'ai cinq ans. Le printemps est arrivé à Trois-Trous avec le train en provenance de Montréal. Au fond du jardin de ma grand-mère, les arbres bourgeonnent en retenant l'éclatement de leurs fleurs. Une mince couche de neige transparente tapisse encore le sol. C'est le commencement de la fin, ou peut-être le contraire. Ma grand-mère ne veut pas me le dire. Elle se contente de faire ma valise. Ses gestes ont la lenteur navrée d'un automate. Elle n'est pas elle-même, ce matin. Quelque chose la tracasse qu'elle ne sait exprimer. Et comme je ne veux pas l'accabler, je l'aide à enfouir mes affaires dans la valise rouge en carton en répétant bêtement : « On s'en va en voyage, mémé ? » Elle ne répond jamais à ma question, sinon par un air buté.

Lorsque mes maigres possessions sont rangées dans la valise, elle m'entraîne dehors. Elle prend une poignée de neige grise, la pétrit comme de la pâte et fait apparaître une boule lisse et ronde qu'elle pose sur la première marche de l'escalier. Je fais de même en triturant la neige qui me glace les mains. Nous jouons souvent à ce jeu-là. Ma grand-mère appelle cela des œufs à la neige. Quand nous avons de quoi ouvrir un commerce de balles de neige, nous les lançons sur la clôture du jardin. Celle qui frappe la clôture le plus souvent gagne un biscuit au chocolat. Cette fois, pourtant, ma grand-mère prend toutes les balles de neige entre ses bras et disparaît dans la maison en m'annonçant qu'elle va maintenant les faire fondre. Je la suis sans comprendre. Qu'est-ce qui pousse une grand-mère à faire fondre des balles de neige sur un poêle à bois à quelques heures seulement d'un grand bouleversement ?

La belle étrangère vient mettre fin à notre jeu. En fait, le jeu est terminé depuis longtemps. Ma grand-mère a jeté l'eau des balles de neige dans le jardin comme si elle les renvoyait à leur origine. Sur le coup de midi, la belle étrangère entre par effraction dans ma vie. Elle cogne contre la fenêtre de la cuisine. Ma grand-mère la fait entrer, la détaille de la tête aux pieds puis tombe dans ses bras. Les deux femmes restent enlacées pendant une éternité avant de se détacher doucement et de me rejoindre à table où je fais des grimaces dans le miroir brouillé de ma soupe. La belle étrangère m'ébouriffe la tête en venant s'asseoir à mes côtés. Moi, je fais semblant que je ne la connais pas. Elle a de longs cheveux noirs qui lui descendent jusqu'aux fesses et deux grands yeux fauves qui n'en finissent plus de me dévisager. Elle me prend la main et me chuchote à l'oreille des mots que je ne veux pas entendre. Je consulte ma grand-mère du regard, l'air de dire : qu'est-ce qu'elle veut, celle-là ? Ma grand-mère ne répond pas. Elle tord son tablier comme un mouchoir.

Nous mangeons la soupe toutes les trois en silence. Parfois la belle étrangère commence une conversation insignifiante avec la grand-mère qui écoute distraitement. Lorsqu'il ne reste plus de soupe dans les assiettes et plus de sujets dans la conversation, la belle étrangère se lève, remet son manteau et s'empare de ma valise en carton rouge au pied de l'escalier. L'air frileux du printemps souffle sur le jardin comme un début de grippe. Les arbres coulent du nez tandis que ma grand-mère renifle bruyamment. On dirait maintenant qu'elle pleure pour de bon. Elle pleure sur le perron. Elle pleure dans la voiture. Elle pleure sur le quai de la gare. Entre deux sanglots, elle dit : qu'est-ce que je vais faire maintenant ? Moi, je ne sais pas quoi lui répondre. De temps en temps, la belle étrangère laisse tomber ma main pour aller consoler ma grand-mère. Mais ma grand-mère est inconsolable. Elle pleure tellement fort que je commence moi aussi à pleurer comme par un effet d'entraînement.

Au loin, un sifflement se fait entendre. Je dresse la tête et j'aperçois un dragon, qui grossit à vue d'œil et passe en trombe à quelques mètres de nous. La bête crache maintenant de gros jets de vapeur en exhalant des nuages étouffants sur le quai de la gare. Subitement, j'ai peur. Peur du train qui fume comme une cheminée, peur du vent qui vient de se lever, peur de la belle étrangère qui veut me kidnapper. J'éclate en sanglots et me réfugie dans le giron de ma grand-mère. Elle me tient longtemps serrée contre elle puis, tout doucement, elle me repousse, l'air de dire, va, va vivre ta vie.

Je monte à contrecœur dans le train avec la belle étrangère. Je me précipite sur la première banquette avant de coller mon nez contre la vitre et de faire un signe de la main à la grand-mère. Son visage est déformé tant elle pleure. Son chagrin est à ce point visible et palpable qu'il tire ses traits vers le bas ; tout son visage assiégé, tout son corps secoué par des sanglots qui ont perdu le contrôle de leur mécanique. Le train s'ébranle. On dirait qu'il déchire quelque chose dans son élan ; quelque chose ou quelqu'un, peut-être ma grand-mère, peut-être moi, peut-être le tissu fragile qui nous unit et qui maintenant s'étire et se défait. Ma grand-mère pleure toujours. Elle suit le train à petits pas. Bientôt elle ne peut plus suivre, alors elle reste là sur le quai de la gare, elle se ratatine et se chiffonne. Elle ressemble à un mouchoir en papier jeté par la fenêtre d'un train en mouvement. Elle se fait de plus en plus petite. Bientôt, elle a complètement disparu de ma vie et de mon champ de vision.

Je m'installe avec la belle étrangère. Je me cale dans le siège coussiné en serrant ma poupée très fort. Je ne pleure plus. Je ne pense plus à ma grand-mère. Je m'applique plutôt à manger les cerises dans le sac que m'a tendu la belle étrangère. Ce sont de grosses cerises juteuses qui coulent. J'en mange beaucoup. J'en mange tellement que j'en ai mal au ventre, tellement mal au ventre que je vomis toutes les cerises sur la robe blanche de la belle étrangère.

*   *   *

J'ai cinq ans. J'arrive dans une grande ville avec la belle étrangère. Je crois que la ville s'appelle Montréal. Il y a beaucoup de monde dans les rues, des grandes personnes qui s'élèvent comme des tours humaines, et au-dessus de leurs têtes, d'autres tours qui cognent leurs mâts de métal contre le ciel. Il y a des voitures et des concerts de klaxons, des lumières rouges qui virent au vert et qui revirent au rouge. La belle étrangère me tient par la main, mais elle marche trop vite, je n'arrive pas à la suivre. Alors je rechigne et je boude. Je dis que je veux retourner chez ma grand-mère, que j'en ai assez de cette ville. La belle étrangère ne me dispute pas. Elle me parle d'une voix douce. Elle me demande si je veux des bonbons, si je veux me reposer un instant. Elle m'emmène dans un café. De l'intérieur on ne voit pas la rue à cause de la buée. Je m'assois près de la fenêtre et d'un doigt rageur je dessine des bonshommes hideux sur la vitre du café. La belle étrangère me commande un chocolat chaud. Un homme tourne autour de notre table. Il semble connaître la belle étrangère. Il lui demande s'il peut s'asseoir avec nous. Elle lui sourit et lui dit : je te présente Alice, ma petite fille.

L'homme s'est assis trop près de la belle étrangère. Il bourdonne à ses côtés comme une abeille. Il me dérange. Je suis sûre qu'il veut me la voler. Alors je fais tout pour attirer leur attention et pour interrompre leur conversation. Je renverse mon chocolat chaud puis, avec mes doigts sales, je barbouille de nouveau la fenêtre du café. La belle étrangère rit de mes prouesses tandis que l'homme, gluant, écœurant, ne me regarde même pas tant il est occupé à lui faire du charme, à jouer avec ses mains fines qu'elle lui cède sans résistance. Je le déteste et je ne me gêne pas pour le lui dire en pleine face. La belle étrangère se redresse et essaie de me calmer. Elle dit à l'homme que je suis fatiguée, que le voyage a été long, qu'il vaudrait mieux que nous rentrions à l'hôtel nous coucher. L'homme se précipite pour payer l'addition. La belle étrangère le laisse faire en le remerciant avec un petit sourire que je ne lui connais pas encore, un sourire proprement indécent. Je crois que c'est à cause de ce sourire-là que j'ai envie de lui cracher au visage qu'elle n'est pas ma mère, ni ma sœur, ni mon amie, ni même une personne digne de ma compagnie.

L'homme propose de nous raccompagner à l'hôtel. La belle étrangère accepte mollement. Moi, je regarde l'homme droit dans les yeux et je lui crie : mongol ! La belle étrangère dit au mongol de ne pas m'écouter. Ce n'était pas nécessaire. Le mongol ne s'intéressait pas à moi, de toute façon. Il ouvre la portière de sa grosse voiture. À l'intérieur, c'est comme un coffret de velours. Je m'installe à l'arrière, la belle étrangère à l'avant. Elle se retourne pour me caresser le visage. Ma petite fille, ma petite Alice, ne cesse-t-elle de radoter. Je me détache d'elle brusquement. Je ne veux rien savoir de ses belles manières ni de ses airs éplorés. Je veux retourner chez ma grand-mère et regarder les balles de neige fondre sur le poêle à bois. Je veux aller attendre mon grand-père au bout du jardin et m'asseoir sur la barre de sa bicyclette. Je ne veux pas de cette grosse voiture ni de ce mongol qui ronronne comme un gros matou. Je ne veux pas de tous ces étrangers qui disent que je leur appartiens alors que je ne les connais même pas.

Le mongol siffle en conduisant. Il m'exaspère royalement. Dehors, il fait nuit et le ciel est sans étoiles. La ville déferle sur les vitres teintées de la voiture et m'éclabousse de ses néons. Le mongol vient de freiner brusquement. Il gare son coffre à bijoux dans une petite rue faiblement éclairée, dominée par l'ombre imposante d'un hôtel. Il y a des lustres dans le hall d'entrée, des tapis de velours, de gros fauteuils en cuir et des voix feutrées qui s'élèvent parmi des bruits discrets de cloches. La belle étrangère me dit que c'est notre maison pour l'instant. Elle me dit que bientôt nous allons acheter une vraie maison et former une vraie famille. Je ne la crois pas. Je ne crois plus ce que les grandes personnes me disent. Ce sont des menteurs qui profitent de notre innocence pour nous en mettre plein la vue, pour nous raconter des histoires à dormir debout et nous faire des promesses qui s'envolent au matin. On ne devrait jamais leur faire confiance. On ne devrait même pas les fréquenter.

Nous filons dans une cage qui monte droit au ciel. La

belle étrangère me tient la main, l'homme qui veut me la voler joue avec ses clés. Les portes de la cage s'ouvrent enfin. Je sors en jetant un coup d'œil inquiet à la fente vorace qui marque la frontière entre la terre ferme et le grand vide qui m'attire loin en bas. Je résiste à la main de la belle étrangère. Je veux rester dans la cage qui monte droit au ciel, je ne veux pas aller m'enfermer dans une chambre d'hôtel avec des étrangers.

La belle étrangère a défait mon lit en lissant les draps avec ses doigts longs comme les tiges des fleurs. Elle veut me déshabiller devant le mongol. Il fait semblant de détourner le regard. Moi, je crie que je ne veux rien savoir. Je me réfugie dans la salle de bains en hurlant : pas devant le mongol !

La salle de bains me fait rêver. Je n'en ai jamais vu d'aussi propre ni d'aussi immense. Il y a un lavabo sur pattes qui m'arrive au menton et une baignoire aussi large qu'une piscine. Je promène mes doigts sales sur les tuiles luisantes puis sur les grandes serviettes blanches aussi douces que du velours. La belle étrangère entre et referme la porte derrière nous. Elle me déshabille du bout des doigts comme pour calmer la répulsion qu'elle sent monter en moi. Et plus la répulsion monte, et plus je pleure, plus je hurle. Je réclame ma grand-mère, je réclame la lune et l'univers. La belle étrangère, pendant ce temps-là, ne bronche pas. Elle dit seulement : ne t'en fais pas, demain tout ira mieux. Je m'endors dans ses bras sur le siège de toilette comme frappée par la foudre d'une grande fatigue existentielle.

*   *   *

Je me réveille le lendemain matin en priant pour que tout cela ne soit qu'un mauvais rêve. Peine perdue. Mes yeux ouverts se butent à la sinistre réalité : une chambre d'hôtel avec la belle au bois dormant enfouie sous les draps blancs, ses cheveux noirs disposés en couronne sur l'oreiller. Je cherche ma poupée chauve au crâne fracassé dans les replis des draps. Je ne la trouve pas tout de suite, alors je me redresse, prise de panique et prête à ameuter tout l'étage. Je l'aperçois finalement écartelée au pied du lit. Je vais la chercher à quatre pattes et je l'écrase contre ma poitrine. Elle seule me comprend. Puis je l'installe sur l'oreiller à mes côtés et, pour passer le temps, j'étudie les environs. Le mongol a disparu, laissant pour tout souvenir un sillage de bouteilles miniatures et un cendrier plein de mégots jaunis. La chambre est immense en comparaison de celle où je dormais avant. Je me sens aussi petite qu'un petit pois caché sous le matelas d'une princesse, un petit pois ballotté par les événements et qui durcit tranquillement sa croûte. Ma robe en coton rose est soigneusement pliée sur un fauteuil, mes souliers à ses pieds. Je ne bouge pas, je ne fais pas de bruit même si des picotements dans les jambes m'indiquent que je devrais fuir immédiatement. Mais la chambre est trop immense et la grande ville trop dangereuse pour que je m'y risque. Alors j'attends mon heure en retenant une folle envie de pisser.

Bientôt, je n'en peux plus. Je me lève sur la pointe des pieds. La belle étrangère doit dormir d'un sommeil léger car, au premier froissement, elle se réveille et s'étire dans le lit en souriant. Bonjour, Alice, me lance-t-elle de sa voix de canari. Bonjour, ma petite fille ! Elle insiste sur le « ma » pour marquer qu'à partir de maintenant, je lui appartiens définitivement. Je tire la chaîne des toilettes pour couvrir le son aigu de sa voix, mais surtout pour taire ce nouveau sentiment d'appartenance qui fleurit chez elle. Il peut bien fleurir tant qu'il voudra, moi je considère que je n'appartiens à personne. Je considère que je suis une enfant abandonnée, et la belle étrangère a intérêt à se lever de bonne heure pour me convaincre du contraire. C'est le seul avantage d'être un enfant abandonné. On ne doit rien à personne. Ceux qui prétendent être nos parents peuvent bien s'évertuer à nous plaire, nous amadouer avec des baisers et des caresses, nous corrompre avec des cadeaux, acheter notre silence en nous laissant tout faire, on leur reprochera éternellement cette faille, cette faute, cette tache originelle dans leur dossier. Plus ils nous aimeront, plus on le leur fera payer cher.

*   *   *

Depuis deux jours, je suis infernale. La belle étrangère ne réagit pas. Elle me laisse faire ou encore elle multiplie les plans pour me distraire. Le troisième jour, pourtant, elle perd sa patience d'ange et moi, tout mon pouvoir de chantage sur elle. Je suis en train de faire une colère du diable avec cris, coups, griffes, trépignements et vociférations. Je viens même de me rouler par terre en lui criant que je la déteste, qu'elle est une salope, une sorcière et que sais-je encore, lorsque la belle étrangère montre enfin ses vraies couleurs. Elle se lève, fait claquer la serrure de sa valise, ouvre la porte de la chambre et s'en va sans même se retourner. Le bruit sec de la porte me sort de ma transe. Je me retrouve toute seule par terre, toute seule dans la chambre, sans autre réconfort que le crâne fracassé de ma pauvre poupée. Le choc est épouvantable. Je me lève stupéfiée. Je ramasse ma poupée et vais m'asseoir dans un fauteuil en sanglotant. Cette fois, c'est vrai. Je suis seule au monde, rejetée par ma propre ruse et doublement abandonnée par ma mère. C'est là que je comprends à quel point je dépends d'elle.

C'est dur à avaler, mais la vie est ainsi faite. On naît

dans le ventre d'une étrangère. On passe sa vie à se demander pourquoi ce ventre-là plutôt qu'un autre. Pourquoi cette femme-là plutôt que celle du trottoir d'en face. On se dit que cette femme, cette mère, ne nous ressemble pas, puis on découvre sur le tard qu'il est trop tard : on est sa copie carbone, on a hérité d'elle tout ce qu'on ne pouvait pas supporter.

La belle étrangère revient cinq minutes plus tard. Elle me demande sur un ton sec et méchant : tu t'es calmée ? Je ne réponds pas. C'est inutile. Elle a gagné. Il ne me reste plus qu'à la suivre comme un mouton et à faire ses quatre volontés. Elle m'entraîne alors à la gare. Je mange sans protester le biscuit qu'elle me tend, bois un verre de lait sans le renverser, écoute les trains siffler et traîne les pieds jusqu'à la porte des arrivées. La belle étrangère s'avance maintenant sur le quai de la gare en fendant la fumée et la foule qui marche comme une armée. Elle s'immobilise devant un wagon, s'accroupit à mes côtés et, me prenant par les épaules, m'indique un monsieur qui marche dans notre direction. Elle me souffle son nom à l'oreille. Je pourrais être surprise, mais à ce stade-ci, plus rien ne m'étonne. Alors, en bonne petite fille docile qui ne peut plus rien contre les circonstances atténuantes de sa vie, je regarde le monsieur et je répète après elle : bonjour, monsieur mon papa. Enchanté de faire votre connaissance, madame ma fille, me répond-il.

10

LA VOIX D'UN ANGE

J'ai fait le tour du pâté de maisons au moins trois fois. J'avais repéré la rue et le numéro de la porte, mais je n'arrivais pas à me décider. Alors j'ai continué à marcher devant les façades défraîchies et ravagées par la pauvreté. Le cinquième logement du pâté avait été converti en casse-croûte. J'ai lu « Chez Lise snack-bar » en poussant la porte vitrée. Je me suis retrouvée dans une pièce sombre en enfilade, dévorée par un comptoir en formica marbré, couleur spumoni. Lise était au bout du comptoir et parlait avec une femme, qui, d'après le ton familier de la conversation, devait être sa voisine. Je me suis assise sur le premier tabouret à côté de la porte, face à l'horloge Diet Pepsi. Des boîtes de Chiclets flanquées de paquets de Kleenex et de lunettes Mirage à 3,99 $ la paire couraient le long du mur. Le comptoir était un lac brouillé par le reflet d'énormes bouteilles de ketchup sans étiquettes. À deux tabourets de moi, un policier en uniforme sirotait un Coke en feuilletant

Allô Police. Lise est arrivée en essuyant un verre. Elle m'a regardée avec la déférence curieuse qu'on témoigne aux touristes égarés. J'ai commandé un café, qu'elle s'est empressée de me servir avant de regagner le fond du restaurant et de poursuivre sa conversation avec la voisine de palier.

Je ne sais trop de quoi les deux femmes parlaient. Leurs paroles flottaient dans l'air qui sentait la graisse rance des frites. Parfois, des bribes de phrases venaient en pièces détachées se briser sur les rivages immobiles de mon café. Soudain, un malaise monta en moi. Tout cela était parfaitement inutile, me dis-je. Je n'apprendrais rien de plus. Et même si je devais apprendre quelque chose, je ne serais pas plus avancée.

Le policier moustachu referma son journal, lança des pièces de monnaie sur le comptoir et sortit en saluant Lise. Celle-ci se mit immédiatement à parler de l'absent, comme c'était un bel homme, avec une belle personnalité, bien mis, et tout et tout. C'était un homme du peuple qui avait fait son chemin et, chemin faisant, il avait fait des millions. Maintenant, il passait tous ses étés en Floride. Y est tellement fin, disait Lise, et pas prétentieux pour deux sous.

Personne d'autre n'entra dans le restaurant, et cette proximité forcée avec Lise et sa voisine me fit avaler mon café d'un coup sec. Je me sentais de trop dans ce lieu, comme je me sentais de trop partout. Je n'aurais jamais dû m'aventurer ici. Rien de bon ne sortirait de cette affaire. Je repoussai délicatement la tasse de café et déposai l'argent sur le comptoir. Lise en profita pour s'approcher et engager la conversation. Elle me demanda si j'étais du coin. Sa question n'était pas innocente. Elle savait pertinemment que je ne l'étais pas.

— En visite, alors ? poursuivit-elle avec curiosité.

— Si on veut, répondis-je en me levant.

— Ça ne me regarde pas, commença Lise, mais y a des drôles de gens dans les environs.

Je fis semblant de ne pas comprendre. Lise me fit alors signe d'approcher. Elle baissa le ton.

— Vous allez chez la femme d'à côté, c'est ça ?... Moi aussi j'allais la voir avant. Plus maintenant... C'est un oiseau de malheur, cette femme-là. Faites attention...

Je hochai la tête en déclarant qu'il n'y avait pas de danger parce que, de toute façon, je n'allais chez personne en particulier, j'étais une étudiante en histoire et je m'intéressais à ce coin-ci de la ville. Lise eut l'air de ne pas me croire. Elle ajouta seulement : en tout cas, je vous ai prévenue. Le timbre strident de sa caisse enregistreuse vint clore la conversation.

Il était exactement trois heures de l'après-midi. Stella Lumières m'attendait. Sa porte, à quelques pas seulement de Chez Lise, était entrouverte mais curieusement retenue par une chaîne. Sous des dehors d'ouverture, la méfiance ici était de rigueur. J'ai sonné en piétinant sur le pas de la porte. Pas un son ne sortait du logement. J'ai finalement entendu un frottement de pieds sur le plancher. Une main a tiré sur la chaîne avec la prudence d'un geôlier. Un chat s'est faufilé dans l'entrebâillement de la porte avant d'être refoulé à l'intérieur par un coup de pied. Stella Lumières a ouvert la porte. En la voyant, j'ai eu peur. Elle n'avait pas du tout le physique de l'emploi ni le nom pour l'accompagner. Elle mesurait à peine quatre pieds. C'était une naine déguisée en madame. Une naine ou une sorcière. Son visage de cire était auréolé d'une crinière noire dont les pointes avaient été dévorées par les mites qu'elle devait élever dans sa cuisine. Des bracelets s'agitaient autour de ses poignets. Des colliers pendaient en étages sur sa poitrine. Elle portait des jeans trop serrés pour son âge et une longue blouse indienne que le temps avait détournée de sa couleur originale. Elle ouvrit grande la porte en m'offrant un sourire édenté. Entrez, entrez, me dit-elle en agitant ses petites mains. Je pris une grande respiration et me retrouvai dans le vestibule sombre. Stella m'arrivait au nombril. Elle me devança et me conduisit immédiatement dans la première pièce à gauche de l'entrée, comme si elle voulait m'épargner le spectacle de son logement en décomposition.

La pièce était aussi petite que sa propriétaire. Le plafond était bas et les rideaux tirés ne laissaient entrer qu'un pâle filet de lumière. Une vieille machine à coudre trônait parmi les livres pleins de poussière. Stella s'excusa du désordre avec la légèreté d'une châtelaine qui vient de mettre la femme de ménage à la porte. Je pris place sur un canapé défoncé appuyé contre le mur, et elle sur une chaise droite, en face de moi. Ses yeux noirs brûlaient comme des charbons ardents. Je réprimai un frisson et détournai le regard. Dans la pénombre, j'aperçus alors un peuple de sphinx assis silencieux. Des photos et des statuettes de sphinx étaient éparpillées sur les murs et les étagères.

— Vous êtes déjà allée en Égypte ? me demanda Stella qui avait suivi mon regard et qui voulait maintenant le retenir et l'empêcher de fureter dans ses affaires.

— L'Égypte, non, pas vraiment, fis-je poliment.

— Pour nous, graphologues, c'est évidemment *la* référence, déclara Stella avant de se lancer dans un long discours sur la graphologie, ses racines, son histoire, son évolution et sur son idole, une certaine Marguerite de Surany, qui avait écrit d'obscurs livres sur le sujet ; à l'écouter, la graphologie allait sauver le monde de la perdition. Je peux tout voir, disait Stella avec de gros yeux noirs qui menaçaient de sortir de leurs gonds et de percer des trous au plafond. Tout : le présent, le passé, l'enfance, les maladies, je peux même voir les perversions sexuelles, parfaitement, même ça...

— C'est que... essayai-je en vain de glisser dans cette nomenclature exhaustive de ses dons... c'est que... je ne viens pas exactement pour moi...

Stella se redressa. Un éclair furieux passa dans son regard. Elle avait une réputation à préserver, me prévint-elle. Elle ne faisait pas d'espionnage industriel, elle ! Elle analysait l'écriture des gens qui se présentaient à elle. Pas celle de leurs voisins, de leurs employés ou de leurs locataires !

— Je suis contre les procès d'intention, poursuivit-elle. J'ai des principes. Je suis une autodidacte. Les gens viennent de partout pour me consulter.

— Je vois, je vois, opinai-je pour essayer de réparer ma gaffe. Je me suis peut-être mal exprimée. Je viens pour moi. C'est une amie qui m'a parlé de vous... Elle m'a dit que vous pourriez m'aider...

— Qui ça ?

— Dolores Durand, une chanteuse, une rousse.

— Ah, la rousse ! Celle qui voulait connaître l'avenir. Heureusement que je ne lui ai pas tout dit. Son avenir était plutôt court.

— Quoi ? fis-je avec un étonnement mêlé d'effroi.

— Remarquez que je peux me tromper, d'autant plus qu'elle avait l'air en bonne santé. Faut juste qu'elle fasse attention. Il suffit d'un rien, parfois. Trois secondes et c'est fini. Après ça, on regarde sa vie passer comme à travers une fenêtre...

Voyant mon air catastrophé, Stella Lumières coupa court à ses funestes prédictions. Elle me demanda alors de lui fournir un spécimen de mon écriture. Je me mis à fouiller nerveusement dans mon sac, avant d'en sortir une feuille de papier froissée et pliée en deux. Stella Lumières enfila une paire de demi-lunes, déplia la feuille et se mit à étudier l'écriture de Julien Paradis. Sa tête suivait le mouvement du texte, puis revenait au point de départ, avant de repartir avec des mouvements de pantin.

— Il n'y a pas de barres sur les *t*, finit-elle par déclarer, comme si le secret de Julien Paradis ne tenait qu'à une barre sur un *t*. Non, pas de barres sur les *t*, répéta-t-elle.

— Qu'est-ce que vous voulez dire ? demandai-je avec inquiétude.

Elle releva la tête, déposa la lettre et se mit à réciter son catéchisme tout en me lançant des regards sévères.

— En graphologie, commença-t-elle, tout est important, l'ordre, la marge, l'inclinaison des lettres, la pression du crayon, l'espace entre les mots. On travaille sur la matière brute. C'est comme ça qu'on identifie le caractère. En graphologie, il y a huit types de caractères.

Elle déclina les huit types sur un ton professoral. Je reprimai un mouvement d'impatience en caressant le chat qui se vautrait entre mes jambes.

— C'est comme une courbe, vous me suivez ?

— Je vous suis, répondis-je, mais dans ce cas-ci, enfin dans mon cas, qu'est-ce que ça veut dire ?

— C'est curieux, répondit Stella, mais l'écriture ici ne correspond pas à ce que vous dégagez...

Elle hésita un moment, puis demanda :

— Vous êtes bien certaine que c'est vous qui avez écrit cette lettre ?

— Oui, m'empressai-je de répondre, c'est moi.

Stella Lumières me regarda avec scepticisme. Elle déposa la lettre et avança vers moi une feuille blanche. Écrivez donc quelque chose, m'intima-t-elle sournoisement. Je ne sais pas si elle le remarqua, mais mon visage avait changé de couleur. J'étais maintenant livide. Cela dura un quart de seconde, après quoi, ne perdant pas une once de sang-froid, je débitai une histoire de lettre anonyme que j'avais reçue, dont je ne connaissais pas l'expéditeur, mais dont je soupçonnais l'intention. Voyant qu'elle ne réagissait pas, j'ajoutai en me levant et en prenant un ton défensif :

— Bon, je vois que ça ne vous intéresse pas, c'est dommage, tant pis, c'est le même prix de toute façon, non ?

Je tendis la main pour reprendre la lettre, mais Stella, subitement revenue à ses esprits, freina mon geste.

— Calmez-vous, dit-elle en me forçant à me rasseoir. Je vous ai dit que je voyais tout... Alors, si vous voulez payer le prix, avec un petit supplément naturellement, on pourrait peut-être s'arranger.

Le pacte fut aussitôt signé. J'étais prête à vendre mon âme et à fermer les yeux sur sa mauvaise foi pour en savoir plus long.

— Très bien, dit Stella en examinant de nouveau la lettre. Vous connaissez le passé de cet homme ? demanda-t-elle.

— Non, justement, je ne sais rien de lui.

— C'est bien ce que je pensais, trancha-t-elle, cet homme n'a pas de passé.

— Comment ça ?

— Vous m'avez bien entendu. Cet homme n'a pas de passé ou, du moins, il fait tout pour le cacher. Son écriture est une entreprise de camouflage. Même quand il écrit, il se cache. C'est quoi, son métier ?

— Écrivain.

— Évidemment.

— Qu'est-ce que vous voulez dire ? fis-je quelque peu déroutée.

— Les écrivains sont les spécialistes du genre. Avec eux, on ne sait jamais. Lui, c'est tout à fait ça. On dirait un savon. On croit le tenir et il file entre les doigts... Il doit accumuler les secrets...

Les explications de Stella Lumières, pour vagues qu'elles fussent, tombaient sur ma tête comme une pluie de plomb. Et j'avais beau être au courant de la situation, le fait que quelqu'un d'étranger l'exprime aussi directement me coupait le souffle, me sciait en deux.

— Vous me direz que tout le monde a des secrets, que tout le monde cache quelque chose, je le sais, déclara Stella, sauf qu'avec la graphologie, tout devient transparent... Lui, c'est le contraire... C'est comme le prince charmant, personne ne sait d'où il vient. On connaît le passé de la princesse, mais le prince charmant, lui, d'où vient-il ? Comment se fait-il qu'il soit toujours au bon endroit au bon moment ? Qui lui a dit ?

— Je ne vous suis plus.

— C'est votre prince charmant, non ? Vous l'avez rencontré par hasard. Il vous a fait tout un numéro, n'est-ce pas ?

— Mais comment savez-vous tout ça ? fis-je effrayée.

— Mon sixième sens... Je suis née comme ça. Je peux arrêter le sang de couler, vous savez, fit-elle.

Comme je restais bouche bée, Stella Lumières continua sur un ton implacable.

— Vous vous demandez sans doute si vous devriez le quitter ?

— C'est que...

— Il vous quittera avant... quand vous en saurez trop sur lui.

— Quand je saurai quoi ? fis-je avec accablement.

— C'est peut-être pas grand-chose... C'est peut-être

énorme, on sait jamais avec ces gens-là. Ils peuvent cacher des choses pendant des années et puis, brusquement, tout avouer, ou alors emporter leur secret dans la tombe. Pour l'instant, je ne peux pas vous en dire plus. Si vous voulez vraiment que j'étudie son cas sérieusement, il faudra que vous m'apportiez plusieurs pages que vous prendrez au hasard dans ses affaires.

— Vous ne pouvez rien me dire d'autre, aujourd'hui ?

— Si, une dernière chose... Il y a une autre personne dans cette histoire, quelqu'un qui tire les ficelles, quelqu'un du passé peut-être, je ne sais pas.

Devant mon air atterré, Stella Lumières se leva prestement et décréta que la séance était terminée. Je la suppliai de poursuivre. J'étais persuadée qu'elle en savait plus long mais me ménageait. J'insistai encore. Rien n'y fit. Stella Lumières était fatiguée. Pas suffisamment cependant pour ne pas exiger ses quarante-cinq dollars en argent sonnant. Je la payai sur-le-champ et sortis. Le soleil de quatre heures était aveuglant. Je faillis manquer une marche tant je me sentais assommée par ce que je venais d'entendre. La porte de Stella Lumières se referma sèchement dans mon dos et je reçus le bruit comme le signe qu'il fallait que je règle le cas de mon prince charmant immédiatement.

*   *   *

J'ai descendu la rue Saint-Denis sans voir les vitrines des magasins, sans même les regarder. Je crois que j'ai pris la rue Rachel. À un moment donné, j'ai levé la tête et reconnu la façade du palais des Nains, fermé pour la journée ou pour la vie. J'ai poursuivi ma marche, dépassé le parc Lafontaine et ce café que j'avais l'habitude de fréquenter. Fermé, lui aussi. Ne restait plus que le bar western d'où me parvenaient les mélodies traînantes qui fuyaient par la porte ouverte. Allais-je m'y risquer et retrouver une fois de plus ce sentiment affolant de dépaysement et de distance, ce sentiment qui ne me donnait jamais accès aux choses et aux gens ? Pourquoi Julien Paradis me cachait-il son passé ? Qui tirait les ficelles derrière lui ?

L'appartement était désert et presque trop en ordre Julien voulait sans doute se faire pardonner. Mais de quoi ? Du fait qu'il existait, que son existence me plongeait dans le désarroi et qu'à son contact, je perdais tranquillement la raison ?

La porte de son bureau était fermée. J'avais l'impression que tant et aussi longtemps que je n'en saurais pas davantage sur lui, j'y reviendrais. Je fouillerais le bureau comme une épave au fond de la mer.

Sur sa table de travail, je remarquai une collection de cahiers quadrillés sagement empilés près de la lampe en laiton. Je pris celui du dessus, l'ouvris à la première page et me mis à lire avec consternation : J'écris, j'écris, j'écris... Je tournai furieusement les pages pour découvrir que la suite se résumait à un seul mot : J'ÉCRIS. Toutes les pages du premier cahier noircies d'un seul mot. Toutes les pages des autres cahiers aussi. Le même mot se répétait à l'infini comme des punitions d'élèves à la petite école. Et tandis que je tournais les pages sans comprendre et en espérant qu'un nouveau mot ou peut-être une phrase explicative viendraient dissiper mon effroi, un bruit imperceptible, comme un frôlement, me fit sursauter. Julien Paradis était à quelques mètres de moi.

— Tu cherches quelque chose ? demanda-t-il d'une voix douce, presque caressante.

— J'ai trouvé, répondis-je sur un ton cinglant.

— C'est rien, ça, fit Julien en indiquant les cahiers, c'est des exercices de concentration. Un jour, si t'arrêtes de fouiller dans mes affaires, je te montrerai mon roman.

Les deux coudes plantés sur le bureau, je me massai la tête et les tempes pour calmer l'énorme migraine qui répandait son poison. Plus de doute possible maintenant : peu importe qui était Julien Paradis et d'où il venait, je ne pourrais jamais le croire, jamais lui faire confiance. Et pendant que je me tenais la tête entre les mains, sans oser croiser son regard, Julien Paradis se mit à parler tout doucemènt, comme s'il me chuchotait à l'oreille.

— Pourquoi veux-tu absolument tout savoir, tout démystifier ? demandait Julien de sa voix de berceuse. Pourquoi, Alice ?

Il continua longtemps de cette voix apaisante, qui était presque la voix d'un ange ou d'un extra-terrestre. Et pendant qu'il parlait, je me mis à pleurer, d'abord faiblement, puis de plus en plus fort, les épaules secouées par les sanglots, tout mon corps assiégé par la tristesse de la vie et de l'amour. Et tandis que je pleurais, je regardais mes larmes s'écraser en grosses gouttes sur le bureau, s'écraser et se répandre en rigoles, s'infiltrer dans les entailles du bois et devenir des rivières, des fleuves, des océans, et je me voyais partir à la dérive, partir très loin, là où tout est lumineux, là où l'eau est claire, là où les princes sont transparents...

11

UN POULET MONTRÉALAIS

Julien a fait sa valise. Je l'ai regardé. J'avais l'impression de regarder ma mère. Il reviendra. Où veux-tu qu'il aille ? je me disais. Sa valise avalait les chemises, les pulls, les livres, le rasoir et le réveil tandis que je l'observais, accotée contre l'embrasure de la porte de la chambre. Une immense tristesse montait en moi. Pourquoi fallait-il toujours passer par là ? Et plus cette tristesse montait, plus je fixais des yeux l'appareil photo qui traînait sur la commode. Une envie folle me tenaillait. J'essayais en vain de me dire que ce n'était pas le moment. Peine perdue. J'en revenais toujours à l'appareil et à cette démangeaison au bout de mes doigts.

Lorsqu'il ferma la valise de manière définitive, je tendis une main compulsive vers l'appareil.

— Qu'est-ce que tu fais ? demanda-t-il en s'arrêtant avec sa valise à bout de bras.

— Rien, je voulais te prendre en photo une dernière fois.

— Tout de suite, comme ça ? demanda-t-il interloqué.

— Oui, tout de suite. Après, il sera trop tard.

— C'est du cynisme ?

— Non, c'est de la photo.

J'ai armé l'appareil. J'ai hissé l'objectif jusqu'à mon œil, puis j'ai mitraillé le visage perplexe de Julien Paradis. Il est passé devant moi sans regarder l'appareil. Il a traversé le couloir, a ouvert la porte, s'est arrêté. Il s'est retourné, a posé sa valise par terre. Moi, je continuais à actionner l'appareil, en essayant de ne pas perdre le foyer. C'était important. C'était la seule chose qui comptait vraiment à ce moment-là. Les photographes de guerre devaient avoir la même sorte de détachement devant les événements. Un détachement doublé de la peur de perdre leur foyer. S'ils perdaient le foyer des choses, ils perdaient toute la saveur de l'événement. Je me sentais comme eux. Je me foutais de l'événement en tant que tel. Ou plutôt cet événement — le départ de Julien — n'avait aucune valeur en soi. C'est pourquoi il était nécessaire, impérieux même, que je l'enregistre. Sans cela, cet événement était perdu à jamais. Moi-même, le lendemain matin ou peut-être dans une semaine, je ne savais pas si je m'en souviendrais exactement.

Debout et silencieux, Julien me toisait comme s'il attendait quelque chose. Peut-être voulait-il que je le retienne, que je le supplie, que je lui demande de tout oublier, d'effacer et de recommencer à zéro ?

— C'est dommage, lui lançai-je presque malgré moi.

— Quoi ?

— C'est dommage que tu t'en ailles, je commençais à m'habituer à toi...

Je ne sais pas pourquoi j'ai dit cela. Après tout, c'est moi qui lui avais demandé de partir. Maintenant qu'il s'en allait, que je le perdais, je voulais qu'il reste, enfin, pas vraiment, mais un peu. C'est quand on perd les choses qu'on se rend compte à quel point on y tient, ou du moins à quel point on y est habitué.

J'ai vu qu'il hésitait toujours sur le pas de la porte. Il faiblissait à vue d'œil. Le coup de la valise lui avait siphonné toute son énergie. Il aurait aussi bien pu tout remettre à demain. Je me gardais bien de l'encourager. S'il restait, c'était foutu, c'était fini. S'il partait, il lui restait peut-être une chance. Il *nous* restait peut-être une chance.

Il a ouvert la porte et il est sorti. Je suis restée immobile avec mon appareil photo, puis je me suis mise à mitrailler la porte d'entrée jusqu'à la fin du rouleau. Après quoi, je suis partie faire un tour, reprendre contact avec la société.

*   *   *

Je n'aime pas les peaux nouvelles. Je n'aime pas les corps étrangers. Je n'aime pas ces terres rêches et hostiles où mes doigts glissent comme sur du papier sablé.

Il avait proposé d'aller à l'hôtel. J'avais demandé pourquoi pas chez lui ? Il avait dit qu'il préférait l'hôtel pour l'anonymat. L'anonymat ? Oui, lorsqu'il était à l'hôtel, il ne se sentait pas à Montréal. Il se sentait nulle part. C'est comme avec les femmes. Ils les aimait anonymes et toujours changeantes. Il les aimait interchangeables, mais uniques chacune à leur manière.

Je ne le connaissais pas. Je venais de le rencontrer à L'Empire. Au premier coup d'œil, j'avais su que je passerais la nuit avec lui. Ce n'était pourtant pas mon genre d'homme. Il avait de l'argent. Ça se sentait dans son parfum, dans le pli parfait de son complet en tergal, dans ce petit mouchoir nonchalant glissé dans la fente de la poche de son veston. Ce n'était vraiment pas mon genre d'homme. Mais la perspective de me retrouver avec lui dans une chambre d'hôtel me rappelait un film dont j'avais oublié le titre.

Il m'a précédée dans la suite tendue de velours gris. Les lumières de la ville étaient des mouches à feu tamisées par le voile des rideaux. Il a tout de suite enlevé sa veste qu'il a posée méticuleusement sur le dossier d'une chaise. Il a dénoué sa cravate, s'est assis sur le lit et a appellé Room Service. Il voulait un club sandwich et une bouteille de Brouilly. C'était un homme de goût, pas un paysan. Moi, je restais debout dans la chambre, les bras noués autour de ma taille, les talons enfoncés dans la moquette.

— Mettez-vous à l'aise, m'a-t-il conseillé.

— Arrêtez de me vouvoyer, ai-je rétorqué.

— Bon, très bien... Mets-toi à l'aise.

Il m'a attirée vers lui. Je n'aime pas les peaux nouvelles, je n'aime pas les odeurs étrangères, je n'aime pas poser des gestes intimes avec des inconnus. Je trouve cela inconvenant. Je trouve cela obscène. Je trouve que c'est une trahison. On se trahit soi-même.

J'ai senti la laque dans ses cheveux, le parfum éventé d'une eau de Cologne chère dans son cou. J'ai effleuré ses mains. Je n'aimais pas ses mains. Je n'aimais pas cet homme. Je me suis détachée de lui, brusquement. J'ai reculé jusqu'au pied du mur près de la salle de bains. Il m'a regardée, étonné. Qu'y a-t-il ? a-t-il dit d'une petite voix polie. C'était un homme distingué, sauf pour ses mains. Il avait des mains de poissonnier.

J'ai dit : ne me touche pas, sinon j'appelle la police. Room Service a cogné à la porte. J'en ai profité pour m'enfermer dans les toilettes. J'ai entendu des roulettes rouler sur la moquette, des voix deviser au-dessus des plateaux, un stylo gratter une signature. J'ai entendu des hommes et des femmes gémir et jouir à travers les cloisons. J'ai frissonné. Room Service s'est éclipsé, la porte s'est refermée, je suis sortie des toilettes enroulée dans une serviette.

— Venez, n'ayez pas peur, a-t-il dit.

— Cessez de me vouvoyer, ai-je rétorqué.

Je me suis assise sur le bord du lit avec lui. J'ai mangé la moitié de son club sandwich, bu trois verres de son Brouilly. J'ai allumé une cigarette. Il a déroulé la serviette. Je me suis précipitée sous les couvertures. Je lui ai dit : je suis fatiguée, je veux dormir. Oui, oui, a-t-il dit tout doucement. Oui, oui, tout ce que vous voulez.

Je crois que nous avons fait l'amour. Je ne pourrais le dire vraiment. J'avais les yeux fermés tout le temps. Je ne voulais surtout pas le voir, avec ses yeux exorbités et ses mains de poissonnier, avec ce corps mou et informe dont je ne connaissais aucun pli, aucune cicatrice, aucun grain de beauté. Je crois que nous avons fait l'amour, mais mécaniquement comme deux machines autonomes, fermées sur elles-mêmes, deux poissons qui se donnent des coups de nageoires dans un bocal. Je me suis endormie brutalement sur le rivage opposé. Je ne voulais surtout pas sentir son corps s'abandonner.

Je ne sais plus à quelle heure je me suis réveillée. J'étais en sueur. Il faisait une chaleur d'enfer dans la chambre. Une lumière grise filtrait par la fenêtre. J'ai bougé : un mouvement imperceptible. Il était sur moi, à côté de moi, derrière moi. Il était partout à la fois. J'étais envahie par l'ennemi, torpillée, triturée, fouillée par ses mains de poissonnier. Je l'ai laissé faire, les yeux fermés, les mâchoires serrées, raide comme une barre de fer, froide comme un frigidaire. Pas un son n'est sorti de ma bouche, pas un seul frisson, pas le moindre désir. Je l'ai laissé faire, et quand il a eu fini, je me suis réfugiée dans la salle de bains. J'ai fait couler l'eau de la douche longtemps. J'ai attendu qu'elle soit bien chaude, qu'elle soit brûlante, que les miroirs de la salle de bains aient perdu leur tain et moi, le reflet de mon image. J'ai laissé l'eau laver les marques de doigts, les griffes, les morsures et entraîner dans son tourbillon le sel, la sueur, le sperme. Je suis sortie. Il avait commandé à déjeuner. Je me suis assise sur les draps froissés. J'ai bu un café en fumant une cigarette, puis je me suis habillée lentement en lui tournant le dos. Lorsque j'ai été complètement habillée, il m'a attirée vers lui. Il voulait encore. Une dernière fois. J'ai dit non, pas maintenant. Je me suis détachée de son étreinte comme les îles se détachent des continents.

Je suis rentrée à l'appartement à pied. Le ciel était terne, cerné de nuages. Je marchais d'un pas allègre, sans même regarder les feux ni les voitures qui me fonçaient dessus. Les trottoirs étaient des tapis roulants qui me pavaient la voie sans que j'aie besoin de leur donner d'indications. J'avais l'esprit calme, à peine ramolli par l'alcool et les cigarettes. Les voix qui d'habitude m'assaillaient sans raison pour me reprocher ceci, cela, qui me relançaient jusque dans mon sommeil avec leurs sornettes obsessionnelles, se taisaient d'un commun accord. Je souriais malgré la fatigue, malgré les crampes dans mon ventre, malgré les marques de doigts qui brûlaient encore ma peau. Je souriais comme un ange ou comme une imbécile. J'étais fière. J'avais enfin fait un homme de moi.

*   *   *

Madeleine a frappé contre la fenêtre de la cuisine. Elle était montée par l'arrière. Elle me débita sa bonne

146

nouvelle sans prendre le temps de s'asseoir. Victor était enfin rentré, sage et repenti. Tout allait pour le mieux dans le meilleur des mondes. J'ai répondu à Madeleine que ça tombait bien, Julien Paradis venait de me quitter. Son visage s'est assombri.

— Dire que je ne l'ai même pas connu, a soupiré Madeleine.

— T'auras certainement l'occasion de le connaître d'ici peu. Il va revenir bientôt, ai-je laissé la voix de mon père lui expliquer.

— Tu ne doutes de rien, toi, a-t-elle ajouté, consternée.

— Victor est revenu, non ? ai-je répondu. Ils reviennent tous comme la marée.

Nous avons bu du thé amer dans une théière enceinte. J'ai cru que Madeleine allait me lire l'avenir dans le marc des feuilles de thé. Mais non. Elle voulait seulement parler. Parler et encore parler, de Victor, de nos problèmes avec les hommes, de la difficulté de vivre en couple, du quotidien meurtrier, et que sais-je encore. Madeleine est une spécialiste de ce genre de balivernes, une adepte du *Reader's Digest* et du vieux désordre amoureux. Elle n'est pas la seule. Les gens, ces temps-ci, ne pensent qu'à cela. Leur vie amoureuse et leurs rapports de couple. Ça et les fluctuations de la Bourse.

Je me suis levée avec ma tasse de thé. Je voulais m'éloigner du visage de Madeleine, me détacher de son air dramatique, qui prend tout au sérieux. Et si je n'ai pas bougé, c'est parce que je savais que le vrai drame de Madeleine, c'était de se tenir toujours sagement aux frontières des choses sans jamais risquer de s'y perdre.

— Parlons d'autre chose, veux-tu ? ai-je suggéré.

— Mais enfin, Alice, je ne te comprends plus. Tu ne

trouves pas ça grave ce qui se passe en ce moment ?

— Grave ? Non, pas vraiment. Je trouve cela bien. Très bien, même. C'est plus tard que ça va devenir grave. Quand il va revenir, quand nous allons recommencer à jouer à la dînette, à regarder la télé d'un même gros œil morne, à nous comporter comme un couple établi, à nous comporter comme Ken et Barbie, comme Victor et Madeleine, main dans la main, soudés du sommeil jusqu'au cimetière. Je déteste les couples établis. Je déteste les couples, point. Me comprends-tu, Madeleine ? M'entends-tu ?

Le ton de ma voix avait monté. J'étais rouge d'émotion. J'ai pris le journal sur le comptoir et je l'ai agité comme un éventail.

— Qu'est-ce que tu racontes ? lança Madeleine, horrifiée.

— Rien, je ne sais plus... Parlons d'annonces classées, veux-tu ?

— D'annonces classées ?

— Oui, si Julien ne revient pas, je mets une annonce dans le journal. Fille invivable cherche partenaire pour partager son cauchemar.

— Tu crois donc que c'est ta faute s'il est parti ?

— Je ne crois rien du tout. Je crois seulement que l'amour ne rime à rien. On passe sa vie à côté de quelqu'un, sans jamais vraiment le connaître, sans jamais savoir qui il est.

— Ce n'est pas toujours le cas, lança Madeleine avec ce besoin maladif qu'elle a de croire que l'amour existe. On ne peut pas vivre sans espoir, Alice, poursuivit-elle.

— Il n'y a pas d'espoir, répondis-je avec furie.

— Ce n'est pas vrai, rétorqua-t-elle. Prends Victor...

— Oui, justement Victor, le livreur de poulet, fis-je avec ironie.

Madeleine a blêmi.

— T'es cruelle ! a-t-elle dit en reculant vers la porte de la cuisine avant de la faire claquer.

Je ne sais pas pourquoi j'ai ramené l'histoire du poulet sur le tapis. Je l'aime bien, cette histoire. Je sens que Madeleine et Victor ne pourront plus jamais regarder un poulet de la même manière. Comme Proust sa madeleine. Il y a désormais un petit poulet déplumé qui vit chez eux, qui vit entre eux, qui se glisse dans leurs draps, le soir, pour leur chatouiller la conscience. Un petit poulet parfaitement anodin, parfaitement diabolique. Plus jamais ils ne mangeront de poulet ensemble ou, s'ils en mangent, c'est Madeleine qui le préparera soigneusement.

Je connais une fille, comme ça, une fille qui a fait cuire une truite en y apportant les soins d'un cordon-bleu, en l'apprêtant avec une telle perversité culinaire que son mari a été obligé de la manger jusqu'à la dernière arête. Ils ne se sont jamais dit un mot sur le sujet. Elle savait parfaitement qu'il n'avait pas pêché la truite, qu'il avait passé la fin de semaine dans un motel avec une fille et avait acheté la truite chez un poissonnier. Et lui savait qu'elle savait. Ils ont mangé la truite en silence en se léchant les doigts, en se délectant la conscience. À la fin, il ne restait plus qu'un petit tas d'arêtes dans leurs assiettes. Elle les a raclées avec sa fourchette, elle a fait un bouquet puis, délicatement, elle les a placées sous son oreiller, pour que son mari s'étouffe. Je crois qu'ils ne sont plus ensemble. Leur couple est mort, tué par une truite.

Julien n'a pas appelé de la journée. À la nuit tombante, je suis ressortie. J'avais envie de voir des gens. Personne en particulier. Juste des gens. Des visages dans la rue. Des visages dans les restaurants. Des tables de restaurants qui se remplissent, se salissent et se vident, tout cela dans un seul mouvement cohérent et livré à lui-même sans l'aide du moindre chorégraphe.

Je suis entrée à L'Empire. Dolores travaillait ce soir-là. Elle m'a saluée de son observatoire derrière le bar. Plusieurs ressortissants du vieux désordre amoureux essayaient ce soir de refaire leur vie tout en mangeant. Je me suis assise devant le comptoir en zinc. J'avais l'impression de m'asseoir sur le bord de la voie ferrée. J'ai commandé une vodka bien glacée. Dolores l'a fait glisser comme un train sur le zinc. J'en ai commandé une deuxième, une troisième, puis je ne sais plus. J'avais très soif même si j'avais entendu dire au téléjournal qu'à plus de trois verres par semaine une femme ordinaire peut attraper un cancer. Moi, j'étais prête à attraper n'importe quoi.

À deux heures du matin, je ne sais pas ce qui m'a pris, j'ai demandé à Dolores de composer le numéro de ma mère. J'ai pris le récepteur à côté d'un gros bocal de glaïeuls et j'ai attendu la voix familière.

— Pourquoi t'es pas revenue la dernière fois ? ai-je demandé à ma mère sans lui dire bonjour.

— Alice ? a répondu ma mère du fond de son sommeil. Quelle heure est-il ?

— Pourquoi t'es pas revenue la dernière fois ? ai-je répété avec une voix de bébé.

— De quoi parles-tu ?

— La dernière fois à la maison, quand t'as fait ta valise pour de bon ?

— T'es complètement soûle, Alice. Où es-tu ?

— Dans un restaurant de poulet.

— De poulet ?

— Oui, tu sais l'espèce d'animal à deux pattes qui pousse dans les cuisines des restaurants infects... Pourquoi t'es pas revenue, cette fois-là ? Tu revenais tout le temps.

Tu revenais tellement souvent que tu faisais rire de toi. Même moi, des fois, je riais de toi. Pourquoi t'es finalement partie ?

— Tu délires, ma pauvre fille.

— Non, maman, je ne délire pas, j'ai peut-être un peu bu, mais je ne délire pas. Et toi, tu ne réponds pas à ma question. Comment t'as fait, finalement ?

— Ça suffit, Alice.

— Bon, laisse tomber, ai-je dit en lui raccrochant au nez.

Je suis sortie de L'Empire sans même dire au revoir à Dolores. Ça tanguait sur les trottoirs, ça zizaguait dans la rue, ça tournait dans ma tête. J'ai respiré l'air frais de la nuit et j'ai marché jusqu'à l'appartement. En fait, je n'ai pas marché, j'ai volé. Mes pieds ne faisaient que frôler les trottoirs. Une fois arrivée, je n'ai plus eu la force de monter et je me suis assise dans l'escalier. J'ai fumé des cigarettes et j'ai regardé la fumée monter au ciel, par-dessus la voûte des étoiles. Il n'y avait pas de lumière chez Madeleine et Victor. Il y avait seulement un petit poulet déplumé qui se collait contre eux dans leur lit. Je suis restée longtemps dans l'escalier. C'est juste à Montréal qu'on peut faire ce genre de choses, juste à Montréal qu'on peut réfléchir à sa vie dans un escalier sous les étoiles. C'est le seul avantage de Montréal, ou du moins sa seule particularité.

Je crois que je me suis assoupie. J'ai entendu une porte s'ouvrir doucement derrière moi. Alice, a appelé la voix lointaine de Julien. Rentre, il fait froid.

J'ai remonté lentement les marches jusqu'aux pieds de Julien. J'étais parfaitement médusée par ses pieds. Je crois que, à force de vivre avec les gens, on ne les voit plus d'une pièce, on ne voit plus que leurs pieds ou les trous dans leurs bas. La proximité fait cela. La proximité installe, à la longue, une étrange distance.

— T'es revenu ? ai-je marmonné à Julien.

— Je ne suis jamais parti.

— Est-ce que ma mère t'a dit pourquoi ?

— Pourquoi quoi ?

— Pourquoi elle n'est pas revenue la dernière fois ?

— Quelle dernière fois ? a demandé doucement Julien.

— Je suis fatiguée, ai-je soupiré. Je veux dormir cent ans.

Je suis tombée sur le lit comme la tour infernale et, juste avant de fermer les yeux, j'ai dit : Julien, pourrais-tu, s'il te plaît, sortir le poulet du lit ?

12

J'AI FAIT UN DESSIN

J'ai huit ans. Je suis maintenant installée chez des gens qui disent être mes parents. Je crois, ma foi, que nous formons ce qu'il est convenu d'appeler une famille. Monsieur mon papa n'est pas là souvent. Il est sur la route la plupart du temps et colporte sa camelote dans les foyers de la province. La camelote change avec les saisons. Il vend des vis et des boulons, des vibromasseurs, des machines à tricoter, des appareils électroménagers, des ventilateurs, même des pompes pour toilettes bouchées. Il vend toutes les cochonneries qui lui tombent sous la main et toutes les saloperies que les gens sont prêts à acheter. C'est un commis voyageur, monsieur mon papa. Un commis voyageur, en attendant. En attendant quoi, je ne saurais le dire. Monsieur mon papa non plus, d'ailleurs.

Lorsqu'il revient de ses voyages, il est de mauvaise humeur. Il grogne, il gueule, il tombe sur le dos de la belle étrangère parce qu'elle n'a pas rangé le beurre. La belle étrangère lui rétorque qu'un jour, ce n'est pas juste le beurre qu'elle va lui balancer à la figure. Toute la maison va y passer. Vivement qu'il retourne sur la route, ça lui calme les nerfs, marmonne-t-elle en levant les yeux au ciel. Quand elle ne peut plus le supporter, la belle étrangère vient dans ma chambre me raconter une histoire. C'est toujours la même histoire.

Quand elle était enceinte de moi, la belle étrangère raconte qu'elle passait des heures et même des jours à regarder les statues et les tableaux de maîtres dans les musées. Elle le faisait pour moi, jure-t-elle, pour que j'aie de la culture et pour que je sois belle. Elle me dit qu'elle me voulait beaucoup, contrairement à monsieur mon papa. Elle insiste sur ce point-là : ton père ne voulait pas d'enfant, me répète-t-elle pour me signifier qu'il y a deux clans dans la famille et que j'ai intérêt à me ranger du bon côté. Des fois, j'interroge monsieur mon papa. C'est vrai que tu ne me voulais pas ? je lui demande innocemment. Monsieur mon papa fait semblant de ne pas entendre. Parfois il hausse les épaules en rétorquant : n'écoute pas ta mère, elle raconte n'importe quoi.

*   *   *

J'ai fait un dessin. Je n'ai pas respecté le sujet. Je ne respecte jamais rien, dit souvent monsieur mon papa. Qu'est-ce que ce dessin-là, Alice ? La voix de la maîtresse m'a tirée de ma rêverie. Je l'ai presque confondue avec la voix de monsieur mon papa. Je regarde la maîtresse, je regarde le dessin.

— C'est ça que tu veux faire quand tu seras plus grande ? demande-t-elle avec scepticisme.

Mon regard fait de nouveau le trajet douloureux entre la maîtresse et le dessin.

154

— Oui, c'est ça : je veux cueillir des fleurs dans un champ pour mon mari, je marmonne d'un air contrit.

La maîtresse ne répond pas. Toutes les filles autour de moi, celles qui seront maîtresses, infirmières, secrétaires, hôtesses de l'air pouffent de rire. A-t-on idée d'un pareil métier ? Cueillir des fleurs pour son mari ! Pauvre Alice, toujours dans la lune. Je rougis. Je crois que c'est l'effet de la honte ou peut-être de la colère. J'ai envie de leur hurler que je n'ai pas fait exprès, que ce n'est pas pour me distinguer ni même parce que je veux être une femme au foyer exemplaire que j'ai fait ce dessin-là. Je n'écoutais pas, c'est tout. Et quand je n'écoute pas, je fais n'importe quoi. Mais je ne hurle rien de tout cela. En fait je ne hurle pas du tout. Je me contente de bouder dans un coin, de faire du boudin, comme dirait monsieur mon papa.

La maîtresse a accroché mon dessin avec tous les autres en réprimant un sourire moqueur. Quand monsieur mon papa vient me chercher, elle le tire par la manche et le traîne jusqu'à mon œuvre. Votre fille veut cueillir des fleurs pour son mari quand elle sera plus grande, lui dit-elle d'une petite voix supérieure. Mon père apprécie le dessin en silence. Je ne sais pas s'il l'étudie sérieusement ou s'il pense à ses hypothèques et à ses assurances. Mes projets de carrière ne semblent pas le déranger. Il faut dire que, dans son esprit, une femme peut aisément consacrer sa vie à son mari sans que cela soit le moindrement suspect. C'est probablement ce que monsieur mon papa souhaite de la part de toutes les femmes, plus particulièrement de la sienne.

Dans la cour d'école, j'avoue à monsieur mon papa que, quand je serai grande, je serai peintre comme son ami Félix. Il me répond : range le bordel dans ta chambre avant. Je ne vois pas le rapport. Ma chambre est une chose, ma future carrière, une autre. Mais monsieur mon papa mélange

155

tout. Alors j'insiste. Je dis que je veux suivre des cours de peinture le samedi après-midi chez son ami Félix. Il me répond : t'as déjà suivi des cours de ballet et tu dansais comme un éléphant. Puis t'as pris des leçons de piano. Au bout de deux jours, t'en avais assez. T'as essayé de faire des robes à tes poupées. C'étaient de vrais oripeaux. Maintenant tu veux faire de la peinture, ça va te passer comme tout le reste. De toute façon, tu ne finis jamais ce que tu commences.

Je trouve que monsieur mon papa exagère. D'abord, c'est lui qui ne finit pas ce qu'il commence. La maison est pleine de ses dégâts. Il entreprend perpétuellement des travaux. En fait, on dirait qu'il la déconstruit, la maison, au lieu de la retaper. Les escabeaux restent en plan, les pots de peinture traînent dans les couloirs, même le gazon est à moitié tondu. Monsieur mon papa ne finit jamais rien parce qu'il commence trop de choses à la fois. Il est vraiment mal placé pour parler.

Je reviens à la charge toute la soirée, et le lendemain au petit déjeuner. Je tombe tellement sur les nerfs déjà passablement usés de monsieur mon papa qu'il cède enfin, sans toutefois se faire d'illusions à mon sujet.

J'arrive par un beau samedi après-midi chez le peintre Félix. Il ressemble à un caniche avec ses cheveux frisés et tondus autour de ses oreilles. Celles-ci pendent le long de son visage comme deux vieilles chaussettes qui sèchent sur la corde à linge. Tout son corps, en fait, semble suspendu à la même corde à linge. Ses épaules maigres sont trop hautes et son dos voûté fait claquer les chandails en coton qu'il porte larges et maculés de peinture. Je ne sais trop de quelle école il se réclame, mais tous ses personnages — car il ne peint que des personnages — arborent la même face de carême. Et à ces visages d'enterrement qui s'allongent indûment, il ajoute des membres encore plus longs qui traînent sur la toile avant de s'accrocher à des meubles instables. Ses personnages ne sont pas juste tristes. Ils sont en profonde dépression.

Une dizaine d'enfants du quartier sont assis autour d'une grande table au sous-sol. Félix, qui les domine de ses six pieds, en chaussettes, les traite comme de vrais futurs diplômés en beaux-arts. Des pots de peinture reposent au milieu de la table et de grandes feuilles de papier marquent la place de chaque enfant. Je m'assois au bout de la table et j'écoute attentivement Félix donner des indications sur le mélange des couleurs et sur la fonction de l'eau qu'on doit utiliser parcimonieusement afin de ne pas inonder nos dessins ni son tapis.

Comme premier exercice, il nous demande de peindre nos parents dans une pièce de la maison. Alors je dessine une maman devant l'évier et un papa enfoui dans son journal. Pour égayer le tout, j'ajoute de grandes flammes violettes aux fenêtres et des pompiers qui rentrent par la porte de la cuisine avec un arrosoir en forme d'aspirateur qui crache un liquide noir. Lorsque je m'arrête enfin, craignant sans doute que le feu ne se propage à toute la maison et ne noircisse mon dessin, mon regard tombe sur la petite fille directement à l'autre bout de la table. C'est une petite fille du voisinage que je ne connais pas.

Elle a abandonné son dessin et fixe un point précis du mur nu comme si elle y lisait quelque horrible message écrit en lettres de sang. Brusquement, le sol se dérobe sous ses pieds et elle tombe sur le dos, en proie à une sorte de crise. Pas une petite crise. Pas même une grande crise. Non, une ÉNORME crise. La bouche grande ouverte, les yeux ronds comme des billes, elle se tient la tête entre les mains et pousse une série de longs cris furieux. C'est la pagaille au

157

sous-sol. Les enfants, saisis de panique, renversent leurs pots d'eau et de peinture, qui dégoulinent sur leurs dessins encore mouillés. La petite continue à hurler en se roulant par terre. Tout le monde se met à hurler par un effet d'entraînement. Pendant ce temps-là, Félix court à droite et à gauche comme un coq qu'on vient d'égorger. Au bout de cinq minutes, les parents, qui habitent à côté, accourent en catastrophe et sortent leur fille sur la civière de leurs bras.

Plus tard, nous entendons des adultes patibulaires discuter de son cas. Il paraît qu'elle fait des crises depuis que son père a noyé ses trois petits chats. Je trouve cela curieux. Mon père a bien noyé les miens, et dans les toilettes en plus. Je n'en ai pas fait un plat. Mieux encore. Au lac où nous allons certains dimanches, mon père attrape des grenouilles et les écrabouille sur les pierres avant de les faire frire pour souper. Parfois aussi, il achète un canard vivant au marché. Il lui tranche le cou dans la cave et l'offre saignant à la belle étrangère pour qu'elle le décore d'olives ou d'oranges, selon son humeur. Et si cela ne suffit pas, mon père ramène régulièrement un lapin en cage, qu'il zigouille dans le jardin pour le civet du soir. Il va sans dire que je n'y goûte jamais, de peur qu'un des lapins ne me le reproche en enfer. Sans compter tous les coups de pied au cul que mon père a administrés aux chiens perdus et aux chats de gouttière qui ont eu la mauvaise idée de se trouver sur son chemin.

J'ai beau essayer, je n'arrive pas à sympathiser avec la petite fille ni à comprendre pourquoi elle fait un drame pour trois petits chats. Moi, je n'en fais pas de drame. Et j'ai pourtant toutes les raisons d'en faire. C'est une hystérique, chuchotent maintenant les adultes. Elle souffre d'une vieille et rare maladie. Ses nerfs sont atteints. Une hystérique, répètent-ils sans que je comprenne ce qu'ils veulent dire. Je connais le mot « hystérique » pour avoir entendu monsieur mon papa le balancer à la belle étrangère. Sauf que celle-ci ne se roule jamais par terre, et lorsqu'elle sort, c'est sur ses deux jambes. Pas sur une civière !

Quoi qu'il en soit, les cours de peinture sont gâchés. J'y retourne une ou deux fois par la suite. La petite fille aussi, mais tous les enfants ont peur d'elle, moi la première. Je la surveille du coin de l'œil et mes dessins en lignes chaotiques témoignent de son effet dévastateur sur mes ambitions artistiques. J'attends sa crise. Chaque fois, elle arrive à la même heure quand les parents montent le perron l'un derrière l'autre. Et même si les enfants sont moins saisis qu'avant par la force de ses éclats, ils n'en sont pas moins nerveux et agités tout l'après-midi.

Le troisième samedi, je dis à monsieur mon papa que je ne veux plus aller aux cours de peinture chez Félix. Tu vois, me répond-il injustement, c'est toujours la même chose avec toi, tu ne termines jamais ce que t'as commencé.

*   *   *

J'ai dix ans. Monsieur mon papa refuse de m'acheter une bicyclette. Il dit qu'il n'a pas d'argent et qu'une fille n'a pas besoin de bicyclette. Une fille n'a qu'à jouer avec ses poupées. De toute façon, c'est trop dangereux, plaide la belle étrangère.

J'aimerais bien la voir à ma place. Avoir dix ans et ne pas conduire de bicyclette, ça équivaut à être paraplégique.

— Moi, j'avais pas de bicyclette à ton âge et j'étais un garçon, alors tu vois, tu nous emmerdes pour rien, déclare monsieur mon papa.

J'ai envie de lui répondre que c'est probablement pour ça qu'il volait des pneus, et que c'est le sort qui m'attend s'il ne m'achète pas de bicyclette, mais monsieur mon papa est de trop mauvaise foi pour apprécier la subtilité des mes arguments. Je me risque une dernière fois.

— Tous mes amis ont une bicyclette, je pleurniche.

— C'est parce que leurs parents sont cons, répond monsieur mon papa. On n'est pas obligés d'être aussi cons qu'eux, tout de même !

Ce que monsieur mon papa veut dire, c'est que nous, on n'a pas le droit de faire comme les autres. On est différents, nous. On ne va jamais à la messe parce que l'humanité est pourrie et que l'enfer est sur terre. On soupe à des heures impossibles parce que c'est mal vu dans la famille d'avoir des horaires fixes. On mange des cœurs d'artichauts comme plat principal. Ça fait plus chic. On roule dans une voiture qui ressemble à un crapaud et qui sème la terreur sur les routes. Notre maison est souvent peuplée de gens bizarres qui éprouvent toujours un urgent besoin de pisser aux étoiles quand ils ont trop bu. Et quand ils ne boivent pas, ils écoutent John Coltrane à tue-tête en débattant sur la portée métaphysique de chaque solo de sax. De quoi j'ai l'air devant mes amis catholiques et pratiquants ? Et surtout, comment leur expliquer qu'il faut avoir l'âge de raison pour faire sa première communion, et que l'âge de raison, selon les fous furieux qui passent pour mes parents, c'est dix ans ? Pas une seconde de plus. Pas une seconde de moins.

Je fais donc ma première communion à dix ans, comme l'ont décrété mes parents. J'ai l'air d'une géante au pays des nains. D'une géante ou de Blanche-Neige. Après la cérémonie, mes parents ont organisé une grande fête à la maison. Le matin même, monsieur mon papa a fait le trajet entre Montréal et Québec pour aller chercher une superbe pièce montée confectionnée par une pâtisserie de la vieille capitale. La pièce est tellement montée qu'aucune boîte en carton ne peut la contenir. Elle arrive dégoulinante de caramel et de crème fouettée.

C'est quand même chic de la part de monsieur mon papa d'avoir fait le détour jusqu'à Québec expressément pour ma première communion. Je sais bien que c'est parce qu'il ne voulait pas assister à la cérémonie, mais bon, ce n'est pas le moment de cracher sur la pâtisserie bénite.

Monsieur mon papa se pointe tout de même à l'église au moment fatidique où je tire la langue pour recevoir la rondelle plate qui m'ouvre la porte du ciel et celle du confessionnal. Je me retourne vers lui avec la rondelle fondante sur le bout de la langue. Il me fait une grimace et m'encourage à la recracher. C'est une plaisanterie, bien entendu, mais j'avoue que sur le coup, je retiens la rondelle une seconde de trop, sans savoir où l'expédier. Quand je découvre qu'autour de moi ça rumine comme des vaches dans les prés, j'en fais autant. Inutile aujourd'hui de chercher à me distinguer.

Mes parents ont invité tous leurs amis et quelques-uns des miens. Miles Davis a remplacé John Coltrane au phono et un dénommé Méchant Boris, que mes parents ont connu du temps de l'existentialisme, est descendu de New York pour l'occasion. Il a roulé toute la nuit dans sa Thunderbird décapotable avec une bouteille de scotch entre les jambes. Lorsqu'il arrive à la maison, il titube tellement qu'il manque de s'écrouler sur la pièce montée qui trône au milieu du salon. Je remarque aussi que deux des amis de mes parents se sont enfermés dans les toilettes et mettent des heures à en émerger. Je le remarque parce que j'ai envie de pisser et que je suis obligée de me soulager dans le jardin. Le mari de la dame qui a disparu aux toilettes veut tout casser. La belle étrangère vole à son secours avec un triple scotch bien serré en lui expliquant que la liberté des uns s'arrête là où commence celle des autres. Dans ce cas-ci, la liberté s'arrête à la porte des toilettes et tous les invités sont maintenant obligés comme moi d'aller pisser dans le jardin. Aux environs de minuit, le salon ressemble aux Plaines d'Abraham après la défaite. La pièce montée n'est plus qu'un monument décapité dont les restants sèchent dans les assiettes parmi les mégots de cigarettes. Je m'en plains à la belle étrangère. Je trouve que les invités n'ont pas de manières. Pour toute réponse, la belle étrangère me souffle : Que veux-tu, ce sont des adultes, tu seras comme eux un jour, toi aussi.

Le lendemain, j'oublie de me lever pour aller à la messe. Je commence mal ma vie de première communiante. Il faut dire que mes parents ne m'aident pas. Ils dorment comme des loirs et me disent à travers leur sommeil que je ne suis pas obligée d'aller à la messe aujourd'hui. Mais c'est un péché, je leur rétorque.

— T'iras te confesser, marmonne monsieur mon papa, c'est à ça que sert la confession, c'est comme les lois, elles sont là pour être contournées.

Je ne comprends rien. Non seulement mes parents ne font pas comme les autres, mais ils m'obligent à en faire autant.

*   *   *

J'ai onze ans. Monsieur mon papa veut avoir un enfant. Et pas n'importe lequel. Un garçon, un fils, un héritier qui saura prolonger la courte lignée de notre famille. La belle étrangère n'est pas convaincue. Elle le lui dit. Elle lui dit pire, même : très bien, mais ce sera ton fils et c'est toi qui t'en occuperas. Son ventre se met à ballonner, ses yeux à gonfler. Elle ne me raconte plus d'histoires. Elle s'enferme dans sa chambre et elle écrit. Je crois qu'elle se venge. Je ne sais trop ce qu'elle écrit. Monsieur mon papa appelle cela des conneries. Je ne sais trop s'il s'agit d'un nouveau genre littéraire ou d'un jugement de valeur de sa part. Faut dire que monsieur mon papa n'est pas très porté sur les compliments.

Un soir de grand vent, toutes les fenêtres de la maison se mettent à trembler. J'ai peur, mes parents sont partis à l'hôpital. Je suis seule dans la grande maison qui craque de partout. Je suis seule au monde. Je crois que je vais mourir. Je ne pense qu'à cela : la mort. Je me demande comment ça sera quand je serais morte. Je ne sais pas où j'irai, je sais seulement que mon corps aura disparu de la surface de la terre, qu'il ne restera plus aucune trace. Je crois que c'est cela qui fait le plus mal : l'absence de traces dans la poussière. Et quand mon petit frère arrive à la maison, je ne suis plus que l'ombre de moi-même. Je l'accueille avec indifférence tandis que mes parents s'excitent à ses côtés en gloussant fièrement. C'est dur de mourir à onze ans. C'est encore plus dur quand on se réveille à côté d'un vilain mouflet qui crie comme un putois et empeste la maison avec son caca d'oie.

13

LE TÉLÉPHONE ROUGE

Julien Paradis me dépassait. Et je ne veux pas dire physiquement. Non, Julien Paradis me dépassait comme les montres Timex promettent de le faire avec leur stupide réclame voulant qu'elles soient légèrement en avance sur leur temps. Une belle promesse, en effet ! À quoi peut bien servir une montre qui est légèrement en avance sur son temps, c'est-à-dire sur le mien ? Julien Paradis était une montre Timex et son avance sur les choses ne m'avançait à rien.

Au lendemain de ma chute au fond d'une bouteille de vodka, Julien se réveilla de très bonne heure et, comme j'essayais désespérément d'entrouvrir une paupière lourde, soudée à mes cils par du goudron, il entra dans la chambre en sifflant. À travers la brume qui s'était abattue sur les environs, je crus voir que Julien était armé d'un petit aspirateur qui ronronnait en émettant des signaux rouges. Je ne compris pas tout de suite ce que Julien Paradis pouvait bien manigancer. Lorsqu'il braqua son engin à quelques centimètres de mon nez, je reconnus, ma foi, une caméra vidéo. Julien se mit alors à décrire des cercles dans les airs, quittant mon nez pour se dresser sur la pointe des pieds et offrir aux éventuels spectateurs une vue en plongée de ma dépouille ficelée comme un saucisson dans les draps froissés. Comme je rabattais les draps sur ma tête qui bourdonnait de mille abeilles meurtrières, il se fendit d'un long travelling jusqu'au pied du lit et, d'une main tâtonnante, souleva les draps pour y filmer mes orteils récalcitrants qui rassemblèrent toutes leurs forces pour faire corps avec mon pied et assener un coup à sa stupide caméra. Mais mon pied, pas plus doué pour la défense que pour l'attaque, s'écrasa mollement sur le matelas. Je me redressai alors péniblement sur le lit, les cheveux hérissés comme après un choc électrique, et ordonnai à Julien Paradis de cesser sur-le-champ son cinéma.

Julien continua malgré tout son manège, suivant pas à pas le sentier de mes vêtements épars sur le plancher, s'attardant un peu trop longtemps à ma petite culotte roulée en boule. Après quoi il se mit à ouvrir mes tiroirs et à commenter le spectacle désolant qui s'offrait à sa caméra. Quand il en eut fait l'inventaire, il se rabattit sur le grand placard, examinant soigneusement chaque robe, chaque veste, chaque morceau d'étoffe qui frémissait au courant d'air venant de la fenêtre ouverte. Il se retourna brusquement et braqua sa caméra sur mon visage ahuri qui comprenait de moins en moins le sens de cette invasion.

— Bonjour, Alice, fit-il en fixant l'objectif de la caméra sur moi. Alors, comment on se sent ?

Voyant que je ne réagissais pas, il retira son œil de l'objectif, s'installa sur le bord du lit et coucha son engin sur le matelas. Il tapa alors les oreillers comme s'il secouait de vieux tapis et m'invita à prendre place telle une princesse à qui il allait annoncer une grande nouvelle.

— À partir d'aujourd'hui, tu peux me demander tout ce que tu as toujours voulu savoir mais n'as jamais osé demander, s'écria-t-il sur le ton de la victoire.

Julien Paradis avait vraiment l'art de choisir son moment. Comme si, au lendemain de notre première séparation suivie d'une foudroyante cuite de ma part, j'avais les facultés nécessaires pour me lancer dans une entreprise de cinéma-vérité. Et ce n'était pas juste une histoire de facultés affaiblies. Après avoir spéculé jusqu'à l'année prochaine sur les mystères de son identité et m'être conduite en monument de jalousie, comment pouvais-je, comme ça, au pied levé, m'installer derrière une caméra et me métamorphoser en Denise Bombardier ?

— Non, mais ça va pas ! lui criai-je avec ma voix pleine de toiles d'araignées. Ça va vraiment pas, continuai-je de plus belle en me butant à son sourire malicieux que ma mauvaise humeur ne savait faner.

— Allez, un petit effort, Alice... J'ai toujours rêvé de me faire interviewer, et puis, ça sera une excellente répétition.

— Une répétition pour quoi ? demandai-je avec morosité.

— Pour quand je serai un écrivain célèbre et qu'on m'invitera à à la télé !

Julien Paradis me dépassait. Il n'avait pas été foutu d'écrire une seule ligne, n'avait du reste réussi qu'à barbouiller une absurde collection de cahiers quadrillés et monsieur se voyait déjà en grand écrivain invité à faire mousser les cotes d'écoute à la télé. Non, mais il était cinglé, ou quoi ? Et moi, je devais être encore plus cinglée que lui pour le tolérer une seconde de plus dans ma vie.

— Allez, Alice, après cela tu ne me poseras plus jamais de questions, tu n'auras plus jamais de doutes à mon endroit et tu m'aimeras éternellement comme c'est écrit dans le ciel et dans tous les bons livres en vente à la pharmacie du coin.

Pauvre Julien. Si seulement il avait su ! Non pas que ma curiosité fût anormalement développée, cela elle l'était. Mais que le doute qui me tiraillait s'ancrait si profondément en moi qu'il faisait maintenant figure de certitude. Je doutais de tout et je n'étais certaine que d'une chose : le doute était la seule façon intelligente d'appréhender le monde. Que Julien Paradis veuille ainsi s'attaquer à un des fondements mêmes de ma personnalité révélait qu'il n'avait rien compris ou alors qu'il avait trop bien deviné.

Pour l'instant, je doutai des deux possibilités et me contentai d'enfiler un peignoir, sans même gratifier Julien d'un regard. Je me dirigeai d'un pas funèbre vers la cuisine en sentant les murs gondoler sur mon passage. Il fallut au moins quatre tasses de café bien noir pour me faire articuler une phrase cohérente selon laquelle le plancher de la cuisine avait besoin d'un sérieux coup de balai.

— C'est tout ce que tu as à me dire ? répliqua Julien Paradis avec sa caméra sous le bras.

Non, j'avais quelque chose d'autre à lui dire.

— Je croyais que t'étais écrivain ? fis-je avec sarcasme. T'as déjà changé de vocation ?

Julien me servit alors le classique : j'écris maintenant avec une caméra, avant de revenir sur sa première proposition : que je lui fasse passer une interview en bonne et due forme. Il était prêt à tout avouer.

J'ai regardé Julien Paradis droit dans les yeux et j'ai dit :

— Assez, c'est assez. Demande à quelqu'un d'autre, tu ne m'intéresses plus.

Julien Paradis fut quelque peu surpris. Je le comprends. Je l'asticotais depuis tellement longtemps qu'il y avait quelque chose d'un tant soit peu suspect à ce que je renonce subitement à mon enquête sur sa personne. De deux choses l'une : ou bien j'étais complètement folle, auquel cas il ne servait à rien de m'avouer quoi que ce soit, ou bien j'avais un esprit de contradiction tellement sain que j'en étais devenue dangereuse.

Je ne sais pas ce qu'en pense Julien Paradis. Tout ce que je sais, c'est qu'il m'annonça sans sourciller qu'il n'était pas pressé, qu'il comprenait ma réticence et que, au moment où cela me conviendrait le mieux, il serait prêt à s'installer devant la caméra et à répondre à mes questions. C'était à mon tour d'être surprise par tant de sang-froid. Surprise aussi de constater qu'une simple caméra pouvait faire toute la différence dans notre intimité et changer aussi brutalement les règles du jeu. Mais quel jeu, au fait ? Le mien ou le sien ? Qu'importe : la guerre des nerfs venait d'être officiellement déclarée.

Le téléphone sonna à ce moment-là. C'était ma mère. Elle voulait des explications sur mon comportement d'hier. Pourquoi l'avais-je appelée à une heure indue ? Et pourquoi l'avais-je appelée tout court, puisque je ne lui donnais plus signe de vie depuis six mois ? J'offris de lui répondre de vive voix.

— Ne me dis pas que tu vas me faire l'honneur d'une visite, lança-t-elle avec humeur. Je pensais que tu m'avais répudiée.

Je lui répondis qu'elle pouvait au moins attendre que je sois là pour commencer le débat. Sur ce, je raccrochai le récepteur, trop heureuse d'avoir trouvé une activité qui m'épargnerait un nouvel affrontement avec Julien Paradis, activité qui de surcroît me permettrait d'y voir clair. Car ce que je n'ai pas dit de ma mère, c'est que c'est une excellente conseillère. Elle a énormément d'intuition, ma mère. On dirait même qu'elle a de l'intuition à ma place. C'est pourquoi elle n'a jamais cru bon de m'en dispenser. Elle m'oblige ainsi à la consulter. Quand les choses deviennent compliquées, quand les gens deviennent trop familiers, je cours chez ma mère. Elle sait toujours les éloigner. Elle ne le fait pas exprès. C'est un pouvoir que je lui ai concédé il y a longtemps : le pouvoir de gouverner ma vie. Et ce qui est formidable avec elle, c'est qu'elle la gouverne en me donnant l'illusion que j'en suis l'unique responsable. Elle procède toujours avec la subtilité d'une araignée qui tisse sa toile en faisant mine de vous inviter à prendre le thé. Ce n'est que lorsqu'on boit la première gorgée qu'on s'aperçoit que le thé est amer et la toile autour, bétonnée.

Ma mère habitait un édifice du centre-ville où elle occupait un des deux appartements du dernier étage. Elle ouvrit la porte après le premier coup de sonnette. Elle était habillée de façon plutôt classique, jupe droite et chemisier. Ses cheveux noirs étaient attachés par derrière et découvraient l'ovale de son visage. Ma mère ressemble à Jackie Kennedy. Lorsqu'elle porte de grosses lunettes de soleil noires, c'est à s'y méprendre. Ce jour-là, pourtant, elle ne portait ni lunettes ni maquillage. Elle portait seulement son âge : cinquante-six ans. Elle m'invita à m'asseoir dans le grand salon devant la baie vitrée. La lumière crue accentuait la pâleur de son visage et les rides qui y dessinaient des arabesques semblables à celles des patineurs sur la glace. Elle m'offrit un thé qu'elle me servit avec la délicatesse d'une geisha, bien que ça ne soit pas du tout son genre. Son genre, j'aurais de la difficulté à le définir. Disons qu'elle ne répond pas au portrait d'une mère normalement constituée. Son esprit critique est tel qu'en sa présence on se sent toujours en état de légitime défense. Sa manie de tout critiquer n'a d'égal que l'intolérance dont elle gratifie les cons, en l'occurrence tous les hommes de la terre. Je ne sais pas ce que les hommes ont fait à ma mère ni pourquoi elle leur en veut tant, mais disons que ce n'est pas chez elle que j'ai appris à les aimer. Ce n'est pas chez mon père non plus.

Après avoir quitté mon père, ma mère est retournée à l'université. Elle a fait sa maîtrise, puis elle a entrepris sa thèse de doctorat. Ce n'est pas n'importe qui, ma mère. Elle a des lettres, de la culture et ne se fait plus d'illusions sur rien ni personne. Elle a vécu, ma mère. Elle ne se gêne pas, d'ailleurs, pour me gratifier des détails de sa vaste expérience. C'est probablement pourquoi je n'arrive jamais à vivre quoi que ce soit. J'entends toujours sa voix qui me dit quoi faire et comment voir le monde. Pas étonnant que je m'adonne au documentaire. Elle n'en a jamais vu un de sa vie. C'est probablement le seul sujet sur lequel elle n'a rien à dire. Sa passion, c'est le théâtre. Ma mère aurait pu être une grande tragédienne. Mais après avoir quitté mon père, c'était trop tard. Elle s'est donc rabattue sur l'enseignement. L'avantage avec l'enseignement, c'est que le public est captif et qu'il est scrupuleusement noté sur sa performance.

— Qu'est-ce que tu penses de ça, toi, un homme qui refuse de parler de lui, sauf devant une caméra ?

— C'est un exhibitionniste, c'est clair, répondit ma mère en enrobant sa tasse de thé de ses longues mains serties d'ongles courts peints en rouge baiser.

— Un exhibitionniste, hein ?

— Oui, ma chère. Ça doit être le genre d'homme qui ne s'intéresse qu'à lui-même, qui se fout éperdument des autres et qui, en plus, doit être profondément inintéressant. Je suppose que c'est ta dernière flamme ? demanda-t-elle avec le sarcasme habituel qui accueille mes nouvelles flammes.

— T'as une haute estime de mes flammes, répondis-je.

— C'est quand même pas de ma faute si tu ramènes toujours à la maison des types pas intéressants et des minables. Tu vaux tellement plus que tous les cons que tu fréquentes, ajouta-t-elle avec cette subtilité qui consiste à ne jamais attaquer directement l'interlocuteur, mais au contraire à lui faire valoir les splendeurs spoliées de sa personnalité.

Ma mère ne me disait jamais que j'étais conne. Pas besoin. Tous ceux que je fréquentais l'étaient à ma place.

— Crois-tu que je devrais me marier ? lançai-je subitement pour la déstabiliser.

— Avec qui ? demanda-t-elle étonnée.

— Avec l'exhibitionniste... Il s'appelle Julien Paradis, ajoutai-je en sachant pertinemment qu'elle n'avait jamais entendu parler de lui et que ce trou dans son contrôle à distance allait la mettre dans tous ses états.

— C'est qui, celui-là ? demanda-t-elle avec condescendance.

— C'est quelqu'un avec qui je vis depuis un certain temps.

— Depuis un certain temps, hein ? Tu t'es encore fait avoir, ma pauvre fille. Décidément, t'apprendras jamais. Je suppose que c'est un homme pour toi, celui-là ?

— Il n'y a pas d'homme pour moi, tu le sais bien. Alors, celui-là ou un autre.

— Tu vas le regretter, trancha-t-elle.

— Je n'aurai qu'à divorcer.

— Oui, évidemment.

— Tu t'es bien mariée, toi ?

— Oui, mais c'était à une autre époque. Aujourd'hui, je ne me marierais pas. Il n'y a aucun homme qui en vaille la peine.

172

— Je le sais, maman, tu me dis toujours la même chose, tu ne pourrais pas trouver une nouvelle théorie ? Au fait, comment vont tes étudiants ?

— Et ton documentaire ? fit-elle du tac au tac.

— Je n'arrive pas à faire débloquer mon projet sur les femmes pilotes, répondis-je pour attirer sa sympathie.

Ma mère compatit toujours à mes difficultés. Rarement à mes réussites.

— Ça va venir, dit-elle, ces choses-là prennent de la patience, et puis si t'arrêtais de perdre ton temps avec ton Julien machin...

— Tu ne le connais même pas, coupai-je.

— J'ai pas besoin, de toute façon. Il a l'air encore plus idiot que les autres.

Ça, c'était ma mère tout craché. Je ne pouvais rien lui confier sans que ça se retourne contre moi. Et même si je partageais ses opinions plus souvent qu'autrement, je n'allais quand même pas lui faire le plaisir de l'avouer.

— Mais qu'est-ce que t'as, en ce moment ? Ton coup de téléphone hier soir...

Elle laissa traîner sa voix en agitant ses mains autour de sa tête.

— Au fait, répliquai-je, tu n'as jamais répondu à ma question.

— Il n'y a pas de réponse. J'ai quitté ton père, c'est tout. J'ai voulu le quitter pendant longtemps, puis un jour je l'ai fait.

— Tu ne réponds pas à ma question.

— Tu ne veux pas une réponse, tu veux une recette.

— En général, les recettes ne te font pas peur.

— Écoute, toi c'est toi, moi c'est moi. Nous ne sommes pas pareilles. Combien de fois dois-je te le répéter ?

J'ai toujours envie de tuer ma mère quand elle dit

cela. J'ai envie de la tuer et, plutôt que de le faire, je me tais, je m'écrase, je disparais au fond des divans, frappée par l'horreur d'avoir une mère qui fuit ses responsabilités.

— Tu devrais être contente que je veuille me marier, toutes les mères sont contentes en général.

— Crois-en mon expérience, le mariage n'est à conseiller à personne. As-tu vraiment envie de passer ta vie à rendre des comptes ?

— Julien ne me demande pas de comptes.

— Il va t'en demander, répondit ma mère avec l'optimisme réconfortant qui colore toutes ses opinions.

En sortant, je me suis regardée dans le miroir du hall d'entrée. Je venais de rétrécir de quelques centimètres. C'est toujours ainsi quand je sors de chez ma mère. Je suis plus petite que lorsque je suis entrée, et cela en dépit des talons hauts que je me fais un devoir de porter pour mieux la neutraliser.

* * *

J'ai failli me jeter en bas du balcon où je prenais l'air. J'étais au troisième, chez Dolores, et je mesurais la distance entre son balcon et la cour intérieure de Victor et Madeleine. Je ne voyais pas très clair. Nous avions bu jusqu'à la fermeture des bars. J'étais pompette. Cela ne m'empêchait pas de songer très sérieusement à mon projet. J'avais une envie folle de plonger même si je suis une très mauvaise plongeuse. De fait, je n'ai jamais réussi à plonger. Les enfants de quatre ans savent plonger. Moi pas. Personne ne m'a appris. Tous ceux qui s'y sont risqués ont failli y rester. J'ai toujours refusé de plonger. Ce n'était pas de la peur de ma part. C'était de la paralysie.

Si je saute, me suis-je dit, je me casse les morceaux, mais est-ce que je me casse le tout ?

— T'as pas une poupée ? ai-je demandé à Dolores qui dormait devant sa bière, les jambes écartées par terre, ses souliers comme une flaque à ses pieds.

— Hein, quoi ?

— Une poupée. Je voudrais voir ce qui se passe quand on jette une poupée du troisième étage. Tu penses qu'elle se casse en mille morceaux ?

Pour toute réponse, Dolores prit une gorgée de sa bière et alluma un joint.

— J'aimerais tester la loi de la gravité et l'impact de la chute d'un objet.

— Pourquoi tu sautes pas ? a demandé Dolores à brûle-pourpoint.

— Tu crois que j'y resterais ?

— Essaie, tu verras, dit-elle en retenant un rot. Si j'étais à ta place, je sauterais. T'as rien à perdre. Aussi bien en finir tout de suite.

Le téléphone a sonné. Je ne suis pas folle, je l'ai entendu. Je l'ai dit à Dolores. T'entends des voix, a-t-elle répliqué. C'est vrai que parfois j'entends des voix. J'entends ma mère quand elle n'y est pas. J'entends mon père où qu'il soit. Ils continuent de se contredire dans ma tête.

Je suis rentrée dans l'appartement. J'avais bel et bien raison. J'ai mis du temps à me rendre jusqu'au téléphone. Je crois que j'ai renversé quelque chose. J'ai décroché au bout du dixième coup. Dans ma tête, ça sonnait comme l'angélus de l'église Notre-Dame.

— Passe-la-moi, a dit la voix bourrue de Michel, l'ex de Dolores.

— Elle dort, ai-je répondu.

— Elle ne dort pas, passe-la-moi.

— Elle ne veut pas te parler.

— Passe-la-moi, sinon je viens la chercher.

— Si t'essaies, j'appelle la police, ai-je répliqué en haussant le ton pour lui faire peur, même si je savais que la probabilité que je fasse peur à Michel, un solide travailleur de la construction, était aussi mince que la matière grise qui tapissait les parois de son crâne.

Dolores arriva en titubant. Je lui tendis le téléphone dont elle s'entêtait à nier l'existence.

— Dis-lui que c'est fini, cria-t-elle.

Je lui tendis de nouveau le téléphone. Il tomba par terre. Un coup sourd qui martela le plancher de bois. J'eus une pensée pour Julien Paradis qui dormait à l'étage inférieur. Dormait-il avec sa caméra ?

Je ne sais pas ce qui m'a pris, mais un fou rire s'est emparé de moi. Il était quatre heures du matin. Je n'étais pas rentrée chez moi. Je n'avais même pas pris la peine de prévenir Julien. J'avais engueulé Bob, la nouvelle flamme de Dolores que je venais de rencontrer pour la première fois. Dans mon délire éthylique, je lui avais reproché la vulgarité de sa BMW en clamant que je n'avais de respect que pour les propriétaires de Lada. Nous étions rentrés tous les trois chez Dolores, dans la fameuse BMW, avec la musique au coton, l'accélérateur au plancher et toutes les vitres baissées malgré le froid que nous ne sentions plus. Nous avions continué à boire chez Dolores en nous conduisant comme de parfaits travailleurs de la construction, et maintenant l'autre rappliquait au téléphone et réclamait son dû. Non, vraiment tout cela était trop drôle. Je me mis à rire comme une idiote.

Michel a raccroché en hurlant. Dolores s'est endormie, le visage étampé contre la table de la salle à manger, tandis que Bob, flanqué en travers du lit de Dolores, ronflait comme un hippopotame. J'ai regardé les lieux sinistrés et les deux épaves qui m'avaient abandonnée et j'ai cessé de

176

rire d'un coup sec. Je suis retournée sur le balcon. J'ai enlevé mes talons hauts. Je les ai tenus dans mes mains comme deux oiseaux puis je les ai balancés. Ils ont rebondi sur mon balcon et se sont cassé les talons. J'ai contemplé leur dépouille avec une immense satisfaction.

14

LE BALLON

J'ai onze ans. Monsieur mon papa ne s'intéresse pas à ma petite personne. Il n'a d'yeux que pour mon frère Gustave, dit le morveux. Le morveux ne marche pas encore, mais ça ne devrait pas tarder. En attendant le grand jour, le morveux se prend pour un ballon et roule partout dans la maison. Monsieur mon papa trouve ce moyen de transport brillant. Parfois il s'empare du morveux, le lève dans les airs et fait mine de le lancer à la belle étrangère qui crie : attention, tu vas le laisser tomber ! Mais j'ai beau redoubler de prières, monsieur mon papa ne laisse jamais tomber mon frère qu'il vénère comme la prunelle de ses yeux. Il le regarde aller avec un sourire attendri et, devant ses prouesses, clame à l'assemblée que Gustave, c'est de la graine de champion olympique. Moi, je crois que c'est surtout de la graine de casse-pieds.

Quoi que j'en pense, Gustave est le héros de la famille. Monsieur mon papa ne jure que par lui. Quant à moi, j'ai beau me fendre en quatre pour plaire, monsieur mon papa me regarde avec autant d'intérêt que le support à torchons dans la cuisine. Lorsque j'ai de bonnes notes à l'école, il dit que c'est normal : je suis sa fille. Lorsque je pars pour la colonie de vacances, il dit : bon débarras, c'est fou ce qu'on est tranquille quand t'es pas là. Bien sûr, il plaisante, mais il pourrait faire un effort. C'est ce que lui répète la belle étrangère : tu pourrais l'encourager, quand même, elle réussit bien à l'école. Pour toute réponse, monsieur mon papa hausse les épaules et se précipite sur le morveux pour lui faire guili-guili.

Quand le morveux ne roule pas les tapis, on le re-trouve suspendu dans les airs et accroché au cadre de la porte par un harnais de parachutiste. La belle étrangère prétend que c'est excellent pour le développement de ses facultés motrices. De loin, on dirait un bout de viande qui pendouille comme dans les glacières des bouchers. De près, on dirait mon frère Gustave qui se balance comme la pièce de choix de mes parents. Quand je n'en peux plus de suivre ses mouvements d'ascenseur, je m'enferme dans ma chambre avec mes poupées. Je les aligne sur le lit et je me prends pour un peloton d'exécution. Je n'ai pas de fusil, mais j'ai une baguette qui fait aussi bien l'affaire. Idiotes ! que je leur crie en leur administrant des coups de baguette. Idiotes, vous êtes des idiotes ! Un coup de baguette, un autre, et puis une pluie de coups qui viennent percer des petits trous dans leurs visages de cire. Mes poupées me regardent, mortes de peur. Certaines laissent leurs corps mous glisser en bas du lit. Alors je crie plus fort et je redouble de coups parce que, pour la cruauté mentale comme pour le piano, c'est très tôt qu'il faut commencer à s'entraîner.

— Hé, ho ! hurle monsieur mon papa, tu peux pas baisser le volume ? On n'entend que toi dans la maison !

Je me retourne alors vers mes poupées et je leur chuchote avec de gros yeux : idiotes ! Bandes d'idiotes, vous serez toutes punies !

Dans le fond, je fais comme monsieur mon papa. Les punitions, c'est sa spécialité. Il me punit tout le temps, parce que je crie trop fort, parce que je suis sortie trop longtemps, parce que j'ai oublié de me laver les mains, parce que je l'ai regardé de travers. Mais son imagination est aussi limitée que le répertoire de ses punitions.

— Punie, tranche-t-il de sa voix de ténor. Pas de dessert, pas de télé, reste dans ta chambre et n'en sors pas avant que je te le dise.

— Oui, mais... je proteste faiblement.

— Oui, mais rien du tout. Fais ce que je te dis, sinon tu seras doublement punie.

Alors j'obéis, comme on m'a appris à le faire. J'obéis parce que je n'ai pas le choix. J'obéis avec la mort dans l'âme. Un jour, un jour, je me vengerai. Un jour, un jour, il s'en mordra les doigts.

De toutes les saisons, c'est l'été que j'aime le moins. Je n'ai aucun talent pour l'été et encore moins de talent pour les camps de vacances. Monsieur mon papa a quand même décidé de m'y expédier. Toutes les petites filles de ton âge vont dans des camps d'été, argumente-t-il. Sans compter qu'il s'est saigné à blanc pour pouvoir m'offrir le séjour. J'ai intérêt à lui en être reconnaissante. Mais ma reconnaissance se limite à une seule question : c'est un camp de filles ou de garçons ? Personnellement, j'aimerais mieux un camp de garçons. Je pourrais y apprendre à rouler comme un ballon et à faire le parachutiste comme mon frère. Malheureusement, monsieur mon papa n'a pas besoin d'un autre héritier dans la famille. Le morveux lui suffit amplement.

Je me retrouve donc dans un camp de filles, malgré mes cheveux courts et ma coupe de garçon. J'y arrive en traînant les pieds et en scrutant l'horizon à la recherche d'amies qui se réclament de la même race que moi : celle des garçons manqués que Dieu a glissés dans le mauvais emballage. J'en découvre deux : Monique et Sophie, qui font la gueule dans leur coin, aussi misérables que moi à l'idée d'un été complet de travaux forcés avec une bande de filles. Monique, Sophie et moi n'avons pas grand-chose en commun, sinon notre manie de comploter des plans d'évasion.

Monique est la plus rusée des deux. Le soir, elle s'arrange pour que la nourriture reste coincée dans sa gorge. Elle s'étouffe régulièrement et tout le monde la prend en pitié. Elle a de grands yeux bruns qu'elle braque constamment sur l'aumônier pour qu'il compatisse avec elle. Un soir, elle manque de s'étouffer pour de bon. L'aumônier la sauve in extremis, puis l'amène au village manger une crème glacée. Monique exige alors de rentrer chez ses parents, sans quoi elle menace de raconter à tout le monde que l'aumônier a voulu abuser d'elle. Je ne sais pas ce qui se passe, mais ses parents viennent la chercher le lendemain matin avec la bénédiction des bonnes sœurs du camp.

Je reste avec Sophie et nous passons des heures à imaginer des ruses pour nous échapper par le trou dans la clôture derrière le réfectoire. Sophie est rousse et sa révolte explose en taches de rousseur sur sa peau de lait. Un beau soir, elle décide d'appeler ses parents. Elle apprend qu'ils sont partis en voyage. La nouvelle la met tellement en colère qu'elle en perd ses taches de rousseur. Elle me dit de prendre mes jambes à mon cou parce que c'est maintenant ou jamais qu'on s'enfuit. On dirait que ma rage est moins forte que la sienne, ou ma peur du châtiment plus grande.

J'essaie de lui expliquer que ma grand-mère a déjà menacé de me tuer si jamais j'essayais de fuir. Elle me répond : c'est vraiment pas le moment d'y penser.

Voyant que je reste clouée au sol, elle m'abandonne et s'élance à travers le trou dans la clôture. Elle court jusqu'au village et jusqu'au premier téléphone public.

Au camp, ce soir-là, tout le monde cherche Sophie, sauf moi. On fouille l'eau, on remue la vase, on retourne les carcasses des chaloupes naufragées. Pas de Sophie. On la retrouve trois jours plus tard, réfugiée chez sa grand-mère, une vieille femme nettement plus progressiste que la mienne.

Je suis maintenant toute seule à la colonie de vacances. J'ai perdu mes deux amies et leur absence me fait dépérir. Je ne parle plus à personne et je réfléchis jour et nuit à ce que je pourrais faire pour que mes parents viennent me délivrer. J'ai toujours aussi peur de m'enfuir et je n'arrive pas à m'étouffer avec la nourriture ni à attirer la sympathie de l'aumônier, qui a d'ailleurs été renvoyé. Alors je mange et je mange. Je mange jusqu'à en vomir. J'informe les bonnes sœurs que je suis très malade et que je dois rentrer chez moi. Je défais mon lit, je fais ma petite valise et j'attends que mes parents viennent me chercher. Mais mes parents, comme d'habitude, ont l'art de ne pas se matérialiser. Alors je refais mon lit, je défais ma valise et je reste seule dans le grand dortoir. Seule jusqu'à la fin de l'été.

*   *   *

J'ai treize ans. J'ai réussi à convaincre mes parents de ne plus jamais m'envoyer dans une colonie de vacances. Monsieur mon papa a promis de m'emmener avec mon frère au bord de la mer. C'est la première fois que je vais

voir la mer et la première fois que je vais y tremper les pieds.
La belle étrangère ne sera pas du voyage. Elle part pour l'été
en Californie. Elle veut prendre le train et traverser le pays.
Elle prévoit écrire une pièce de théâtre sur la révolution
aux États-Unis. Pas la première révolution, la deuxième ;
celle qu'une bande d'adolescents boutonneux ont gagnée à
coups de fleurs dans les cheveux, de gâteaux au hasch et de
tartes au LSD. La belle étrangère dit qu'elle a besoin de
visiter le berceau de la révolution. Elle veut se documenter
sur le terrain. Moi, je crois qu'elle a surtout besoin de
prendre l'air. Monsieur mon papa a accepté. Il faut dire
qu'il n'a pas le choix. La belle étrangère gagne maintenant
bien sa vie. Elle a droit à son autonomie. Moi, je partirais
bien avec elle, mais elle dit que je suis encore trop petite et
qu'il faut qu'au moins une femme sur deux s'occupe du
foyer. Alors je suis celle-là : celle qui croupit à la maison
pendant que l'autre s'éclate en Californie.

Le jour de son départ, j'ai la gorge serrée et les yeux
humides. J'ai l'intuition qu'elle ne reviendra pas. Et même
si elle revient, je crois qu'elle ne reviendra pas toute d'une
pièce. C'est en fait le début d'un long départ qu'elle nous
offre en avant-première. Le problème avec moi, c'est que
chaque fois que ma mère part, je crois que c'est pour de bon.
Je me dis qu'elle va mourir et que je devrais garder en
mémoire la scène de son départ. Au fil des années, j'ai donc
accumulé une collection complète de scènes de départ.
Cette scène-là, pourtant, je m'en souviens comme si c'était
hier.

Sa valise est énorme et ne ressemble pas aux modèles
réduits qu'elle empoigne avec colère quand la soupe devient
trop chaude avec monsieur mon papa. Cette valise-ci
contient l'ensemble de son œuvre. La belle étrangère y vide
sa garde-robe et la moitié de sa bibliothèque, sans oublier sa

machine à écrire, une Smith Corona électrique vert-de-gris et une tonne de papier. Elle ne va pas s'amuser en Californie, ne cesse-t-elle de répéter en devinant notre jalousie.

Nous l'accompagnons tous les trois à la gare. Le morveux est particulièrement insupportable. Il court partout, il tire les robes et les pantalons des grandes personnes. Il fait le pitre et mes parents le trouvent très drôle. Moi, je le trouve ridicule. La belle étrangère promet de nous envoyer des lettres et des cartes postales. Elle appellera toutes les semaines. J'ai envie de lui répondre que j'ai d'autres choses à faire que d'attendre ses coups de téléphone. Au lieu de cela, je dis qu'elle ne devrait pas s'inquiéter : je serai une parfaite petite femme au foyer, presque aussi parfaite qu'elle.

*   *   *

La belle étrangère n'aurait pas dû partir. Depuis qu'elle n'est plus là, c'est la pagaille à la maison. Le morveux a changé de registre. De petit voyou qu'il était, le voilà bonifié en monstre professionnel. Il roule comme une ogive nucléaire et détruit tous les barrages que j'ai dressés à son intention sur le tapis du salon. Son plus grand plaisir consiste à m'écraser les pieds et à déguerpir comme une fusée dès que j'essaie de l'empoigner par les cheveux ou le nez. Monsieur mon papa n'est jamais là, de sorte que je suis condamnée à garder le monstre et à lui donner des coups de pied pour le calmer. Un jour, monsieur mon papa revient plus tôt que d'habitude avec une tente et du matériel de camping. Il nous annonce que nous partons en vacances au bord de la mer. Le morveux comprend que nous allons rejoindre la belle étrangère. Il n'y a qu'une mer pour lui : celle qui roule sa bosse en Californie.

L'expédition commence très mal. D'abord, monsieur mon papa n'a pas jugé utile de changer de voiture. Celle-ci n'est plus que l'ombre rouillée d'elle-même. Ses vitres ne se baissent plus et ses portes ne ferment pas. Il faut pratiquement attendre une heure complète avant qu'elle se réchauffe, et cela en dépit de la canicule qui sévit. Nous nous ébranlons lentement, et c'est au moment où nous avons enfin trouvé notre rythme de croisière que le crapaud se fend d'une crevaison sous un soleil incendiaire qui transforme l'asphalte en mare de goudron. Monsieur mon papa est de très mauvaise humeur. Il a oublié son pneu de secours à la maison. Pour un ex-voleur de pneus, il n'est pas doué. Il doit marcher jusqu'au premier village avec son pneu crevé. Moi, pendant ce temps-là, j'attends sur le bord de la route en retenant le morveux qui s'est mis en tête de faire peur aux voitures. Il réussit tellement bien qu'une rutilante Corvette manque de le faucher.

Lorsque monsieur mon papa revient enfin, le morveux s'est endormi après avoir pissé dans son froc. Monsieur mon papa est furieux de constater que je ne l'ai pas changé. Je lui rétorque que je ne suis pas la bonniche de mon frère. Nous reprenons la route avec la culotte de mon frère flottant comme un drapeau sur l'antenne de radio.

Le voyage jusqu'à la mer dure cent ans. Mon frère ne cesse de demander : c'est quand qu'on arrive. Il le demande environ toutes les trente secondes. Comme le voyage prend deux jours, mon frère répète la même stupide question dix-huit mille fois. D'ailleurs, certains jours d'été où la chaleur ramollit mon cerveau, il m'arrive de poser la même question à la personne assise à côté de moi.

Nous arrivons au bord de la mer vers la fin de l'après-midi, à l'heure idéale pour la baignade. La mer est froide et grise. Je ne sais pas à quoi je m'attendais, mais disons qu'au premier coup d'œil, c'est plutôt décevant. J'aurais aimé autre chose que cette grosse flaque qui tire la langue et écume de la bouche en éclaboussant tout le monde. J'y risque un pied craintif contre lequel vient se frotter une grosse assiette en carton. Je la repousse et me réfugie sur le sable. Mon pied se met subitement à enfler. Chez le pharmarcien du coin qui déroule un ruban de gaze pour panser mon enflure, j'apprends que l'assiette en carton était probablement une raie. C'est la première fois que je me baigne dans la mer. Je jure de ne plus y remettre les pieds.

Au terrain de camping, les moustiques saluent notre arrivée en nous attaquant sauvagement. Il fait une chaleur d'enfer, et nous avons beau nous enduire de toutes les pommades puantes de la terre, les moustiques raffolent de notre compagnie. Lorsque nous nous couchons, nous ne sommes plus que trois plaies vives et probablement phosphorescentes, trois grands brûlés que les moustiques ont dévorés. Aux environs de minuit, l'orage éclate. De gros coups de tonnerre nous réveillent, suivis d'éclairs fulgurants qui piquent le toit de la tente avec leurs dangereuses fourchettes. Une averse torrentielle s'abat sur le terrain de camping, suivie d'une grande rafale. Les vents viennent de partout, mais ils semblent tous aller dans la même direction, à savoir notre malheureuse tente contre laquelle ils s'époumonent joyeusement en faisant claquer ses battants. Dans un dernier sursaut d'hospitalité, les grands vents hargneux arrachent la tente du sol. Elle s'envole par delà la forêt de pins, et nous nous retrouvons transis et trempés, surpris en pleine nuit par la première tornade de l'été. Nous constatons avec bonheur que nous ne sommes pas les seules victimes puisque toutes les tentes ont pris leur envol dans ce gros ciel barbouillé. Le malheur, dans le fond, n'est rassurant que lorsqu'il est partagé par la collectivité.

Nous passons le reste de la nuit dans le crapaud, ballottés par les rafales. Le lendemain matin, monsieur mon papa décide d'en finir avec le camping. Il nous loue une chambre pas tellement plus grande que la tente, dans un motel au bord de l'autoroute. Le motel est équipé d'une piscine en forme de rein. La première fois que mon frère s'y baigne, il coule à pic et reste au fond plus longtemps que prévu. J'appelle monsieur mon papa pour lui faire valoir les talents aquatiques de mon frère. Il arrive à la course et, en apercevant les gros bouillons qui remontent à la surface de l'eau, il plonge jusqu'au fond et en extirpe mon frère par la racine des cheveux, à moitié bleu.

J'ai oublié que mon frère ne savait pas nager. Ce n'est pas vraiment de ma faute. Monsieur mon papa me casse tellement les oreilles avec ses exploits que je tiens pour acquis que mon frère sait tout faire, y compris se noyer. Je suis punie pendant trois jours pour avoir voulu liquider mon frère. Interdiction de sortir du motel. Interdiction de regarder la télé, mais comme monsieur mon papa part souvent à la pêche avec le morveux, je triche. Je regarde la télé sans le son et je prends des bains de soleil sur le balcon du motel juste à côté du générateur d'air conditionné. Le reste des vacances se passe sans incident majeur, quelques accidents de parcours. Mon frère manque de tomber d'un des manèges sur la plage, mais reste accroché par son fond de culotte grâce aux cours de parachutisme qu'il suit à la maison. Un autre jour, alors qu'il s'amuse dans la mer, il perd pied, culbute et est emporté par une vague de fond, qui le recrache pâle et haletant au pied d'un chien qui le prend pour un os de ragoût.

Quand il n'est pas occupé à risquer sa vie, mon frère vient gâcher la mienne. Son activité préférée consiste à m'envoyer du sable dans les yeux. Je me venge en tirant sur les T-shirts qu'il porte comme une deuxième peau pour se protéger du soleil et des cloques qui ornent ses épaules comme des médailles de guerre. La plupart du temps, je lui arrache des cris et quelques lambeaux de peau. Au bout de deux semaines de ce régime infernal, monsieur mon papa décide que les vacances sont terminées.

Le crapaud se remet en marche en toussant, et tousse tout le long du voyage. À mi-chemin, il manque rendre l'âme, mais monsieur mon papa insiste et le crapaud obéit en hoquetant. Lorsque nous approchons de notre destination finale, le crapaud, excédé, décide de se venger sur mon frère. Monsieur mon papa veut faire un virage interdit sur une route secondaire. Pendant ce temps-là, tout excité à l'idée de revenir en ville et de retrouver la belle étrangère, mon frère saute comme un chimpanzé sur la banquette arrière. Il roule d'un côté à l'autre de la banquette. Il roule tellement que lorsque monsieur mon papa tourne un peu brusquement et que la portière qui n'a jamais bien fermé s'ouvre complètement, il roule tout naturellement par la portière arrière.

Je le vois tourner sur lui-même comme un ballon de basket catapulté dans les airs avant de rebondir sur le ciment. Je crois qu'il va y rester et demande instantanément pardon à Dieu, ou à son surnuméraire, pardon d'avoir détesté mon frère. Celui-ci n'est maintenant plus qu'un ballon ensanglanté qu'une voiture venant à fond de train va bientôt écraser. Je crie très fort, comme un crissement de pneus sur des silex, et le crapaud dérape en ricanant. Monsieur mon papa freine si fort qu'il défonce le plancher. Sentant sa mort prochaine, mon frère a juste le temps de faire comme sur le tapis du salon et de se laisser rouler en boule jusqu'au fossé.

Nous nous y précipitons et le découvrons sur un lit de feuilles et de brindilles, hurlant de peur, le visage maculé de sang, tous les membres recroquevillés comme s'il cherchait le ventre de sa mère. Monsieur mon papa le tire du fossé avant de me remettre entre les bras son paquet sanguinolent. Nous fonçons comme des fous à la recherche d'un hôpital. Monsieur mon papa ne cesse de parler de traumatisme crânien, moi de crise de nerfs. Je pleure et je tremble de tous mes membres tant j'ai peur du sang qui pisse de partout, tant je redoute le châtiment qui me sera certainement infligé pour mes instincts fratricides démasqués. À l'hôpital de campagne, je hurle tellement que l'infirmière ne sait plus lequel des deux est le plus traumatisé. Mon frère est encore en état de choc, mais il paraît qu'il a eu plus de peur que de mal. Il paraît aussi qu'il a d'excellents réflexes. Monsieur mon papa est très fier de son fiston. Il en fait le héros de la journée et le héros de l'été. Quant à moi, je me retrouve comme toujours bonne dernière.

15

MIEUX VAUT TARD QUE JAMAIS

Julien Paradis était patient. De tous les hommes que j'ai connus, c'est à lui que je décerne la palme d'or. Sa patience n'avait d'égal que son entêtement. Même si je ne lui adressais plus la parole, Julien Paradis ne s'inquiétait pas du mutisme auquel il se butait dès qu'il me croisait dans un couloir ou sous un drap. Il devait se douter qu'un jour ou l'autre, je céderais à sa demande et que j'accepterais de le confesser devant la caméra. C'est pourquoi il ne contestait pas mon silence. Il attendait tout bonnement que j'en sorte, comme on attend des enfants qu'ils sortent de certaines phases débiles de leur développement. Moi, je faisais comme si de rien n'était. Qu'il attende, me disais-je, après tout je l'ai assez attendu.

Je sortais tous les soirs, je rentrais à des heures impossibles, je ne fouillais plus dans ses affaires, même quand il les plantait volontairement sur mon chemin ; bref, j'avais en apparence épuisé toutes les réserves de curiosité à son endroit.

Je l'apercevais parfois par-dessus mon épaule, rôdant avec sa caméra vidéo comme un exilé du téléjournal. Et quand il ne rôdait pas, il laissait traîner la caméra afin, j'en suis sûre, que je trébuche dessus et qu'en trébuchant je sois frappée par son évidence. La caméra, insinuait Julien Paradis, avait été inventée pour que je le confesse et le délivre ainsi du poids de son passé. Mais j'évitais systématiquement la caméra, même quand elle me surprenait au fond du frigidaire, d'où elle me regardait de son œil de cyclope, m'invitant à m'assumer en tant qu'emmerdeuse professionnelle.

Julien Paradis avait cessé d'écrire. Il traversait une période sèche dont, bien entendu, il me tenait directement responsable. Il passait ses journées à regarder la télévision, affalé sur le divan du salon, médusé par les intervieweurs qui confessaient des gens riches et célèbres en compagnie de leurs chiens ou de leurs perroquets. J'imagine qu'il se voyait à leur place puisque le mouvement synchronisé de ses lèvres indiquait qu'il essayait d'apprendre leurs réponses par cœur. J'eus envie de lui signaler que son exercice était inutile pour autant qu'une interview est conditionnelle à un contexte et à celui ou celle qui la mène. Il m'aurait probablement répondu qu'au contraire l'exercice était capital dans la mesure où le contexte a beau changer, ce sont toujours les mêmes vieilles questions qui circulent. J'aurais pu alors lui faire valoir que ce n'est pas en répondant à des questions qu'on écrit des romans. Il m'aurait dit qu'un romancier se devait de répondre à toutes les questions avant d'entreprendre un roman. Mais comme je ne parlais plus à Julien Paradis et qu'il en faisait autant, nous étions tous les deux privés de la joyeuse dialectique qui avait fait les beaux jours de notre romance.

Au bout d'une semaine de guerre froide, je faillis me

déclarer vaincue. Je n'étais pas sortie ce soir-là, du moins pas encore, et Julien Paradis était vautré devant son émission préférée : celle de Bernard Pivot en direct de Paris, France, où Julien rêvait de finir ses jours d'écrivain-rentier. Il y avait ce soir-là à Pivot, comme toutes les autres fois d'ailleurs, une collection d'obscurs radoteurs qui se disputaient sur l'utilisation de la virgule au Moyen-Âge, et Julien Paradis semblait, comme à son habitude, complètement subjugué. À croire que l'introduction de la foutue virgule avait changé la face du monde et celle de la littérature. Et comme la virgule en question semblait grossir à vue d'œil et s'immisçait entre chaque grain de poussière sur les meubles du salon, je me dis qu'il n'y avait pas d'heure pour la masturbation. Pas d'heure ni de chaîne. On pouvait désormais se prévaloir de ce geste pourtant intime même en public. Il suffisait qu'il y ait une caméra dans les parages pour enregistrer l'action, et quelques invités pour la commenter.

Je ne sais pas ce que le mot « masturbation » déclencha en moi, mais j'eus une envie subite de m'emparer de la caméra vidéo et de la braquer sur Julien Paradis qui n'en finissait plus de passer un index distrait sur ses sourcils comme s'il voulait inscrire une virgule entre chaque poil. Et comme j'effleurais le boîtier de la caméra qui traînait sur la table de la cuisine, la sonnette retentit violemment et mit un terme à mon projet.

Dolores était sur le pas de la porte, un sourire idiot accroché aux lèvres et un trousseau de clés au bout des doigts. Dolores ne disait rien et se contentait de faire tinter les clés comme si son geste se passait de toute explication. Comme je tardais à saisir le message, elle fut bien obligée de me donner la raison de sa jubilation. Bob lui avait prêté la fameuse BMW pour la soirée en l'encourageant fortement à en profiter. C'était une des expressions préférées de Bob : la vie était courte, il fallait en profiter. Il fallait profiter de tout avec Bob. De tout peut-être, mais pas de n'importe quoi. Bob ne perdait pas son temps à profiter d'un coucher de soleil ou d'un air de Chopin. Pour lui, le mot « profiter » renvoyait à des choses concrètes et s'accompagnait de conséquences désastreuses. Ainsi, il fallait profiter d'une cigarette en attendant un cancer du poumon, ou d'un verre de scotch en attendant une cirrhose du foie. La vie était courte et la punition toujours sévère avec Bob. Quant à la BMW, il fallait en profiter en attendant l'huissier.

Je ne sais pas si Bob était au courant, mais il valait mieux ne pas laisser conduire Dolores, même si elle savait en profiter mieux que quiconque. Dolores avait perdu son permis de conduire très vite après l'avoir obtenu, une grande perte pour elle mais un gain énorme pour l'humanité.

— J'espère que je ne vous dérange pas ? demanda-t-elle en posant un premier pied dans le vestibule et en tendant le cou en direction du salon où se découpait le profil pétrifié de Julien Paradis, absorbé dans son festival international de la virgule. Tu pourrais peut-être me le présenter officiellement, intima Dolores qui avait maintes fois croisé Julien Paradis dans les escaliers sans jamais se résoudre à lui dire autre chose que bonjour, bonsoir, ça va bien ? À quoi Julien répondait immanquablement : bonjour, bonsoir, oui, très bien, et toi ?

— Julien ! criai-je du fond du couloir, Dolores aimerait que je te présente officiellement. Es-tu présentable ?

Julien ne répondit pas immédiatement. Et lorsqu'il répondit enfin, il était devant nous, décoiffé, débraillé, les sourcils en bataille et une seule chaussette au pied. Il serra la main de Dolores en rougissant et en s'excusant, non pas de sa tenue, mais de son émission de télévision qu'il devait absolument retrouver parce qu'un point important était en train de se régler. Il disparut aussi vite qu'il était apparu tandis que je lui lançai : ont-ils réglé le cas du tréma ? Pour toute réponse, Julien toussa, signe que j'avais vu juste et qu'ils étaient effectivement en train de régler la question cruciale du tréma.

— Il est sonné ou quoi ? demanda Dolores en agitant de nouveau son trousseau de clés.

— Non, juste obsédé, indiquai-je en enfilant mon manteau et en la poussant vers la porte.

J'avais décidé qu'entre mourir de peur avec Dolores et mourir d'ennui avec Julien, mieux valait la peur. Au pire, nous aurions un accident. Au mieux, nous n'en aurions pas et je pourrais revenir intacte à l'appartement.

— T'es sûre que tu veux conduire ? demandai-je à Dolores en descendant les escaliers. Me semblait que t'avais perdu ton permis.

— Pas besoin de permis pour conduire, répondit Dolores.

— Bob est-il au courant ?

— Bob trouve que je conduis très bien.

Il faut dire que Bob n'était pas précisément une ré-férence. Il conduisait plus vite que Julien Paradis. En fait, il ne conduisait pas, il pilotait un avion qui avait le malheur de voler au ras du sol. La route lui appartenait, et ceux qui avaient l'arrogance d'y rouler en même temps que lui n'avaient qu'à se tasser. Dans le fossé, de préférence. Quant à Dolores, je crois qu'au volant elle se prenait pour Françoise Sagan. La vitesse avait un effet enivrant sur sa personnalité. La vitesse la rendait phosphorescente, et n'eût été son rêve d'être une chanteuse rock, conduire une Corvette ou une BMW aurait pu la combler. Sur le trottoir, je négociai néanmoins avec elle le contrat suivant : nous n'allions faire qu'un petit tour et pas très loin, après quoi elle me déposait à L'Empire et continuait sa folle chevauchée, seule et sans témoins. Dolores acquiesça et je montai dans la BMW en me disant que ce n'était qu'un mauvais moment à passer. Mais je n'avais pas sitôt fermé la portière que la BMW rugissait comme un fauve en cage devant sa dompteuse préférée. En reculant, le pare-chocs arrière de la BMW percuta celui du voisin, accroc que Dolores corrigea en fonçant dans le pare-chocs de la voiture de devant. Et c'est en jouant à l'auto tamponneuse qu'elle sortit la BMW de l'emplacement où elle était garée, non sans être montée à deux reprises sur le trottoir avant de prendre un tel élan que la BMW décolla en laissant un nuage de fumée grise et une odeur de pneus carbonisés. Dolores s'engagea tellement vite dans la rue qu'elle ne remarqua pas que le feu qui pendait au coin avait changé de couleur et qu'il était maintenant aussi rouge que mon visage en sueur. Qu'à cela ne tienne, elle appuya sur l'accélérateur en agrémentant le tout de plusieurs coups de klaxon. Elle venait de jeter un coup d'œil satisfait dans le rétroviseur lorsqu'elle comprit que le feu rouge non seulement n'avait pas changé de couleur, mais la suivait. Nous n'avions pas franchi un coin de rue que les choses commençaient à se gâter.

— Shit, cria Dolores, un chien !

Je crus, sur le coup, qu'elle avait écrasé un chien. C'était moins grave qu'un être humain. Évidemment, tout dépendait à qui appartenait ledit chien. Si le propriétaire était une armoire à glace de six pieds trois cents livres, que nous ayons écrasé un chien ou son maître revenait exactement au même. Nous allions le payer de notre vie. Mais nous n'avions écrasé aucun chien. Tout au plus avions-nous offensé celui de six pieds trois cents livres qui comptait les mouches tapi au fond de son auto-patrouille et qui partit à nos trousses avec le zèle d'un chien qui court après un ballon.

— Votre permis de conduire ! aboya-t-il lorsque Dolores baissa la vitre d'un air innocent.

— C'est que j'étais en train d'apprendre à conduire, laissa échapper Dolores sans perdre sa contenance.

— Votre permis temporaire, alors ! aboya-t-il de nouveau.

— Mon permis temporaire ? répéta Dolores comme si elle venait de débarquer d'une planète où la conduite automobile ne nécessitait aucun diplôme. Je ne savais pas qu'il fallait un permis temporaire, poursuivit-elle. Le savais-tu, toi ? dit-elle en braquant un regard ratoureux sur moi.

Avant même que j'ouvre la bouche, le chien de six pieds trois cents livres m'interpellait directement en me demandant le certificat d'immatriculation de la voiture.

— C'est que... c'est que... bafouillai-je.

— Aïe, avez-vous bientôt fini de me niaiser, vous deux ! jappa l'agent Fernand Taillefer, Fido pour les intimes.

— Mais on ne vous niaise pas du tout, monsieur l'agent, la voiture est à mon ami qui me l'a prêtée pour la soirée.

— Votre ami, hein ? miaula alors le chien. Votre ami, c'est ce qu'on va voir... Vos pièces d'identité.

— Des pièces d'identité, répéta Dolores en fouillant dans son gros sac en plastique pour en extraire un séchoir à cheveux, deux paires de souliers, un réveille-matin et une moitié de sandwich desséchée ; elle finit par trouver une carte American Express et une carte d'assurance-maladie. Voilà mes papiers, offrit-elle sur un ton triomphant.

Fido regarda les deux cartes d'un air perplexe avant de disparaître dans son auto-patrouille avec les deux bouts de plastique qui résumaient tout à fait la personnalité de Dolores Durand : flamber le plus d'argent possible en attendant la maladie ou la mort.

— T'es faite, ma fille, marmonnai-je en fixant le tableau de bord fraîchement épousseté.

— De toute façon, j'ai déjà perdu mon permis de conduire, alors je vois pas ce qu'il pourrait m'enlever de plus.

Dolores avait raison. Quand on n'a pas de permis de conduire et encore moins de voiture, on n'a vraiment rien à perdre. Enfin, c'est ce que nous croyions à ce moment-là. Au pire, Dolores s'en tirerait avec une amende qu'elle devrait payer dans les quarante-huit heures. La société serait quitte et Dolores n'aurait qu'à promettre de ne plus jamais conduire. Sauf que Dolores avait omis un détail important. Elle avait déjà été l'heureuse propriétaire d'un citron couleur ananas qu'elle avait conduit à son dernier repos trois ans plus tôt. Et, bien que la voiture n'ait duré qu'une saison, ce laps de temps avait permis à Dolores d'accumuler plusieurs points de démérite ainsi qu'une bonne trentaine de contraventions. Évidemment, Dolores n'était pas le genre de fille à payer ses contraventions. À quoi bon engraisser les caisses de la municipalité et la caisse de retraite des chiens policiers, disait Dolores qui prônait la désobéissance civile avant même que celle-ci ne soit une pratique écologique répandue.

Nous nous retrouvâmes au poste de police à vingt-deux heures. Fido se chargea de nous y conduire personnellement en passant les menottes à Dolores parce que c'était le règlement. La BMW fut remorquée puis complètement démontée au cas où nous y aurions caché un kilo de coke ou, mieux encore, un cadavre. Au poste 26, Dolores apprit de la police de Montréal qu'elle avait un compte en souffrance de cinq mille dollars.

— En dollars canadiens ou américains ? cabotina Dolores.

— Aïe, c'est pas le moment de plaisanter, trancha Fido. À ta place, je ferais ma prière.

J'interrompis l'incitation à la prière en m'enquérant du nombre exact des contraventions et appris que, comme les régimes d'épargne-retraite, les contraventions avaient le don de produire des intérêts. Dolores dut l'apprendre en même temps que moi. Elle ne fit pas de prière pour autant, mais demanda à être conduite à sa cellule. En aucun cas elle ne débourserait cinq mille dollars pour engraisser la caisse de retraite de Fido ! Il fut donc convenu qu'elle resterait en détention jusqu'à ce que sa dette à la société soit liquidée. Elle pouvait de surcroît choisir son mode de paiement : la prison pendant un mois ou alors cinq mille dollars comptant. J'attendis un signe de sa part m'indiquant le mode de paiement qu'elle privilégiait, mais elle se contenta de disparaître au fond du couloir en maugréant.

Étant donné que mon permis de conduire était en règle et que j'avais docilement acquitté mes dettes envers la municipalité, je fus relâchée. En sortant du poste de police, j'appelai immédiatement Julien Paradis pour lui demander : (a) de venir me chercher au poste de police avec ma voiture ; (b) de passer par le guichet automatique et d'en retirer cinq mille dollars

Visiblement, je divaguais. Julien Paradis, qui ne perdait jamais les pédales en pareilles circonstances, me le rappela. Il me dit : (a) qu'il ne pouvait venir me chercher en voiture au poste de police pour la simple et bonne raison qu'il n'avait pas plus de permis de conduire que Dolores ; (b) qu'il pouvait passer par le guichet automatique, mais que cela ne donnerait pas grand-chose puisque ledit guichet ne pouvait cracher que cinq cents dollars par jour ; (c) qu'il fallait donc trouver dix personnes qui seraient prêtes à faire la transaction, ou alors une seule assez riche ou inconsciente pour se promener avec cinq mille dollars dans ses poches.

Je pensai immédiatement à Bob. S'il se promenait en BMW, il devait avoir au moins cinq mille dollars dans son petit cochon. Sauf que je ne me souvenais plus du numéro de téléphone de Bob pour ne l'avoir jamais appelé. Sans compter que j'ignorais son nom de famille et la rue où il pouvait habiter. Nous n'étions guère avancés. Julien Paradis suggéra un vol de banque. Très drôle, soufflai-je entre mes dents de peur que Fido et ses acolytes ne soient sur la ligne et ne m'accusent de conspiration. Je mis un terme à la conversation en ordonnant à Julien Paradis de ne pas bouger de la maison. Pas de danger, répliqua-t-il en raccrochant. Je voulus voir Dolores une dernière fois avant de quitter le poste 26, mais Dolores dormait déjà, me répondit-on.

La nuit fut longue, tourmentée et agrémentée d'un coup de téléphone à quatre heures du matin de la part de Bob qui s'ennuyait de sa BMW. Je faillis lui raccrocher la ligne au nez, insultée par sa manie de faire passer la voiture avant tout le monde, y compris Dolores. Il m'expliqua alors que la BMW, dans son esprit, « contenait » Dolores. C'est pourquoi il n'avait pas pris la peine de prononcer son nom. Les deux allaient de pair. Je lui répondis que, pour l'instant, la BMW ne contenait plus rien et que Dolores, de son côté, se contenait en prison. Avait-il cinq mille dollars au fond de ses poches de pantalon ? Il ne comprit pas immédiatement le sens de ma question. Elle était inutile, de toute façon. Bob ne carburait qu'à crédit. Il profitait au maximum de ses cartes de crédit avant que celles-ci ne fussent saisies. Nous n'étions guère plus avancés. La nuit porte conseil, répliquai-je à Bob, rappelons-nous demain matin. Et ma

BMW ? lança-t-il en gémissant. Ta BMW attendra.

Je ne voyais plus qu'une solution. La pire de toutes. Et je passai le reste de la nuit à la faire tourner dans ma tête comme le linge sale dans la cuve d'une mauvaise machine à laver.

* * *

Lorsque j'avais besoin de conseils, même de mauvais conseils, j'allais voir ma mère. Lorsque j'avais besoin d'argent, j'étais condamnée à relancer mon père. C'est pourquoi je m'arrangeais toujours pour ne jamais manquer d'argent. L'idée de lui demander quoi que ce soit me répugnait au plus haut point. Non pas que mon père fût avare. Mon père était plutôt généreux de sa personne et de son argent. Ce n'était pas un exploit dans son cas. Il était riche à n'en pas savoir que faire. Après avoir abandonné le voyage de commerce au royaume des ménagères, mon père s'était recyclé chez les chauves. Il avait commencé par vendre des perruques et des moumoutes avant d'ouvrir un salon capillaire qui promettait de faire repousser les cheveux. Je ne sais trop si le premier salon avait fait repousser les cheveux mais, chose certaine, il avait fait pousser d'autres salons aux quatre coins de la province. Dans certaines villes, mon père avait enrichi son commerce d'une section varices et cette diversification avait énormément contribué à la prospérité de ses affaires. Mon père, pour sa part, avait réussi à sauver une bonne partie de ses cheveux, encore que je me sois toujours demandé s'il ne s'était pas fait poser sur le crâne un bout de tapis expressément pour la tournée de ses salons. Quant à la section varices, elle lui avait été suggérée par sa nouvelle femme, une étudiante en coiffure. Bien que cette dernière n'eût pas encore l'âge d'appartenir au club des varices, elle redoutait plus que tout cette étape inévitable de son évolution. Elle n'avait que vingt-cinq ans à l'époque, mais c'était toujours la première chose qu'elle remarquait chez les femmes comme chez les hommes. Elle m'apprit d'ailleurs que j'étais une candidate naturelle à ce fléau universel. Elle ne savait évidemment pas que mes jambes étaient un sujet délicat dans la famille, étant donné qu'on avait déjà failli me les couper. Je lui répondis avec émotion qu'il n'était pas question que qui que ce soit touche à mes jambes. Au diable les varices, je porterais des pantalons le reste de ma vie.

J'arrivai au condo de mon père tôt le matin, non sans l'avoir appelé auparavant.

— Je suppose que t'as quelque chose à me demander ? lança-t-il au bout du fil.

C'est toujours ainsi qu'il interprétait mes appels, et avec raison. Reste que, s'il se plaignait de la chose, je suis convaincue que, dans son for intérieur, il s'en réjouissait. Le temps lui avait enseigné la culpabilité, et Françoise Dolto lui avait fait comprendre que le temps avait raison. Toutes les occasions étaient bonnes pour se faire pardonner.

— Ça tombe bien, lança-t-il, j'ai justement un cadeau pour toi.

Je méditai sur cette phrase pendant tout le voyage qui me fit traverser la ville et emprunter le viaduc de l'île des Sœurs où mon père avait acheté son super condo avec vue imprenable sur le Saint-Laurent. Que pouvait-il bien vouloir me donner ? J'espérais que ce serait un chèque, ce qui m'épargnerait l'humiliation de lui demander cinq mille dollars en petites coupures. Mais les cadeaux de mon père étaient rarement en espèces, mon père préférant depuis toujours la monnaie des symboles.

Je garai ma voiture à côté des trois siennes et le vis

qui m'attendait sur le pas de la porte, grande figure athlé-
tique en bermudas et baskets malgré l'hiver qui sévissait.
Mon père revenait de Miami, où il passait maintenant la
moitié de son temps. De retour au pays, il ne changeait pas
d'accoutrement et me faisait penser aux Grecs de l'avenue
du Parc, qui se baladent en petite chemise à dix sous zéro,
niant l'existence même de l'hiver, quitte à attraper une
pneumonie.

Mon père me précéda dans le salon entièrement
blanc, imaginé par sa jeune épouse et réalisé par un déco-
rateur d'intérieurs chauve à qui il avait probablement promis
un miracle capillaire. Il se peut aussi qu'il lui ait offert une
greffe gratuite car il venait d'ajouter une section greffe à son
entreprise florissante. Toujours est-il que le salon était
entièrement blanc, de ce blanc pur et propre qui rend
nerveux et maladroit. En y prenant place, je craignis immédiatement d'y renverser quelque chose et d'y faire une
tache que sa jeune épouse m'aurait éternellement reprochée.
Car, après les varices, les taches étaient sa grande passion.

Mon père choisissait toujours le même fauteuil lors
de nos tête à tête. C'était le seul fauteuil rond et bas qu'il
avait réussi à sauver des redécorations constantes de sa
jeune épouse. Celle-ci avait néanmoins obtenu que le
fauteuil soit reconverti chaque fois. C'est ainsi qu'au fil des
années je vis le fauteuil passer du cuir au velours, de l'im-
primé fleuri au matelassé à pois, et ainsi de suite jusqu'à
aujourd'hui où le célèbre fauteuil était devenu aussi blanc
que les cheveux de mon père, détail qui confirma que celui-
ci ne portait pas de moumoute puisque aucun spécimen de
la sorte n'était encore offert sur le marché.

Comme je n'avais pas tellement envie que notre
entretien se prolonge, j'en vins immédiatement au but de
ma visite. J'avais besoin de cinq mille dollars comptant. Je

ne donnai aucune explication, si ce n'est que mon besoin était urgent.

— C'est pour te faire avorter ? demanda mon père, toujours pratique.

— Non, pas vraiment, répondis-je.

— Ça ne me dérange pas, je suis tout à fait pour l'avortement, continua-t-il.

— Non, non, maugréai-je, de toute façon ça ne coûte pas si cher que ça !

— Ah, non ? s'étonna mon père, progressiste mais peu averti. Ça coûte combien ?

— Écoute, papa, grognai-je, je ne suis pas venue ici pour discuter tarifs d'avortement, j'ai besoin d'argent et c'est pour une bonne cause.

— C'est pas pour une secte religieuse, j'espère ? fit-il avec effroi.

Je m'empressai de le rassurer. Il n'avait pas à s'inquiéter, la religion m'intéressait encore moins que lui. Il fut tellement soulagé qu'il ne me demanda aucune autre explication et sortit un des carnets de chèques qu'il gardait toujours à sa disposition dans divers coins de l'appartement.

— Ne t'inquiète pas pour le remboursement. Je vais déduire le montant de mes impôts.

Après quoi, il s'éclipsa du salon en me demandant de l'attendre. Le fameux cadeau, pensai-je. Il revint quelques minutes plus tard avec une grosse boîte plate. Je n'ai pas pu résister, dit-il en me tendant la boîte avec un sourire satisfait. En l'ouvrant, je ne reconnus pas tout de suite le bout de métal qui dépassait, ni le cylindre qui l'accompagnait. Le cadeau était en pièces détachées. Et ce n'est que lorsque j'eus sorti tous les morceaux — la grosse roue et les deux plus petites — que je reconnus, ma foi, un tricycle pour enfant de moins de cinq ans.

— Mieux vaut tard que jamais, ronchonna mon père. Comme ça, tu ne pourras plus me reprocher de ne pas t'avoir donné de bicyclette.

— Mais c'est pas une bicylette, c'est un tricyle, protestai-je.

— Faut bien commencer quelque part, répondit mon père.

— Évidemment, rétorquai-je.

Décidément, cet homme avait un curieux sens de l'humour.

16

LE SOUPER DU CINÉMA-VÉRITÉ

L'agent Sirois n'était pas un policier comme les autres. Pour tout dire, il aurait dû naître dans une gendarmerie française et répondre au nom de poulet. Il avait la gueule de l'emploi et une voix de fausset assortie. Il était plus jeune que les autres policiers, plutôt maigre, presque famélique et la boucle d'oreille poinçonnée dans son lobe droit indiquait que son emploi à la police n'allait certainement pas le faire changer de mode de vie. Peut-être était-il en réalité serveur dans un bar de travestis, et son uniforme, un simple déguisement. Toujours est-il que je décidai d'être polie avec lui. Tapotant mon propre lobe d'oreille, je lui lançai :

— Elle est jolie, votre boucle d'oreille, je ne savais pas que c'était permis d'en porter dans la police.

— Seulement quand je fais du bureau. Sur la route, c'est encore interdit, ils disent que ça nuit à la crédibilité, répondit-il avant d'ajouter : je ne vois pas pourquoi, après tout c'est moins salissant qu'une moustache.

— C'est vrai, dans le fond, approuvai-je avec compassion.

— Ils m'ont obligé à me couper les cheveux, poursuivit-il. Moi, j'étais prêt à les attacher et à les cacher sous ma casquette, sauf que plus personne ne porte de casquette, alors j'aurais trop détonné.

— Oui, je comprends. L'uniforme, c'est important.

— C'est comme en Chine, remarqua l'agent Sirois, ils sont neuf cents millions à porter le même uniforme, me semble qu'ils auraient pu faire appel à un couturier. À New York, en tout cas, c'est ce qu'ils font.

— La police de New York ! m'écriai-je étonnée.

— Parfaitement, mademoiselle. C'est un dénommé Al, ou Hal... enfin quelque chose du genre, qui a dessiné leur uniforme... De la classe, de la grande classe, fit-il avec fierté.

— Aïe, Sirois ! C'est pas les galeries d'Anjou ici, cria une voix bourrue de l'arrière-boutique.

L'agent Sirois leva les yeux au ciel sans répondre, puis reprit la fiche de Dolores Durand pour vérifier l'ampleur des dégâts. Lorsque je lui tendis l'épaisse liasse de dollars, il siffla d'admiration avant de me demander si je venais de dévaliser une banque.

— Non, seulement le petit cochon de mon père, répondis-je en soupirant.

C'est d'ailleurs la même question que me posa Dolores. Cette fois, par contre, je me contentai d'un « Mêle-toi de tes affaires » sans appel.

— On sait bien, répliqua Dolores, l'argent pousse dans les arbres, chez vous.

— L'argent pousse sur le crâne des chauves, chez nous, la corrigeai-je sur-le-champ.

Dans la voiture, Dolores me reprocha d'avoir mis un

terme trop brusque à son séjour en prison. Elle aurait voulu y passer au moins le week-end, histoire d'y faire un peu d'anthropologie et de pouvoir plus tard, dans les conversations de salon, se vanter d'avoir fait du temps en prison. Je ne comprenais donc rien à rien, remarqua vertement Dolores en ajoutant que je devrais essayer la prison pour ma croissance personnelle. J'y apprendrais à profiter de la vie au lieu de toujours me plaindre, lança-t-elle avec furie. Comme je me taisais, Dolores enchaîna avec mauvaise humeur :

— En tout cas, si tu veux jeter ton argent par les fenêtres, c'est ton affaire, mais moi, il n'est pas question que je remette un sou de cet argent-là.

— T'inquiète pas, c'est déjà inscrit comme œuvre de charité, répondis-je avec morosité.

— N'empêche que tout le monde devrait aller en prison, maintint Dolores, ça forge le caractère.

C'est à ce moment-là qu'elle se retourna et découvrit le cadeau de mon père dans sa boîte plate posée sur le siège arrière.

— C'est quoi, ça ? demanda-t-elle en grimaçant.

— Ça, c'est une mauvaise plaisanterie, répliquai-je sans plus d'explications.

En garant la voiture devant l'appartement, j'aperçus Madeleine qui revenait avec deux de ses trois morveux. Dolores s'élança et s'empressa de lui raconter une histoire à dormir debout. À l'entendre, elle n'avait pas passé la nuit au poste 26 mais à Alcatraz, enchaînée à même les barreaux de sa cage. Elle raconta qu'elle avait failli se faire attaquer par trois prostituées qui partageaient sa cellule. Elle avait finalement réussi à les calmer en leur disant qu'elle était une amie intime de Diane Dufresne. Après quoi, elles s'étaient raconté l'histoire de leur vie et avaient convenu de former un syndicat des détenues du poste 26.

Lorsque Dolores termina le récit quelque peu surréaliste de son aventure, Madeleine nous invita à prendre le thé. Dolores n'avait pas le temps, vu la série d'appels qu'elle devait faire pour informer la ville de son vécu carcéral. Je me retrouvai donc seule chez Madeleine. Enfin, pas tout à fait seule puisque les deux morveux nous accompagnèrent avec leurs tanks et leurs mitraillettes dans la cuisine qu'ils avaient élue comme zone de combat. Je cherchai vainement à m'asseoir sur une chaise sans éborgner un morveux ni lâcher la grosse boîte plate qui commençait à me peser.

Nous ne nous étions pas reparlé depuis l'incident du poulet, et Madeleine crut que le malaise qu'elle lisait sur mon visage en était la fâcheuse conséquence. Elle chercha à me rassurer. Elle ne m'en voulait pas, vraiment pas. Je l'en remerciai, même si je savais qu'elle n'avait aucun mérite. Madeleine était incapable d'entretenir la moindre rancune. Cette fois, pourtant, sa personnalité n'y était pour rien. Elle ne m'en voulait pas tout simplement parce que ce bon vieux Victor avait remis cela. Il s'était de nouveau éclipsé vingt-quatre heures en prétendant qu'il allait chercher une pizza. La récidive avait suffi pour que Madeleine se méfie à jamais des restaurants qui affichaient « pour emporter » dans leurs vitrines.

— Je ne suis plus capable de voir un poulet ni une pizza en peinture, m'informa-t-elle d'un air contrit. C'est embêtant parce que les enfants ne mangent pratiquement que cela, mais c'est la condition que j'ai posée à Victor : plus jamais de poulet ni de pizza, sinon on divorce.

— Et qu'est-ce qu'a dit Victor ?

— Qu'est-ce que tu crois ? Il a accepté.

C'est en parlant de ses malheurs avec Victor que Madeleine aperçut enfin la grosse boîte plate que je tenais toujours dans mes bras. Madeleine n'était pas dotée d'un très grand sens de l'observation. Elle ne remarquait jamais rien d'anormal tant que ça ne lui crevait pas les yeux.

— C'est un cadeau pour les petits, dis-je un peu mal à l'aise.

— T'aurais pas dû, objecta Madeleine, qui imaginait un geste de réparation là où il n'y avait qu'une basse entreprise de liquidation. Je ne fis rien pour l'en dissuader. Je la laissai donc appeler les deux morveux qui glissaient maintenant sur la rampe d'escalier en simulant une évasion sur la rivière Kwaï. Lorsque Madeleine déballa le paquet avec effusion, je compris l'irréparable erreur que je venais de commettre. Comment avais-je pu oublier ? Offrir un seul exemplaire de quoi que ce soit à deux monstres en bas âge, c'était les inciter à une guerre fratricide.

Ce que je redoutais se produisit avec une effarante précision. Les deux morveux de quatre et cinq ans voulurent immédiatement s'emparer du tricycle, et chacun s'en déclara l'unique propriétaire. J'eus beau m'excuser et Madeleine m'absoudre en me répétant qu'ils allaient très bien s'arranger avec l'objet de leur frustration, les deux morveux hurlaient de rage en s'accrochant chacun à un guidon.

— C't'à moi ! criait le premier.

— Non, c't'à moi ! hurlait le deuxième.

— Non, c'pas à toi, c't'à moi !

Au bout de vingt minutes de cris, de larmes et de coups de poings, il fut décidé que le tricyle serait remisé au placard tant que les deux morveux ne seraient pas revenus à de meilleures manières. À ce compte-là, le tricycle ne sortirait jamais du placard. Lorsque je quittai Madeleine, c'est deux paires d'yeux hargneux qui m'accompagnèrent jusqu'à la sortie. Pour me faire pardonner, j'invitai

Madeleine à souper le soir même. Je priai secrètement pour qu'elle laisse ses enfants à la maison et surtout pour qu'elle les remise une fois pour toutes dans le placard, de préférence avec les balais.

*   *   *

Julien Paradis venait de se réveiller. Il était midi passé.

— J'ai fait un rêve, clama-t-il en s'étirant. J'étais le plus grand écrivain de ma génération, mais je vivais dans un bocal de poissons.

— T'écrivais sous l'eau, je suppose ? demandai-je en ramassant les vêtements épars qui traînaient dans divers coins de la chambre.

— Non, ce point-là n'est pas très clair, je ne sais pas exactement où j'écrivais, mais ça se passait dans un congrès quelconque et on me présentait comme le plus grand écrivain de ma génération vivant dans un bocal de poissons. Le bocal était posé sur un podium et je saluais l'assemblée de mon bocal, habillé en pingouin.

— Intéressant, fis-je. Ça doit vouloir dire que le Québec est trop petit pour toi.

— Pas le Québec, objecta Julien, le monde est trop petit pour mes ambitions.

— Oui, je vois, fis-je en ramassant une bordée de linge sale échouée près de la commode. En attendant, tu pourrais peut-être te lever et m'aider, j'ai invité Victor et Madeleine à souper.

— Je pensais que tu ne voulais plus leur parler.

— Ça, c'était la semaine dernière ; cette semaine, c'est différent. Seuls les idiots ne changent pas d'idée.

— Alors tu dois être supérieurement intelligente ! remarqua Julien Paradis.

Je passai le reste de l'après-midi à faire des courses aux quatre coins de la ville. J'achetai des verres et un ensemble complet d'assiettes couleur saumon assorties à une nappe en papier. Et si je donnais ainsi dans le papier, ce n'était pas par souci d'économie, mais bien par paresse domestique. Je détestais autant la lessive que la cuisine. J'avais par contre une passion pour les services de table. J'adorais les tables bien dressées même si ce que l'on y mangeait était infect.

L'avènement de Julien Paradis dans ma vie et ma cuisine avait ceci de bon : j'étais enfin libérée de la corvée des repas. Julien s'en chargeait entièrement. Il me délivrait ainsi d'un grand poids même si je n'étais pas toujours d'accord avec sa façon de faire. Julien était en effet du genre timoré et suivait les recettes des autres comme s'il faisait de la cuisine à numéros. Mes appels à la révolution restèrent sans succès. Julien aimait faire les choses dans le respect de l'art. Il suivait les recettes des autres pour comprendre et intérioriser le processus, disait-il. Une fois cette étape passée, Julien Paradis promettait d'improviser librement et de devenir un grand chef cuisinier.

En règle générale, j'achetais tous les ingrédients nécessaires, après quoi je demandais à Julien Paradis de composer une symphonie ou une sonate. Ce jour-là, j'avais choisi un lapin aux olives et aux poivrons. Julien Paradis connaissait le plat pour me l'avoir préparé souvent et réussirait donc sans difficultés à faire honneur à notre réputation. Mais lorsque je poussai la porte d'entrée avec mes paquets, je constatai avec inquiétude que l'appartement fleurait une chaude odeur d'ail et de tomate. Julien Paradis avait probablement voulu me faire une surprise. De prime abord, cela ne posait pas de problème. Il suffisait de congeler le lapin et de retarder de quelques jours son incinération. Quant au plat imaginé par Julien, il avait dû mijoter tout l'après-midi et n'en serait que plus savoureux. Sauf que Julien avait peut-être oublié un point important, un point capital.

C'est ce que je courus vérifier en suivant la familière odeur jusqu'à la cuisine. C'est bien ce que je pensais, constatai-je avec horreur. Non seulement Julien Paradis avait préparé un poulet à la cacciatore, mais il avait poussé le zèle jusqu'à apprêter de ses propres mains de petites pizzas en guise de hors-d'œuvre.

— Du poulet et de la pizza ! fis-je avec consternation. Madeleine et Victor ne s'en remettront jamais.

— C'est contre leur religion ? fit Julien Paradis avec cet air obstiné qui ne présageait rien de bon.

— C'est pas religieux, expliquai-je avec découragement, c'est symbolique.

— Ils sont allergiques, alors ? demanda Julien avec scepticisme.

— En quelque sorte, oui.

— Eh bien, tant pis pour eux, trancha Julien Paradis. C'est moi qui fais la cuisine, c'est moi qui décide. S'ils ne sont pas contents, qu'ils aillent au restaurant !

J'eus beau faire valoir tous les arguments possibles et imaginables, Julien Paradis ne voulut pas revenir sur ses positions. Il était entêté comme deux et susceptible comme trois. Pas question de changer quoi que ce soit au menu de la soirée. Pas question d'encourager les enfantillages de Madeleine et Victor.

— Qu'ils s'assument ! décréta Julien Paradis.

J'accueillis mes voisins avec un air funeste. Mon air s'aggrava lorsque je vis qu'ils étaient flanqués de leurs trois monstres. La soirée promettait d'être charmante.

— Ça ne va pas ? On est arrivés trop tôt ? s'inquiéta Madeleine.

— Non, non, tout va bien, soupirai-je, c'est juste que Julien et moi avons des différends en matière culinaire.

— Ces choses-là s'arrangent toujours, offrit Victor en glissant un petit sourire à Madeleine.

Il huma l'air et demanda en bombant la poitrine :

— Qu'est-ce qu'on mange ? Ça sent terriblement bon.

Terriblement, en effet. Je soupirai encore et répondis que c'était une surprise dont je me désolidarisais entièrement.

— Arrangez-vous avec Julien, fis-je en les invitant à passer au salon.

Les trois monstres nous avaient devancés et se chamaillaient déjà autour de la caméra vidéo que Julien Paradis avait laissée bien en évidence pour que nous nous assumions collectivement, je suppose.

— Attention, tu vas la casser ! cria le plus vieux.

— Attention toi-même, répondit celui du milieu.

— C't'à moi ! rétorqua le plus jeune et le plus dangereux.

— Bon, ça suffit, les enfants ! ordonna Victor qui venait lui aussi de découvrir la caméra et la reluquait avec encore plus de convoitise que ses trois rejetons.

— Bonjour, tout le monde ! entonna Julien Paradis, portant un torchon autour de la taille en guise de tablier. On ne s'est pas vus souvent, mais je sens qu'on va vraiment faire connaissance ce soir !

Sur ce, il serra la main de Madeleine, serra la main de Victor puis celle des trois monstres avant de se mettre à quatre pattes pour leur expliquer comment marchait sa foutue caméra. Pour une fois, je trouvai sa caméra drôlement utile. Sa présence détendit l'atmosphère, retarda l'heure du souper et me permit de servir plus d'apéritifs que nécessaire et de soûler mes invités. Quant à Julien Paradis, il interviewa les enfants à tour de rôle en les parquant dans un fauteuil, et leur demanda ce qu'ils préféraient manger. Il y en eut deux pour le poulet et le plus petit pour la pizza. Ce dernier crut bon d'ajouter que papa, l'autre jour, était parti chercher de la pizza et n'était pas revenu. Mais comme Victor en était à son quatrième scotch et Madeleine à son troisième verre de vin, ils firent semblant de ne rien entendre, le premier en allant aux toilettes et la deuxième en fixant si intensément un vase sur une étagère qu'il faillit se mettre à léviter.

Au moment de passer à table, Julien Paradis me demanda de faire le service. Je ne compris pas immédiatement pourquoi il me priait d'exécuter ce qui d'habitude le remplissait de fierté. Je compris en apportant le plat de mini-pizzas et en découvrant Julien Paradis debout à l'extrémité de la table en train de filmer le prélude au repas.

Le souper avait été baptisé *souper du cinéma-vérité*. L'idée était de Victor, qui baptisait ainsi chaque souper. Il y avait déjà eu le souper des amours impossibles, du temps où Dolores et moi étions célibataires. Puis le souper des causes perdues, quand j'avais été incapable de prendre l'avion pour des vacances au Mexique. Il y avait aussi eu le souper des rendez-vous manqués avec l'histoire. Celui-là, je ne me souviens plus s'il avait été célébré le soir du référendum. Toujours est-il que tout souper avec Victor était prétexte à un rituel soulignant soit un échec personnel, soit une défaite collective.

Je servis les enfants les premiers, et les entendis glousser de joie. Puis, délicatement, je déposai une pizza dans l'assiette de Madeleine, qui gloussa à son tour avant de renverser le contenu de son verre sur la pizza qui se transforma en purée de boudin. Julien Paradis filma l'incident en gros plan et me suivit jusqu'à la cuisine où je me retins pour ne pas lui balancer un torchon et quelques casseroles à la figure. Je changeai l'assiette de Madeleine en épongeant autour et lui servis une autre pizza. Et comme je passais à Victor, j'entendis Madeleine, cette fois, s'étouffer avec sa première bouchée. Victor voulut la soulager en lui tapant dans le dos, mais étant donné qu'il était gaucher et que Madeleine était à sa droite, il accrocha la bouteille de vin qui cassa une assiette avant de répandre sa nappe rouge sur la nappe de papier. Les enfants applaudirent à tout rompre puis enchaînèrent avec un concert de couteaux et de fourchettes.

Au poulet, les choses se gâtèrent. J'étais tellement énervée que je laissai échapper une cuisse de poulet sur la jupe de Madeleine. Il faut dire que son benjamin avait la vilaine manie de se balancer sur sa chaise. Il venait juste-ment de basculer vers l'arrière et de se cogner la tête contre le rebord du buffet. Il beugla tellement fort que, dans mon émoi, je ratai la cible, et le poulet de Madeleine tomba légèrement à côté de l'assiette. Victor voulut arrêter mon geste pendant que Madeleine courait aux pieds de son fils, mais le mouvement mal coordonné fit glisser deux autres cuisses qui s'écrasèrent mollement sur ses souliers. Nouveau concert de couteaux et de fourchettes. Nouveaux gros plans de la caméra. Le souper du cinéma-vérité dégénérait en souper des brûlures d'estomac même si le poulet était exquis et que le plus dangereux des trois monstres en voulût une seconde ration. J'avais posé le plat au milieu de la table, mais le monstre était trop petit pour le rejoindre. Il y alla avec ses mains et avec les trois quarts de son corps, renver-sant du coup son propre verre ainsi qu'une chandelle mal ancrée dans son socle. La chandelle brûla dans la nappe que j'avais malheureusement choisie en papier. Le feu se propagea rapidement le long de la table avant d'être éteint par une copieuse rasade de vin rouge.

N'en pouvant plus, je me levai stoïquement et m'enfermai dans ma chambre pendant le reste de la soirée. Les invités eurent beau venir frapper, je fis la sourde oreille. Je crois qu'ils partirent rapidement après le dessert : des œufs à la neige apprêtés par Julien Paradis qui avait trouvé le moyen au cours de cette charmante soirée de manger tout en faisant tourner sa caméra. Je crois même que j'entendis Victor déclarer avec satisfaction qu'il ne s'était jamais autant amusé. En partant, il demanda à Julien Paradis de lui faire une cassette de la soirée.

17

L'AVION SANS AILES

L'appartement ressemblait à un dépotoir. Je ne faisais plus le ménage. Je n'essayais même plus de me débarrasser de Julien Paradis. Je m'habituais à lui comme à un meuble qu'on a aimé mais qu'on ne voit plus. Je ne faisais rien, sinon tourner en rond dans ma cage, rongée par une forme de cancer qui me rendait morne et végétative. Il faut dire que le mois de février, le pire mois de l'année, n'arrangeait pas les choses. C'est un mois que j'aurais volontiers rayé du calendrier. Un mois contre-productif, disait Julien Paradis qui n'était guère plus actif que moi et restait cloué par l'électricité statique à l'écran de la télé.

— Pourquoi ne travailles-tu pas à ton projet de femmes pilotes ? demandait-il.

— Pourquoi n'écris-tu pas ton roman ?

Au fond, nous attendions tous les deux quelqu'un ou quelque chose qui nous sortirait de notre torpeur et nous pousserait à l'action. Dans mon cas, le quelqu'un ne devait pas tarder à se manifester, et c'est du reste Julien Paradis qui me mit sur sa piste. Il était en train de regarder la télévision lorsque j'entendis sa voix s'élever du salon.

— Viens vite, Alice ! il faut que tu voies ça...

Combien de fois m'étais-je ainsi précipitée à l'appel de Julien pour découvrir que l'objet de son ravissement était un reportage sans intérêt sur les mammifères ou les insectes ! Cette fois, je pris mon temps entre la cuisine et le salon. J'arrivai pour les dernières images d'un reportage qui datait d'au moins un an et ressemblait à une publicité idéologique pour ménagères radicales. Le reportage faisait partie d'une série d'émissions sur des femmes pas comme les autres : des femmes plombiers, des tireuses de joints ou encore des conductrices de poids lourds à la baie James qui ne se sentaient pas moins féminines pour autant. L'héroïne du jour avait la particularité de piloter des avions.

— C'est ton personnage, fit Julien Paradis avec conviction. C'est elle, y'a pas de doute.

Il avait pris en note le nom de la fille ainsi que le nom de la recherchiste qui l'avait dénichée et me pressait de fouiller le dossier immédiatement. Je lui répondis qu'il devait y avoir des centaines de filles qui pilotaient des avions. Celle-ci ne semblait pas différente des autres.

— Tu ne l'as pas vue en entrevue, objecta Julien Paradis. C'est une fille exceptionnelle !

Je pris le bout de papier qu'il me tendait avec insistance et promis de vérifier la chose. Ce fut plus compliqué que prévu, la recherchiste ayant disparu de la circulation pour aller faire pousser des fruits et des légumes en serre. Quant à la réalisatrice du reportage, on l'avait parachutée à *La Soirée du hockey*, et j'eus toutes les difficultés du monde à la retrouver dans le dédale des couloirs et des étages de la station de télévision pour laquelle elle travaillait. Un matin, pourtant, je lui parlai enfin au téléphone. Elle se souvenait vaguement du reportage et du nom de la fille.

— Ah oui, c'était un drôle de numéro. Pas très représentative, déclara-t-elle.

Représentative de quoi, je ne le sus jamais. Elle me refila alors le nom d'un journaliste qui avait écrit le premier reportage sur elle. Celui-ci me rappela après une semaine et au moins dix appels de ma part. Il connaissait bien la fille. C'était la cousine de son beau-frère. Elle habitait la région de Saint-Hubert. Malheureusement, son téléphone était coupé. Il fallait appeler chez le voisin dont il me donna le nom. Je commençais sérieusement à douter du bien-fondé de l'entreprise lorsque me parvint à l'autre bout de la ligne la voix rabougrie d'un vieux monsieur qui m'informa que je pouvais passer n'importe quand. De toute façon, la fille ne sortait jamais. Et c'est avec des indications approximatives que j'entrepris un voyage dont je mis longtemps à revenir ; il m'arrive même de croire que je n'en suis pas encore tout à fait revenue.

*   *   *

La petite maison en déclin bleu était plantée comme un épouvantail au beau milieu d'un champ nu et blanc. Elle était flanquée d'une cabane à chien, également en déclin bleu et désertée comme la maison. J'eus beau frapper aux vitres sales de la cuisine en collant le nez et en plissant les yeux, mon regard ne rencontra que les restants d'un déjeuner qui traînaient sur la table basse comme si l'occupant solitaire de la maison avait été interrompu dans son rituel quotidien par une urgence nucléaire. Je remarquai toutefois la vieille camionnette, couleur sang de bœuf, garée à proximité de la cabane à chien, signe que si la maison était habitée par des fantômes, ceux-ci éprouvaient par moments le besoin de prendre l'air. Et comme je me retournai sur la galerie pour scruter l'horizon, j'aperçus, ici et là sur le terrain, des moteurs d'avions rouillés, des bouts de tôle tordus et recouverts de neige, une hélice posée comme une sculpture près de la porte de la grange qui, balayée par une rafale, s'ouvrit en grinçant. J'étais à moins de vingt kilomètres de Montréal, et pourtant je me sentis tout à coup très loin non seulement de la ville, mais de la civilisation occidentale. Et, n'eût été le but de ma visite, je crois que je serais partie sans me retourner et sans le regretter non plus.

Je m'approchai de la grange. Le soleil et le froid s'immisçaient par toutes les coutures du bâtiment qui craquait à chaque nouveau coup de vent. Je risquai un premier pied à l'intérieur et fus immédiatement saisie par l'humidité glaciale qui y régnait. Mon corps se mit à trembler et mon haleine pratiquement à produire des cubes de glace. J'avançai à tâtons dans la grange. Les bras serrés autour de mon gros manteau matelassé, j'aperçus finalement une immense structure semblable à une chauve-souris géante qu'une forme humaine de sexe indéterminé astiquait de haut en bas. Je m'approchai en me raclant la gorge et en marquant chaque pas dans la terre gelée pour que, dans sa stupeur, la forme humaine ne m'abatte pas d'un coup de .22. Mais la forme m'attendait et releva sans étonnement la tête qu'elle portait coiffée comme un bol de flanc renversé. Elle était vêtue d'une salopette de l'armée et d'une veste en cuir tavelé bouffant sous ses trois couches d'épais cardigans.

Grande, maigre, le visage plutôt ingrat avec un nez trop fin et un menton trop long, Carole D. Comète continua à astiquer son avion, un PA-18, Piper Super Cub. Je reconnus l'avion que pilota jadis Saint-Exupéry, avec la nuance que le modèle de Carole D. Comète était peint en bleu Bahamas.

Elle pouvait avoir quelque part entre vingt-sept et soixante-trois ans. Son âge était aussi indéterminé que son sexe, que je savais pourtant biologiquement féminin. Carole Danièle Comète, que tout le monde appelait Dan Comète vu l'ambiguïté de son nom et de son sexe, était une légende dans le village attenant et dans tous ceux de la région. Sa légende avait même franchi les abords de Montréal et la première page des journaux après qu'elle eut retrouvé un enfant perdu au fond d'un bois en se promenant en avion. Dan Comète était le genre de fille qui ne s'intéressait qu'aux enfants perdus au fond des bois ou aux femmes abandonnées sur le bord de la route par des maris qui n'avaient pas la patience d'entreprendre une procédure de divorce. Il lui arrivait aussi de prendre en chasse des chauffards. Elle faisait semblant d'atterrir sur le capot de leur voiture ou à quelques mètres de leur pare-chocs, les obligeant ainsi à ralentir. Dommage que Bob et Dolores ne l'aient pas croisée sur leur route à ce moment-là. Ils auraient tellement eu la frousse qu'ils lui auraient immédiatement remis les clés de la BMW et seraient rentrés à pied.

Dan Comète n'était pas un pilote comme les autres, et Julien Paradis avait eu raison de me le signaler. Non seulement elle pilotait des avions depuis l'enfance, mais elle avait eu la particularité de naître dans l'un d'eux pendant que ses parents survolaient Chibougamau. Son père était pilote pour le service des incendies de forêt. Quand elle eut deux ans, il l'installa entre ses cuisses et la laissa piloter avant même qu'elle ne sût parler. Lorsqu'il mourut en piquant contre le flanc d'une montagne pendant une tempête, Dan Comète, alors âgée de douze ans, jura de poursuivre la tradition paternelle et de devenir la plus grande femme pilote de son temps. À sa majorité, lorsqu'elle obtint son permis, elle aurait pu facilement joindre les rangs des pilotes d'Air Canada. Mais Dan Comète se voyait mal en simple pilote d'une ligne commerciale transportant de vulgaires touristes entre Montréal et Sault-Sainte-Marie. Dan Comète était née pour piloter un avion, mais pas n'importe lequel et pas à n'importe quelles conditions ! Elle se voyait comme une sorte de Robin des Airs de la région de Saint-Hubert. Elle voulait mettre son avion au service de la société, projet pour le moins inusité quand on connaît le prix du carburant.

Quand elle ne volait pas au secours des veuves et des orphelins, Dan Comète partait à la chasse dans le Grand Nord, d'où elle ramenait un ou deux chevreuils que du reste elle ne mangeait jamais puisque, en plus d'être pilote, elle était végétarienne. Dan Comète chassait pour l'unique plaisir d'attendre sa proie des jours durant avant de lui tirer une balle entre les deux yeux. En revenant, elle dépeçait les bêtes et donnait leur viande aux œuvres de charité.

En l'écoutant parler avec sa voix lente et basse de fille qui ne s'en laisse pas imposer, je vis tout suite en elle la vedette de mon documentaire. Elle nous changerait des hôtesses de l'air et d'autres objets volants non identifiés. Je voulus savoir comment elle avait réussi à voler à deux ans, alors que moi je ne savais toujours pas plonger. J'appris qu'il n'y avait pas une grande différence entre la plongée sous-marine et le pilotage d'un avion. Pour Dan Comète, ces deux activités participaient du même mouvement. D'une manière comme de l'autre, il fallait s'en remettre aux éléments sans craindre de manquer d'air, ce qui pouvait se passer en bas comme en haut. Ce qui me fascinait le plus chez elle, c'est qu'elle ne connaissait pas la peur.

— La peur, c'est relatif, décréta-t-elle.

Sans cesser d'astiquer son avion, Dan Comète m'en parla avec la vénération que d'autres réservent à un amant particulièrement doué. Elle m'expliqua la fonction essentielle de chaque vis et de chaque boulon, puis m'entraîna dans la cabine. Elle prit place devant le manche tandis que je restai sur le marchepied en sentant déjà le vertige me gagner. Je n'avais jamais vu une fille s'enthousiasmer autant pour la mécanique, et lorsque je le lui fis remarquer, elle me répondit que c'était une question de vie ou de mort, à preuve son défunt père, emporté par un problème mécanique. Je faillis lui répondre que, tôt ou tard, nous serions tous emportés par un problème mécanique, mais de telles réflexions n'avaient pas leur place dans le sanctuaire de Dan Comète.

Je l'écoutais en voyant déjà défiler les images de mon documentaire. Et pendant qu'elle continuait à parler des problèmes de radar et du maudit examen médical qu'elle devrait passer tous les deux ans jusqu'à quarante ans, je notai les formidables contre-plongées que nous pourrions prendre de la cabine ou alors du sol. J'imaginai son visage pâle et concentré au moment où elle prend son envol et où la liberté n'est plus qu'une question de secondes arrachées à l'attraction terrestre. Elle était parfaite, tellement parfaite que je voulus sur-le-champ lui faire signer un contrat. Nous allions réaliser ensemble un grand film, lui dis-je, et montrer au monde que si les pilotes étaient des femmes, les avions s'écraseraient moins souvent.

— Sauf que tout ça, c'est bien fini, objecta Dan Comète après que je lui eus raconté les grandes lignes de mon projet.

— Comment ça, fini ! m'écriai-je en voyant déjà mon film se figer et fondre sous la chaleur d'un projecteur défectueux.

— Parfaitement, déclara Dan Comète. Je ne vole plus et je crois bien que je ne revolerai pas avant longtemps.

Dan Comète, avait-on omis de me dire, ne pilotait plus depuis six mois. Je crus d'abord que le mauvais temps et l'obligation de déglacer l'avion à tout bout de champ avaient freiné ses ardeurs. Mais non. Dan Comète refusait désormais de piloter son avion parce que sa légende avait précipité vers son hangar non seulement le journaliste de la famille, mais tous les autres journalistes et concessionnaires de la région qui lui réclamaient soit une entrevue, soit lui proposaient l'endossement d'une voiture ou d'une marque de bière. Dan Comète n'aimait pas l'idée qu'on veuille la récupérer de la sorte. Depuis six mois, elle se contentait d'astiquer quotidiennement son avion tout en réfléchissant à son avenir.

Dan Comète voulait bien être la plus grande femme pilote de son temps, mais elle refusait tous les compromis qui auraient pu l'aider à le devenir, refus qui la plaçait dans une position plutôt inconfortable. C'est ce que j'essayais vainement de lui expliquer en brandissant tous les arguments idéologiques de mon passé de militante. Et voyant que la fibre militante de Dan Comète n'était pas particulièrement sensible, je me rabattis sur le sacrifice inhumain qu'elle s'imposait par pur entêtement. Elle ne pouvait pas se priver de son plus grand plaisir sur terre sous prétexte qu'on voulait la récupérer et en faire un symbole pour la société. D'autant plus qu'elle-même avait promis, sur la tombe de son père, d'être la plus grande femme pilote de son temps. Mais Dan Comète n'était pas portée sur la dialectique. Elle se méfiait de mes allures de fille de la ville. Elle ne voulut rien entendre. Il n'était pas question qu'elle participe à mon film ni à aucun autre film.

— De toute façon, je ne pilote plus, ce qui revient à dire que je ne suis pas intéressante, trancha-t-elle.

J'eus beau lui dire qu'en plus d'être intéressante, elle

se trouvait devant un dilemme fascinant, Dan Comète
refusa que je filme son drame. Même si on simule le vol ? fis-
je sournoisement. Après tout, il m'importait avant tout de
l'avoir en gros plan dans sa cabine. Le cinéma étant une
entreprise de pure fabrication, il n'était pas vraiment nécessaire que l'avion vole vraiment. Dan Comète se fâcha.

— Les vols simulés, c'est pas mon genre, tonna-t-elle.

Je quittai la grange précipitamment, en promettant
toutefois à Dan Comète de la rappeler au cas où...

— C'est ça, fit Dan Comète, on ne sait jamais, c'est
ce que me disait toujours mon père...

Dehors, c'était pratiquement l'été en comparaison de
l'ère glaciaire qui sévissait dans sa tanière. Je traversai le
grand champ nu et gelé, me retournant de temps en temps
pour contrer l'éventuelle attaque d'un chien méchant.
Quand je fus bien au chaud dans la voiture, portières et
vitres fermées, je m'apitoyai un instant sur mon triste sort
et sur l'échec de ma première rencontre avec Dan Comète.
Décidément, je n'avais pas le tour de parler aux gens ni de
les convaincre de quoi que ce soit, pestai-je en essayant en
vain de faire démarrer la voiture. Dan Comète dut l'entendre râler. Elle s'amena avec ses grandes jambes et le
sourire condescendant d'une fille de la campagne pour qui
les gens de la ville sont des restants de race empêtrés dans
leurs bottines. Elle me considéra un instant avant de s'es-
claffer devant mon air piteux. Puis elle sauta dans sa camionnette rouge sang de bœuf et fit rugir le moteur.
Quand, à travers le rétroviseur, je la vis foncer dans ma
direction, c'était déjà trop tard. Elle rentra carrément dans
mon pare-chocs arrière et le coup fit non seulement démarrer la voiture mais naître une prune sur mon front.
Après quoi, Dan Comète décida de me dépasser à fond de
train en klaxonnant. Même si je ne l'ai pas entendue, je suis

prête à mettre ma main au feu qu'elle a ri de moi jusqu'au village, qu'elle a ri à gorge déployée. Certains soirs de grand froid, je l'entends rire encore.

18

ÉCRIRE NE FAIT PAS DE BRUIT

De retour à l'appartement, je découvris Julien Paradis en train d'étudier une mouche qui ne venait certainement pas de l'extérieur puisqu'il faisait au moins trente sous zéro et qu'aucune mouche qui se respecte ne circule par une pareille température. Julien Paradis me servit tout un discours sur ladite mouche qu'il comparait ni plus ni moins à un boat people ayant miraculeusement échappé au sort tragique des siens. Pas un boat people, rectifiai-je, plutôt un bateau-mouche. Mais Julien Paradis n'apprécia pas le jeu de mots. Les mots, ces jours-ci, lui occasionnaient de vives migraines en refusant de se faire écraser par son stylo.

— Ne me parle pas des mots, gémit Julien Paradis. Ce sont des tyrans.

Les mots étaient peut-être des tyrans, mais ce n'était certainement pas en fréquentant des mouches qu'il allait régler leur cas.

— La meilleure façon d'attraper les mots, dis-je, c'est

229

de les attendre, tapi dans un coin sombre comme à la chasse au chevreuil.

— T'as rien compris, déclara Julien Paradis. Écrire, c'est pas attendre sa proie, c'est attendre l'état de grâce. Et l'état de grâce ne peut se manifester que lorsqu'il n'y a aucune interférence de l'extérieur.

— Je peux m'en aller, si tu veux, fis-je, quelque peu insultée.

— Ça n'a rien à avoir avec toi, c'est l'appel de l'extérieur qui fait cela, m'expliqua-t-il.

Je trouvais l'argument plutôt faible, sans compter que ma discussion avec Dan Comète m'avait fait comprendre que l'écriture était un sport autrement plus aisé que le documentaire. Pas besoin de soudoyer qui que ce soit pour écrire. Pas besoin de demander la permission à un personnage pour qu'il accepte de jouer un rôle dans un roman. Aucun obstacle ne pouvait empêcher quelqu'un d'écrire.

— Oui, un seul, objecta Julien. Le pire obstacle de tous : soi-même.

— Qu'est-ce que tu racontes ! Si t'as envie d'écrire, pourquoi tu ne le ferais pas ? C'est ridicule ! Dans le fond, tu irais bien avec Dan Comète.

— Ah, oui ? fit Julien Paradis avec un regain de vie. Faudrait que tu me la présentes.

— Ça m'étonnerait, répliquai-je, elle ne veut rien savoir de personne.

— Intéressant, fit Julien, visiblement intrigué. Je sens qu'elle pourrait peut-être m'aider.

— T'aider ? répétai-je avec étonnement. À faire quoi ?

— À voler, fit Julien avec un air mystérieux.

— C'est pour un passage dans ton roman, je suppose ? Tu tombes mal, elle ne pilote plus depuis six mois.

— J'en étais sûr, dit Julien Paradis, qui semblait comprendre Dan Comète comme si elle était sa sœur. Si tu veux mon avis, cette fille pourrait nous donner un sérieux coup de main.

Je ne voyais pas en quoi Dan Comète pourrait nous aider. Elle refusait de s'aider elle-même, pourquoi ferait-elle une exception pour des étrangers ? Mais Julien Paradis revint à la charge en disant qu'on pourrait la faire changer d'idée. Selon lui, le problème de Dan Comète n'était que temporaire.

— Peut-être, fis-je avec scepticisme, mais je ne peux quand même pas passer ma vie à attendre Dan Comète.

— Elle doit être en panne, dit Julien Paradis, voyant évidemment une analogie entre sa propre situation et celle de la pilote. C'est l'appel de l'extérieur qui fait cela, répéta Julien. Tu ne peux savoir à quel point l'appel de l'extérieur est fort, à quel point c'est difficile d'y résister.

— C'est quoi, ça, l'appel de l'extérieur ? fis-je en levant les yeux au ciel. Encore un autre prétexte pour ne pas écrire ?

— Pas un prétexte, rectifia Julien Paradis, une fatalité.

L'appel de l'extérieur, selon Julien Paradis, pouvait être n'importe quoi : un coup de téléphone, une mouche, le facteur à la porte, une intrusion dans la mécanique même de la création qui forçait le créateur à poser un choix entre son art et les autres.

— Il faut détester la vie au plus haut point pour la sacrifier à une page blanche, tu ne crois pas ? demanda Julien. Donne-moi une seule bonne raison pourquoi je devrais m'enfermer dans mon bureau plutôt que d'aller prendre l'air.

— Parce qu'il fait trente sous zéro, qu'on est au mois

de février, que la ville est un cimetière et que tu ne manques absolument rien en t'enfermant ne serait-ce que quelques heures par jour devant ton roman.

— Oui, ça, c'est valable pour le mois de février, mais les autres mois de l'année ? Pourquoi écrire quand il y a tant de choses à faire et tant de gens intéressants à rencontrer ?

— Intéressants ? Qui ça ?...

Ma réponse ne plut pas à Julien Paradis qui en fut proprement offensé. Il prit ma remarque pour une accusation. Je l'accusais de ne pas être intéressant alors que je ne savais rien de lui et que je ne faisais rien pour y remédier.

— Julien Paradis ! criai-je exaspérée. Je t'ai cuisiné pendant deux mois sans résultats.

— Oui, mais maintenant je suis prêt à tout te dire.

— T'avais qu'à te décider avant, moi je n'aime pas les gens qui remettent à plus tard ce qu'ils auraient pu faire la veille.

— Il faut être patient et attendre le bon moment.

— Qui décide du bon moment, toi ou moi ? Moi, mon bon moment est passé. Tant pis pour toi.

— Tu ne comprends pas : j'ai besoin de te raconter mon histoire pour avancer.

— Va voir un psy, dans ce cas-là.

— C'est pas de la thérapie, c'est une façon de se mettre en forme.

— En forme de quoi ? demandai-je.

— En forme d'écrivain, répondit Julien.

— Un autre prétexte pour gagner du temps, Julien, je commence à te connaître, tu sais...

— Non seulement tu ne me connais pas, se fâcha-t-il, mais tu ne peux pas savoir ce que c'est, écrire. PERSONNE ne peut savoir.

— Surtout pas toi, Julien Paradis... Je ne t'ai jamais

vu écrire. Ni entendu, du reste.

C'est alors que Julien Paradis me sortit un curieux raisonnement. Tu ne m'as pas entendu, répondit-il, parce que écrire ne fait pas de bruit. Il le disait au sens littéral et figuré du terme. Aucun art ne fait moins de bruit que celui-là, prétendait-il. Un écrivain peut rester des heures, des jours, des années enfermé dans une pièce sans faire de bruit.

— As-tu déjà essayé de filmer un écrivain ? demanda Julien. C'est ridicule. Un metteur en scène, oui, n'importe quand. Un chanteur, un acteur, un musicien, oui aussi. Mais avec un écrivain, il n'y a rien à filmer, sinon un type tout seul dans une pièce qui s'imagine des histoires. As-tu déjà essayé de filmer l'imagination de quelqu'un ? C'est impossible. La pellicule ne le digère pas.

— Pourquoi veux-tu à tout prix qu'on te filme ? fis-je avec exaspération. C'est une manie chez toi, t'es exhibitionniste ou quoi ?

— Un écrivain n'existe pas tant qu'il n'a pas écrit, et à la limite on ne sait jamais si c'est vraiment un écrivain. C'est un peu comme la paternité. Ça n'existe pas, sauf à l'hôpital quand on te demande de reconnaître officiellement ton enfant. Et tu le reconnais même s'il est l'enfant de l'amant de ta femme. Même chose pour un roman. Tu peux toujours dire que c'est toi qui l'as écrit, va donc savoir si c'est vrai.

— La vérité, Julien Paradis, c'est que tu ne veux pas écrire, point. Alors fais donc de l'élevage de mouches à la place et fous-moi la paix.

Julien retomba dans la contemplation de sa mouche maintenant enfermée dans un bocal au couvercle percé. Il commençait à me taper sérieusement sur les nerfs avec ses raisonnements qui ne tenaient pas debout. Ma mère avait raison, je perdais mon temps. Non seulement il n'était pas le sauveur que j'avais imaginé, mais plus le temps passait, plus je m'enfonçais dans la vase avec lui. Je résolus de le mettre à la porte le plus tôt possible et me dis que la meilleure façon d'accélérer le processus, c'était de me prêter à la foutue interview. Des fois, le fait de tout dire à quelqu'un nous pousse par la suite à fuir cette même personne. Combien d'hommes quittent des femmes parce qu'elles en savent trop sur eux et, inversement, combien de femmes se lassent d'hommes qu'elles connaissent par cœur ? C'était le moment ou jamais de jouer le tout pour le tout.

— Julien ! criai-je du fond de la cuisine où je me réfugiais de plus en plus souvent. Si tu veux vraiment qu'on fasse l'interview, je suis prête.

Julien Paradis se ramena en quatrième vitesse dans la cuisine.

— Tu veux vraiment ? jubila-t-il.

— Oui, vraiment, l'assurai-je.

Il disparut aussitôt dans le bureau où il avait rangé l'équipement. Je l'entendis fouiller pendant quelques minutes en sifflant.

— J'installe la caméra dans mon bureau ! m'annonça-t-il. C'est le meilleur endroit dans l'appartement, je m'y sentirai plus à l'aise pour parler ouvertement.

Son enthousiasme m'exaspéra, mais je me gardai de le lui manifester. La meilleure façon de se débarrasser de quelqu'un, c'est encore de lui dire oui. Oui jusqu'à demain matin, oui jusqu'à l'année prochaine.

Julien avait bouché la fenêtre du bureau avec un drap et posé un semblant de réflecteur sur la table de travail dans l'axe de la chaise où il prendrait place. Il partit chercher une plante et l'installa dans l'arrière-plan, histoire de faire comme à la télévision. Je le laissai faire sans rien dire. S'il voulait en plus être le metteur en scène, c'était son droit.

Au bout d'une bonne heure, il m'annonça que l'installation était terminée et que nous pouvions commencer. Mais à peine assis, il constata qu'il manquait deux boutons à sa chemise et qu'il ne pouvait se présenter ainsi. Il disparut dans la chambre à coucher et en émergea, frais coiffé et portant une chemise de bûcheron que je ne lui connaissais pas.

— C'est pour se mettre dans l'atmosphère, plaida-t-il. Tu vas voir, c'est à cause de mon enfance.

Il prit de nouveau place sur la chaise droite pendant que je me campais derrière la caméra ; puis, au moment où j'actionnai l'appareil, il se mit à gigoter nerveusement comme s'il allait être éjecté de son siège par un ressort caché.

— C'est la chaise, avoua Julien Paradis, elle m'empêche de me détendre.

— Très bien, changeons de chaise, fis-je en me retenant à deux mains pour ne pas l'étrangler.

Julien partit en flèche et revint en traînant son fauteuil préféré, celui où il passait des heures à mieux vivre son coma.

— Ah, ça, c'est nettement mieux, dit-il en se calant dans le fauteuil et en croisant les jambes comme il avait vu certains écrivains le faire à la télévision. On peut y aller, lança-t-il, je suis prêt, pose-moi la première question.

La première question ? Quelle première question ? Je venais de me rendre compte que je ne savais pas par où commencer. Il y avait tellement de questions à poser qu'elles s'annulaient entre elles. J'hésitai un instant et, juste comme il m'en venait une à l'esprit, la sonnette retentit coupant court à mon inspiration.

— Merde ! pesta Julien, qui se leva néanmoins pour aller répondre.

C'était Victor. Madeleine n'était pas à la maison et il avait oublié sa clé. Julien l'entraîna dans la cuisine en l'assurant qu'il ne nous dérangeait pas. Sur le coup, j'hésitai entre la colère et le soulagement. Nous étions si près du but et voilà que tout s'écroulait. En même temps, l'arrivée inopinée de Victor était peut-être le signe que nous brûlions des étapes et que nous jouions avec le feu. Et puis avions-nous vraiment besoin de ce cirque pour mettre cartes sur table ?

J'abandonnai la caméra sur son trépied, éteignis le réflecteur et sortis de la pièce. Victor se tenait debout dans la cuisine avec embarras. Quant à Julien, il avait commencé à préparer le café comme s'il avait déjà oublié qu'il y avait quelques minutes à peine, il avait failli me livrer son âme.

— Vous êtes sûrs que je ne vous dérange pas ? répéta Victor en me voyant refermer la porte du bureau.

Julien s'empressa de le rassurer en lui disant que nous ne faisions que nous amuser avec la caméra.

— Madeleine n'est pas là ? fis-je à Victor.

— Elle a dû aller faire des courses, répondit Victor en détournant le regard du côté de la machine à café. Au fait, reprit-il, tu n'aurais pas un double des clés ?

J'avais effectivement un double, mais comme mes voisins n'en avaient jamais eu besoin, je l'avais égaré il y a longtemps dans un de mes nombreux tiroirs.

— De toute façon, Madeleine ne devrait pas tarder à arriver, non ? fis-je innocemment.

— On ne sait jamais, répliqua Victor avec un sourire presque gêné.

Quelque chose ne tournait pas rond. D'abord, Victor n'oubliait jamais ses clés. Quant à Madeleine, la plupart du temps elle s'absentait pour quelques minutes et alors laissait la porte d'en arrière ouverte.

— As-tu essayé par derrière ? demandai-je.

— C'est fermé, fit Victor en prenant une gorgée de café.

— Au moins, ça prouve qu'on peut pas rentrer comme on veut chez vous, fit Julien avec pragmatisme.

— Je veux bien, sauf que moi, j'aimerais pouvoir rentrer chez moi quand bon me semble, surtout à trente sous zéro, fit Victor avec ce petit ton autoritaire qui indiquait qu'il avait tous les droits et que sa femme n'en avait aucun.

— T'en fais pas, mon vieux, fit Julien avec familiarité, tu peux rester ici tant que tu veux.

— Si je comprends bien, ajoutai-je lentement en allumant une cigarette, Madeleine t'a mis à la porte...

Victor croisa les bras en me regardant avec un sourire crispé.

— Elle n'était pas de très bonne humeur ce matin... je crois qu'elle est un peu débordée ces temps-ci... Les enfants lui font la vie dure... mais tu en sais peut-être plus long que moi ? fit Victor en m'invitant, mine de rien, à déballer mon sac et à lui apprendre ce qui tracassait sa femme.

— Madeleine ne m'a rien dit, fis-je avec détachement.

Victor avait décroisé les bras et se grattait la nuque. S'il pensait que j'allais lui faire des confidences, il se mettait un doigt dans l'œil. De toute façon, je ne savais rien. Enfin, je pouvais facilement imaginer ce qui s'était passé, mais je n'en ferais certainement pas cadeau à Victor.

— Tu peux t'installer dans mon bureau, proposa Julien pour dissiper le malaise.

— Merci, fit Victor en prenant une dernière gorgée de café et en se levant, je crois que je vais retourner à

237

l'université, j'ai du travail à faire. Si jamais Madeleine appelle, vous lui faites le message, hein ? De toute façon, je vais laisser une note sur la porte.

— C'est ça, fis-je sans conviction.

— Si jamais il y a un problème, fit Julien en lui posant la main sur l'épaule, ne te gêne surtout pas, il y a de la place ici. Hein, Alice ?

Je répondis en faisant des ronds avec la fumée de ma cigarette. Je savais très bien que Madeleine reviendrait probablement d'une minute à l'autre. Elle avait sans doute proféré quelques menaces le matin même et timidement essayé de les mettre à exécution. Elle se raviserait bientôt, non pas par peur de perdre Victor, mais par conviction qu'il en profiterait.

Julien raccompagna son nouvel allié à la porte tandis que je restais assise dans la cuisine et écrasais lentement mon mégot dans la soucoupe de ma tasse de café. Je savais que Julien détestait cette vilaine habitude que j'essayais mollement de corriger. Pour une fois, je me fis un plaisir de le défier. Lorsqu'il revint, il ne fut pas question de reprendre notre séance de cinéma-vérité. Julien avait perdu son enthousiasme. Quant à moi, j'avais retrouvé ma bonne vieille méfiance.

— C'est quoi, le fin fond de l'histoire ? demanda Julien en rinçant sa tasse.

— C'est justement ce que j'avais envie de te demander, fis-je.

— Je parle de Madeleine et Victor.

— Et moi, je te parle de toi.

— Qu'est-ce que tu veux savoir exactement ?

Je ne répondis pas tout de suite et laissai le silence faire durer le suspense. Je voulais savoir beaucoup de choses, mais au fond, une seule m'importait vraiment.

— Avec qui vivais-tu avant moi ?

Julien soupira, ramassa ma soucoupe en regardant de travers le mégot qui y avait échoué.

— Tu ne la connais pas, alors quand bien même je te dirais son nom...

— Montre-moi une photo. Tu dois bien en avoir une.

Julien se frotta le menton et sembla réfléchir un instant. Il connaissait aussi bien que moi l'effet dramatique d'un silence. Sa durée pouvait changer le cours des choses. Julien était particulièrement habile sur ce terrain-là. Il se préparait une porte de sortie, c'était clair.

— Tu sais bien qu'il n'y a eu personne avant toi, mentit Julien.

Je faillis le fusiller sur-le-champ. À la place, je sortis en trombe de la cuisine et fis claquer toutes les portes de l'appartement avant de me précipiter dans la chambre et de sortir une valise dans laquelle je me mis à enfouir les affaires de Julien Paradis. La comédie avait assez duré. Je n'en pouvais plus. Julien arriva sur ces entrefaites en m'assurant doucement qu'un jour il me raconterait tout.

— Un jour ! hurlai-je en donnant de gros coups de poing dans le mur et en faisant cascader les cadres des tableaux qui y séchaient. Un jour, mon œil ! fis-je en martelant maintenant le lit et en jetant tous les coussins qui me tombaient sous la main au visage de Julien Paradis.

Pour me calmer, Julien Paradis sortit de son portefeuille une photo. C'était son ex. Elle s'appelait Françoise. Elle était aussi blonde que j'étais brune et regardait l'objectif avec un sourire résigné. Voilà, dit Julien Paradis en venant s'asseoir sur le lit, c'est la seule autre femme que j'ai aimée avant toi, je te le jure.

— Présente-moi dans ce cas-là, fis-je avec défi.

— Tu n'y penses pas ? répondit Julien Paradis.

— Si, justement, j'y pense. Je suis certaine que nous aurions beaucoup de choses à nous dire, poursuivis-je avec entêtement.

— C'est impossible, trancha-t-il.

— Pourquoi donc ?

— Elle ne vit plus ici.

— Ah non, elle vit où ?

— Je ne sais pas, elle a quitté le pays.

— Le pays ?

— Enfin, la ville... dit-il évasivement.

Voyant que j'étais à bout d'arguments, Julien s'éclipsa de la chambre en me laissant seule avec les valises. Je compris ce jour-là que les gens ne mentent jamais. Ils oublient seulement de dire certaines vérités.

19

DES PROMESSES, DES PROMESSES...

J'ai quatorze ans. Mes parents ne cessent pas de crier malgré la promesse formelle qu'ils font chaque jour de ne pas recommencer. Mais les promesses de mes parents sont comme la rosée : elles s'évaporent pendant la journée. Ils ont beau dire qu'ils ne se disputeront plus jamais, le lendemain, ils crient déjà au déjeuner et ne cessent qu'à la nuit tombée. Ils crient devant les salières, ils crient devant les robinets de la salle de bains. Ils crient pour un oui, pour un non. Ils crient comme s'ils avaient peur de ne pas se faire entendre. Moi, je me dis que c'est cela, l'amour : des gens qui disent tout haut ce que tout le monde pense tout bas, à savoir que l'amour, c'est l'enfer.

Mes parents continuent de crier tout au long de mes quatorze ans. Parfois ils font la trêve et parlent calmement de se séparer. Moi, je n'y crois pas vraiment à cette histoire de séparation. Mes parents sont faits pour vivre ensemble, quitte à se le reprocher éternellement. Je reste convaincue que c'est la passion qui les unit, et que si la passion peut temporairement diviser les gens, ce n'est que pour mieux les souder avec le temps. Des fois, je me demande si je ne manque pas de gros bon sens.

Quand la colère cède au silence et que je peux enfin m'entendre penser, je me demande si ce n'est pas de ma faute, tout ça ; c'est peut-être moi qui ai gâché leur ménage. Je n'ai pour preuve que la culpabilité qui m'envahit dès qu'ils s'insultent en me prenant à partie.

Les enfants ont le droit de tout savoir, tonne monsieur mon papa qui ne peut pas supporter l'hypocrisie des parents qui se disputent les lumières éteintes et les portes fermées. Ici on ne cache rien, annonce-t-il avant de reprendre la dispute là où elle avait été interrompue par la mauvaise conscience de la belle étrangère à qui il arrive de temps à autre de hurler, PAS DEVANT LES ENFANTS ! Mais les enfants ne sont pas nombreux chez nous. Il n'y a que moi et mon frère que j'appelle désormais le moron et qui me le rend bien en me traitant de sorcière. Le moron dit que c'est ma faute, tout ça. Si je n'étais pas là, nos parents vivraient en paix dans une maison calme et sans disputes qui n'approvisionnerait pas tout le quartier en électricité.

Je ne sais pas exactement quand tout cela a commencé, mais disons que le voyage de la belle étrangère n'a pas aidé à détendre l'atmosphère. Depuis qu'elle est revenue, elle n'est plus la même. Elle travaille énormément et n'a plus le temps de me raconter des histoires ou, quand elle m'en raconte, elles sont tellement compliquées que je m'y perds. De toute façon, elle est à la maison de moins en moins souvent. Vu ses absences prolongées, la maison dépérit et prend des allures d'hôtel. On y entre et on en sort constamment. Les clés prolifèrent dans tous les coins comme des champignons. On dirait que je suis la seule qui sache rester en place en retenant les murs pour qu'ils ne tombent pas sur les restants de notre famille. Quelle famille ? Je me le demande. Nous mangeons tous à des heures différentes et nous nous croisons dans les couloirs comme des voyageurs en transit dans une ville étrangère. Parfois, le propriétaire de l'hôtel pique une crise de nerfs parce que les serviettes de la salle de bains sont mal pliées. Il cherche toujours un coupable, et comme je suis souvent à proximité, c'est moi qui encaisse pour les clients qui en ont profité pour s'éclipser.

Un soir, il me fait descendre dans la cave où il se retire régulièrement au milieu d'un fouillis inextricable. Des odeurs de moisi rôdent parmi les objets rouillés et les livres d'une librairie en faillite qu'il a rachetée. Monsieur mon papa est un habitué des faillites : les siennes et celles des autres. Tout ce qu'il achète transpire la même odeur de renfermé. C'est une manie chez lui. Pourquoi acheter du neuf, dit-il, quand on peut acheter de l'usagé ? Et fort de ce principe écologique, monsieur mon papa est aujourd'hui l'heureux propriétaire d'une collection complète de machines à tricoter, d'un assortiment de sièges de bagnoles défoncés, de plusieurs cuves de machines à laver, de moteurs divers qui ne motorisent plus rien du tout, sans compter sa toute nouvelle acquisition : les restes d'une librairie inondée dont la moitié des livres ont les pages collées par l'humidité.

La belle étrangère supporte mal le côté brocanteur de son mari. Et lorsqu'elle se plaint de cet amoncellement d'objets qui ne servent à rien, monsieur mon papa lui offre toujours le même raisonnement : toi, tu ne sers à rien, et pourtant je te garde bien. La belle étrangère répond au compliment par un drôle de grincement de dents.

Ce soir, la maison est silencieuse comme un cimetière. Mon frère est chez le voisin, ma mère est perdue dans ses pensées. Moi, je suis assise dans l'escalier de la cave et je regarde monsieur mon papa rafistoler des bouts de métal avec un air de soudeur professionnel. Sur l'établi derrière lui, des montagnes de paperasses menacent de s'écrouler sur un immense bocal où il collectionne de la monnaie depuis des années. Monsieur mon papa n'a pour coffre-fort que ce bocal où les pièces s'accumulent en couches de nickel.

Je lui demande combien d'argent il économise ainsi dans son bocal. Il me répond : une fortune digne des Rockefeller. Je ne sais pourquoi ce bocal me fascine tant. Depuis quelques mois déjà, j'y puise régulièrement pour m'acheter des bricoles. Monsieur mon papa n'est pas fort sur l'argent de poche et le bocal est ce que j'ai trouvé de mieux comme banquier. Je ne prends jamais de très grosses sommes de peur que monsieur mon papa ne découvre le subterfuge, mais même les petites pièces que je lui dérobe finissent par me peser sur la conscience. Et plus elles me pèsent, plus l'envie de les voler grandit. La plupart du temps, je me contente de quelques dollars. Quand je me sens plus vaillante, j'en prends à pleines poignées et je m'achète des bonbons, des disques et des cigarettes. Monsieur mon papa ne sait pas que je fume, et cette seule pensée me remplit d'aise. Grâce à lui, je fume comme une cheminée.

Comme je fixe obstinément le bocal dans l'espoir que le niveau de la monnaie n'ait pas visiblement baissé, monsieur mon papa abandonne sa sculpture un instant pour me parler.

— Ce que j'ai à te dire est très sérieux, commence-t-il. Tu es une grande fille maintenant, on peut se parler de ces choses-là...

Je connais le ton et j'anticipe déjà le sermon. Peut-être a-t-il appris que je fumais ? Peut-être veut-il me mettre en garde contre les garçons ? Je me suis adossée contre le bois raboteux de la marche d'escalier. J'attends que le ciel me tombe dessus ou que l'escalier mal cloué dégringole. J'attends surtout une remarque désobligeante de monsieur mon papa. Mais il n'est pas lui-même ce soir. Il veut parler d'homme à homme, comme si j'étais un grand garçon. Puisque je ne suis qu'une fille, il est manifestement mal à l'aise et ne sait pas très bien comment s'y prendre.

— Si ta mère et moi on se sépare, avec qui tu veux aller vivre ? finit-il par demander.

J'avoue que je n'avais pas prévu la question. Et encore moins la réponse. Alors je fais semblant de ne pas entendre et j'observe le bocal de monnaie comme s'il contenait une recette miracle pour me sortir de cette gênante situation.

— Si tu veux aller avec ta mère, ça ne me dérange pas, dit-il, je comprends ça... Bon, alors, qui tu choisis ? fait-il avec impatience pour régler la question.

Je fais comme si je ne comprenais pas. En réalité, je me demande comment on peut poser un tel dilemme. C'est insensé. C'est comme demander à quelqu'un s'il préfère être amputé du bras ou de la jambe. D'une manière ou de l'autre, il n'est plus que la moitié de lui-même.

Je ne sais pas si je formule les choses aussi clairement, mais je finis par dire à monsieur mon papa que je tiens à mes bras et à mes jambes et que, par conséquent, je suis incapable de choisir.

— Très bien, dit monsieur mon papa, je t'achèterai un appartement et tu pourras nous y inviter.

— Un appartement à moi toute seule !

— Après tout, tu vas bientôt être en âge de vivre ta vie, dit monsieur mon papa en sachant pertinemment qu'il n'a pas l'argent pour m'acheter quoi que ce soit.

Des promesses, des promesses. Pourquoi est-ce que je

m'y laisse tout le temps prendre ? L'idée est séduisante et me fait oublier qu'un appartement signifie la fin de mes parents. Or, la fin de mes parents, c'est aussi en quelque sorte ma propre fin. J'ai beau avoir quatorze ans, je ne peux me résoudre à l'idée de perdre cette entité que l'on nomme parents. Je me lève un peu chancelante. J'étais descendue à la cave comme une seule personne. J'en remonte sciée en deux.

Voyant que je prends la chose plus mal que prévu, monsieur mon papa ajoute, pour la forme, que la séparation, ce n'est pas pour demain. Tu peux dormir en paix. Quelques nuits au moins. Mais penses-y bien, ajoute-t-il, l'avenir ne dure pas longtemps.

J'ai quatorze ans et l'avenir, j'y pense le moins souvent possible. Je n'ai toujours pas de plan de carrière, pas de projet de vie. Je ne sais pas qui je suis, qui je veux être. Quand ma meilleure amie me demande s'il m'arrive de penser, je lui réponds : penser à quoi ? Moi, je pense d'abord à danser, puis je pense aux garçons. De fait, les garçons occupent pratiquement tout mon champ de pensée. Je ne sais pas grand-chose d'eux, sinon qu'ils sont différents et qu'ils s'intéressent à toutes les filles, sauf à moi. Je fréquente activement les salles de danse de la ville où je danse avec des garçons que je ne revois jamais. Je n'aime pas tellement quand ils se collent comme des sangsues et tremblent comme des feuilles. On dirait que quelque chose les impressionne. Je me demande bien quoi ?

À la maison, ça crie toujours. Ça crie moins fort qu'avant, mais même quand ça ne crie pas, ça sent le venin jusqu'au grenier. Un jour que l'air est particulièrement empoisonné, je me réfugie chez ma meilleure amie et je lui annonce mon départ imminent pour une ville étrangère. Dans mon esprit, c'est la seule façon de réconcilier mes parents. Si je m'enfuis, ils n'auront plus le temps de crier. Ils seront trop occupés à me chercher. Et quand ils me retrouveront, ils seront tellement heureux de constater que je ne suis pas morte qu'ils ne crieront plus jamais et que nous vivrons ensemble jusqu'à la fin des temps.

— Comment tu vas faire ? me demande ma meilleure amie.

J'ai beau avoir la tête vide et ne penser à rien, j'ai quand même pensé à ça. C'est monsieur mon papa qui m'a mise sur la piste avec son bocal de monnaie. Avec la fortune des Rockefeller, on peut facilement aller très loin.

Je descends dans la cave un samedi après-midi. Monsieur mon papa et la belle étrangère sont partis faire le marché. Le moron est chez les voisins et ne rentrera pas de sitôt. J'ai un sac à dos à plusieurs poches, mais il y a tellement de monnaie que je suis obligée de l'enfouir dans la poche principale à la manière des kangourous. Je vide pratiquement tout le bocal avant de me redresser, plus lourde qu'au départ, mais plus légère aussi. Je remonte, fais un dernier tour des lieux, ramasse en passant une brosse à cheveux et un bâton de rouge à lèvres, et sors par la grande porte, la tête haute et fière.

J'arrive à la gare Centrale après m'être trompée d'autobus au moins trois fois. Je consulte les grands tableaux d'affichage. J'ai une petite pensée pour le Nebraska. J'ai entendu dire qu'on pouvait y aller en passant par Toronto. Manque de chance, le prochain train pour Toronto part dans trois heures. Ce n'est pas grave. J'ai tout mon temps. Mes parents ne reviendront qu'à la fin de l'après-midi, et le temps qu'ils comprennent, je serai déjà loin. Reste qu'il faudrait que j'achète mon billet, et qu'avant tout j'en sache le prix. L'inquiétude grandit avec les minutes. Et si je n'avais pas assez d'argent ? Et si les pièces de monnaie étaient fausses ? Et si le policier, là-bas dans le coin, venait tout à coup me demander où sont mes parents ? Et s'il les appelait ?

Je n'en finis plus de changer de banc sans oser acheter mon billet. J'ai soif. J'ai faim. J'ai mal aux pieds. Mon sac à dos me pèse, et je suis convaincue que les pièces de monnaie se sont transformées en cailloux ou en crapauds. Au bout d'une heure, je prends mon courage et ma monnaie à deux mains, et marche jusqu'au guichet. Je demande le prix au caissier assis derrière la grande vitre polie. Trente-deux et cinquante, lance-t-il en continuant à plaisanter avec son voisin. Je tire sur la fermeture éclair du sac à dos. Elle est évidemment coincée. Je remets ça. Au troisième coup, elle s'ouvre en vomissant une rivière de monnaie qui roule à mes pieds. J'ai les paumes moites, le visage en nage, mais je ne me décourage pas. Pas tout de suite, du moins.

— C'est pas une banque ici, marmonne le caissier.

Je ne l'écoute pas, ni lui ni les gens derrière qui rigolent. À quatre pattes, je ramasse minutieusement toute la monnaie avant de la déposer sur le comptoir. Ils sont maintenant au moins trois derrière la vitre à me regarder comme si je venais de faire un hold-up.

— T'as rien d'autre ? demande le premier.

— Où sont tes parents ? demande le deuxième.

— Ma parole, elle a vidé sa tirelire, dit le troisième.

— Maurice, viens donc voir un instant... reprend le premier.

Lorsque Maurice et son gros nez rouge se penchent pour voir ce qui se passe, mon cœur arrête de battre et mes jambes, subitement réveillées, prennent la poudre d'escampette abandonnant, sur le plancher sale de la gare, la moitié de la fortune des Rockefeller.

J'ai quatorze ans, la ville est immense et je n'ai nulle

part où aller. Pas question de rentrer à la maison. La maison n'existe plus depuis que mes parents veulent se séparer. Quant à mes amies, elles ne peuvent comprendre. Leurs parents restent ensemble, elles n'ont pas besoin de fuir à Toronto pour les recoller. Alors je passe le reste de l'après-midi à errer dans la ville avec mon sac à dos qui claque contre mes mollets. Je monte et je descends des escaliers en m'imaginant que je fais des tours de manège dans un gigantesque parc d'attractions. Je me demande combien de filles de quatorze ans sont aux prises comme moi avec la séparation de leurs parents et comment elles font pour marcher dans la rue sans tomber en mille morceaux.

J'échoue dans un parc inondé de soleil et regarde avec envie des bébés pleins de poussière jouer dans leurs carrés de sable. Je donnerais ma collection de cassettes pour avoir leur âge et des parents qui ne se font pas toujours la guerre. C'est bête, je le sais. Si au moins c'était la fin du monde, j'aurais de bonnes raisons pour être dans cet état-là.

Je rentre à la maison pour le souper. Monsieur mon papa lit son journal et la belle étrangère regarde la télévision avec le moron. Lorsque je traverse le salon, c'est tout juste s'ils me voient tant je suis transparente. Quelle tête tu fais ! me dit finalement ma mère. Je lui réponds que je viens de manquer le train de Toronto et une belle occasion de sauver leur ménage. Puis, me tournant vers mon père, je lui annonce en pleurant qu'il ne sera jamais millionnaire parce que j'ai donné sa collection de pièces de monnaie aux bonnes œuvres. Et comme je redouble de sanglots en criant à mon père et à ma mère qu'ils n'ont pas le droit de se séparer, pas le droit de me faire ça à moi, mon père me répond de ne pas m'en faire pour l'argent. Il n'y en avait pas tant que ça.

— Promettez-moi seulement de ne jamais vous

séparer, je lance en me mouchant tandis que le moron se tord de rire en grimaçant dans ma direction.

— C'est promis, jure monsieur mon papa sans même consulter la belle étrangère.

— Des promesses, des promesses, dit celle-ci en levant les yeux au ciel.

— Allez, tout le monde à table, ordonne monsieur mon papa. Les émotions, ça creuse l'appétit.

Et tandis que la belle étrangère s'affaire dans la cuisine, je lui glisse à l'oreille :

— C'est à cause de moi, hein ?

— Mais non, soupire-t-elle, c'est à cause de la vie...

— Mais papa a promis... dis-je en insistant.

— Pauvre Alice, tu sais bien que ton père fait des promesses qu'il ne tient jamais...

20

LE FUTUR DU VERBE SE MARIER

Il y avait désormais un fantôme entre Julien et moi.
Un fantôme du prénom de Françoise. Depuis que Julien
m'avait montré sa photo, je l'avais en quelque sorte laissée
s'installer chez moi. Julien n'y était pour rien. Il s'était
empressé de ranger la photo dans un lieu sûr, hors de ma
portée. Mais il l'aurait déchirée en mille morceaux que
l'effet aurait été le même. Je voulais à tout prix retrouver
Françoise et parler avec elle de Julien. J'étais convaincue
qu'elle savait beaucoup de choses que j'ignorais encore et
détenait en quelque sorte la clé d'un secret trop bien gardé.

L'obsession que j'entretenais à l'endroit de Françoise
ne me rapprocha pas de Julien. Ce fut le contraire, en fait.
Elle vivait désormais entre nous deux et sa présence invi-
sible creusa la distance. Julien ne comprit pas ce qui se
passait. Il prit ma distance pour de la discrétion et m'en fut
reconnaissant. J'étais devenue l'oreille idéale ; celle qui
écoute et enregistre sans juger ; celle qui comprend. Rassuré

sur ma personne alors qu'il aurait dû s'inquiéter, Julien Paradis se mit en tête de m'épouser. Évidemment, Julien Paradis ne savait pas à quel point le mariage était pour moi une hérésie. Mes parents avaient grandement contribué à forger mon opinion dans ce sens-là. Quant à mon frère, il avait développé une théorie déprimante sur le sujet à l'âge de huit ans. Cette après-midi-là, il avait été initié à l'école aux affres de la conjugaison. À peine rentré à la maison, il fonça dans ma chambre et me demanda quel était le futur du verbe se marier. Je ne l'écoutais qu'à moitié de sorte que, distraitement, et sans relever la tête de mon livre, je me mis à décliner : je me marierai, tu te marieras, il se...

— Non, décréta fièrement mon frère, c'est plus ça.

Voyant que la suite ne venait pas et que mon frère prenait plaisir à se faire attendre, je relevai la tête et, le fusillant du regard, je lui demandai :

— C'est quoi, alors, si c'est pas ça ?

— Le futur du verbe se marier... dit mon frère sur un ton amusé. Le futur du verbe se marier... répéta-t-il pour augmenter le suspense ainsi que mon impatience. C'est... dit-il, c'est, c'est...

— Vas-tu accoucher ? criai-je exaspérée. C'est quoi ? ? ? ?

— C'est DIVORCER, annonça-t-il sur un ton triomphant avant de se fendre d'un petit rire dément qu'il accompagna d'un saut périlleux sur le lit que j'occupais.

Pendant qu'il défonçait le lit, je fus frappée comme à retardement par ce curieux jeu de mots sorti de la bouche de mon frère, bouche que j'avais jusque-là crue innocente et qui venait de me prouver le contraire.

Lorsque, ce soir-là, mon père me demanda si je connaissais la dernière, je compris que le mot d'esprit de mon frère allait passer à la postérité et qu'on en reparlerait

souvent dans les réunions de famille où mes parents fraîchement divorcés se retrouveraient flanqués de leurs nouveaux partenaires.

Depuis ce jour-là, je conjugue le verbe se marier au
passé et j'évite d'en parler au futur. C'est pourquoi, lorsque
Julien Paradis me demanda en mariage, j'accueillis la proposition avec le même rire dément que m'avait jadis servi
mon frère. Julien Paradis n'apprécia pas ma légèreté.

— Tu ne prends jamais rien au sérieux, protesta-t-il
avec amertume.

— Mais le mariage n'est pas sérieux, répondis-je avec
ironie. Le mariage est une vaste fumisterie.

— Pense ce que tu veux, mais moi j'y crois au mariage et je trouve que ça nous ferait du bien à tous les deux
de nous marier, ça ancrerait notre relation, dit-il en insistant
sur « ancrerait », comme si nous étions deux chaloupes à la
dérive et que l'union de nos deux coques percées nous
éviterait le naufrage.

— Alors, qu'est-ce que t'en dis ? poursuivit-il en vi-
dant la moitié de la boîte de céréales à côté de son bol de
lait.

— Je dis que le mariage, c'est l'enfer.

Comprenant que l'attaque de front ne marchait pas,
Julien Paradis mit au point un système de persuasion des
plus sophistiqués. Il cessa d'abord de regarder la télé comme
un zombi et se remit à écrire en m'assurant cette fois qu'il
écrivait vraiment, pas des gribouillages adolescents, mais de
vraies histoires avec de vrais personnages. Je n'allais pas
épouser n'importe qui, promettait-il. J'allais partager la vie
d'un *grand* écrivain. Nous allions former un *grand* couple
comme Simone et Jean-Paul, comme Gala et Dali, comme...

Je l'interrompais toujours à ce moment-là pour lui
signaler que, pour l'instant, nous ne formions rien du tout,

sinon deux restants de relation qui habitaient ensemble faute de se trouver une autre occupation. Julien ne se laissait jamais décourager par mes sarcasmes. Il comptait sur l'avenir et sur la lumière qui brillait au bout du tunnel.

La perspective de cet avenir lui rendit sa bonne humeur et ses envies de promeneur solitaire. Il sortit de nouveau de l'appartement sans craindre l'appel de l'extérieur et son effet dévastateur sur ses ambitions littéraires. Il parla même d'aller voir un éditeur. Il ne lui restait plus qu'une chose à régler, disait-il, après quoi il pourrait publier les bans et du même coup son premier roman. Dans son esprit, l'écriture et le mariage semblaient aussi étroitement liés que le sucre et la crème dans le café. Dans mon esprit, le café se buvait noir. Il était hors de question que je me marie.

— Pourquoi crois-tu qu'ils ont inventé le mariage et qu'il existe encore après tant de siècles ? demandait Julien Paradis.

Il ne me laissait jamais répondre et enchaînait en disant que le mariage était le fondement même de la société et qu'il avait été inventé pour nous protéger contre l'anarchie. Immanquablement, je rétorquais que l'anarchie ne me posait aucun problème.

— Le problème, dit Julien Paradis, c'est que tu ne sais pas reconnaître ce qui est bon pour toi.

— Le mariage n'est bon ni pour moi, ni pour personne, demande à mes parents.

— Pense donc à toi pour une fois, lança Julien avant d'enfiler son manteau et de disparaître en quête de l'inspiration qu'il trouvait en grillant des gitanes aux tables des cafés.

Son départ me fit pousser un soupir de soulagement. Dès qu'il n'était plus dans l'appartement, la tension chutait de plusieurs degrés et l'air se remettait à circuler normalement. Je passai le reste de l'après-midi à rêvasser dans le salon, à traîner dans la chambre, à feuilleter des livres que je ne pouvais me résoudre à lire. J'étais envahie par une douce paresse à laquelle je m'abandonnais avec délices. Les heures coulaient dans le sablier et je ne retenais d'elles que le frémissement du sable dans mes oreilles. J'aurais pu rester ainsi jusqu'au retour de Julien, aussi bienheureuse qu'une roche ou une statue.

À trois heures, l'appel de l'extérieur m'arracha à ma torpeur. J'ouvris la porte, prête à abattre celui ou celle qui osait me déranger. Je n'eus même pas le temps de proférer la moindre menace. Un jeune homme se tenait debout avec un bouquet de fleurs accompagné d'une carte. Il tourna les talons et me laissa plantée sur le pas de la porte avec douze roses blanches et un billet doux signé Julien Paradis. Le deuxième bouquet arriva une heure plus tard. Douze roses jaunes cette fois, toujours signées Julien Paradis. Un troisième bouquet — des roses roses maintenant — arriva dans la demi-heure qui suivit, puis un quatrième — des roses rouges évidemment — à la fin de l'après-midi. Julien Paradis avait pris la peine de passer par quatre fleuristes différents. À lire leurs adresses sur les petits cartons, je pus retracer son parcours de l'après-midi et constater qu'il avait traversé la ville d'est en ouest. Chemin faisant, il avait inventé ce que je qualifiai sur-le-champ de harcèlement par les fleurs. J'attendis sur un pied de guerre le cinquième bouquet et, ne le voyant pas se matérialiser, compris que le numéro de Julien Paradis était fini pour la journée. J'en voulus aussitôt à Julien Paradis d'avoir démissionné avant même que l'appartement ne ressemble à un salon funéraire. Après tout, pourquoi se contenter de quatre minables bouquets ? Quand on veut quelque chose, on y met le prix !

De mauvaise humeur et surtout de mauvaise foi, je pris les quatre bouquets qui dormaient dans leurs cercueils de cellophane et fis ce que je fais chaque fois qu'un objet encombrant entre par effraction dans ma vie : je descendis promptement en faire cadeau à Madeleine.

Dans la cuisine qui fleurait la soupe des familles unies, je tendis les bouquets de roses à Madeleine, qui ne sut quoi penser. Il y avait une belle nappe en dentelle de Bruges sur la table et des pétunias dans des pots sur les comptoirs. Il y avait aussi la vieille théière qui embaumait le jasmin. Madeleine sortit quatre vases et arrangea les bouquets en s'extasiant. La délicatesse de ses gestes me rappela ma propre indélicatesse devant les fleurs, les animaux et les enfants. Cette constatation me déprima et me poussa à couper court à son émoi en me plaignant du chantage aux fleurs de Julien. Mais devant ses yeux rêveurs, je me sentis comme lorsque, les bras chargés de paquets, je croise un clochard qui fouille dans une poubelle. Dans ces moments-là, je comprends toujours à quel point la vie est injuste, à quel point je suis privilégiée.

De plus en plus contrariée, je me mis à parler comme un moulin. Je développai même une théorie sur une pratique courante chez les mâles abusifs de l'Occident, pratique qui consiste à neutraliser l'adversaire féminin en la couvrant de diamants ou de fleurs. Je fis remarquer à Madeleine que le féminisme avait bel et bien échoué puisque ce terrible fléau continuait à sévir et que toutes les femmes, même les plus averties, continuaient à tomber dans le panneau.

— Toutes les femmes sauf moi ! assurai-je à Madeleine. Quatre minables bouquets de fleurs ne me feraient pas épouser Julien Paradis.

Madeleine me regarda avec stupéfaction.

— Il t'a demandée en mariage ?

L'anticipation qui dilatait ses prunelles indiquait qu'elle songeait déjà à la robe qu'elle porterait à la cérémonie.

— Me vois-tu une seule seconde épouser Julien Paradis ? fis-je indignée.

— Et pourquoi pas ?

— Parce que !

— Il est amoureux de toi, non ?

— Ça n'a rien à avoir avec l'amour. Les gens ne se marient plus par amour, de nos jours. Ils se marient pour les impôts ou pour le buffet froid après la cérémonie.

— Oublie les autres et pense à toi, objecta Madeleine.

— Moi, c'est simple, je suis contre le mariage.

— Comment peux-tu être contre le mariage quand tu ne l'as jamais essayé ?

— Pas besoin de l'essayer, je n'ai qu'à te regarder, dis-je avec sarcasme.

— Personne n'a dit que le mariage, c'était le paradis, rétorqua Madeleine, vexée.

— Et moi, je te dis que c'est l'enfer.

Madeleine se tut. Elle glissa son ongle court dans les entrelacs de la dentelle tout en humant les roses rouges qu'elle avait placées au centre de la table et qui éclairaient la cuisine d'une lumière incendiaire.

— Elles sont vraiment belles, ne cessait-elle de répéter.

Pour la faire taire, je lui demandai à brûle-pourpoint :

— Si tu quittes Victor, tu prends les trois enfants ou tu lui en laisses un ? Et si tu lui en laisses un, lequel ?

— Ne recommence pas, Alice, tu sais bien que je ne pense pas à ces choses-là.

— Même l'autre fois, quand t'as mis Victor à la porte ?...

— Je ne veux pas en parler, Alice. De toute façon, on ne parlait pas de ça, on parlait de ton mariage.

Elle disait « ton » mariage comme si le seul fait d'en avoir parlé y conférait une subite légitimité.

— Est-ce qu'on se marie encore en blanc de nos jours ?

— C'est tellement plus romantique.

— Tu trouves le blanc romantique ?

— Très.

— Moi, je trouve cela sinistre.

Décidément, j'excellais dans le rôle de rabat-joie. Reste que je n'ai jamais pu supporter le blanc. D'abord, ce n'est pas une couleur, c'est une maladie, salissante de surcroît. Et puis ce n'est pas pour rien que les mariées s'avancent pures, blanches et virginales. L'abattoir les attend derrière l'autel. Leurs époux peuvent bien porter du vert pétrole ou du bleu Bahamas, cela ne dérange pas l'ordre des choses. Et l'ordre des choses, c'est qu'il y a une sacrifiée dans le mariage, et plein de spectateurs pour la regarder saigner.

— Ça m'étonnerait que tu saignes beaucoup, remarqua Madeleine.

— Dans ce cas-là, je n'ai pas à porter du blanc, c'est de la fausse représentation, fis-je valoir.

— Bon, bon, habille-toi en rose alors, soupira Madeleine.

Ses deux derniers arrivèrent sur ces entrefaites. Ils venaient de voir un nouveau gadget à la télé et demandèrent à Madeleine de le leur acheter. C'étaient des monstres qui vomissaient comme jadis nos poupées pissaient.

— Beurk ! s'écria Madeleine, dégoûtée.

Elle invita alors les enfants à aller jouer dans leur chambre avec leurs trains éducatifs en bois. Ce fut à leur tour de faire les dégoûtés.

— C'est con, des trains en bois, protesta le plus vieux.

— Je veux un monstre en bois, réclama le deuxième.

Les enfants s'éclipsèrent en martelant le plancher de leurs petits pieds. Ils firent un ramdam épouvantable pendant au moins vingt minutes avant de se mettre à hurler. Madeleine se précipita et je la suivis par curiosité. Les deux enfants étaient barbouillés de peinture et se disputaient un pinceau tout rabougri. Madeleine constata en même temps que moi le désastre colorié sur le mur. Elle fut tellement découragée qu'elle n'eut pas la force de se fâcher. Elle referma doucement la porte de la chambre en interdisant aux enfants d'en sortir tant qu'ils n'auraient pas réparé les dégâts. Elle revint dans la cuisine en soupirant et me demanda si je la trouvais lâche.

— Avec les enfants ? fis-je sans trop comprendre.

— Non, avec ma vie... les enfants, Victor, avec tout, on dirait que je n'ai plus la force de me battre.

J'étais gênée par sa question, gênée par le fait que c'était exactement ce que je pensais. Madeleine avait cessé de se battre depuis longtemps.

— Le temps passe tellement vite, poursuivit Madeleine, on dirait qu'il passe à côté de moi, que je n'avance plus...

— On a tous ce sentiment-là, Madeleine, la rassurai-je.

— Qu'est-ce que je vais faire quand les enfants vont être grands ?

— C'est pas demain le jour, Madeleine.

— Pas demain, mais après-demain.

— T'as le temps d'y penser, dis-je tout doucement sans trop savoir qui des deux je cherchais à rassurer.

— Elles sont vraiment belles, tes roses, termina

Madeleine d'un air songeur. Ça fait des années que Victor ne m'en a pas offert.

— Et c'est toi qui me dis que je devrais me marier, dis-je en me levant.

Madeleine continua à rêver devant le bouquet de roses pétrifiées.

— Tout le monde a ses contradictions, soupira-t-elle, même moi de temps en temps.

*   *   *

En rentrant, Julien chercha en vain les bouquets de roses. Pour le mettre à l'épreuve, je lui dis que je les avais jetés. Il se dirigea immédiatement vers les poubelles et se mit à fouiller avec l'air buté d'un clochard.

— Elles m'ont coûté très cher, m'informa-t-il d'un air contrit.

— Je sais, Julien, répondis-je amusée, sauf que moi, j'aime les actes gratuits. Tes fleurs, elles sont chez Madeleine. Je trouvais qu'elle les méritait plus que moi.

Julien s'est radouci. C'est le genre de paroles qu'il aime entendre. Elles le confirment dans son rôle de prince charmant et moi dans mon rôle de sorcière. Et puis le fait que les voisins soient au courant de sa générosité le flatte. Julien aime laisser les autres penser qu'il est parfait.

— Si je comprends bien, tu n'as pas changé d'idée ? demanda alors Julien.

— Je n'ai pas à changer d'idée, je suis contre le mariage, c'est clair.

— Je ne crois pas qu'on puisse avoir de position claire face au mariage, déclara Julien.

— Très bien, argumentai-je, alors explique-moi pourquoi tu n'as pas épousé Françoise ?

Ma question venait de le jeter dans l'embarras. Plutôt

que d'y répondre, il se lança dans un long discours incohérent sur les responsabilités des individus dans la société et sur la nécessité de revenir aux vraies valeurs des aînés.

— C'est quoi, le futur du verbe se marier, Julien ? fis-je à brûle-pourpoint.

— Il n'y a pas de futur, on se marie ou on ne se marie pas, répondit Julien Paradis.

*   *   *

Ce soir-là, je donnai congé à Julien en prétextant une demande de subvention à remplir. Julien promit de ne pas revenir tard. Cela m'exaspéra car j'aurais voulu qu'il fasse précisément le contraire et me donne au moins une bonne raison de ne pas l'épouser. Mais Julien Paradis n'allait pas me rendre ce service-là. Il allait être parfait jusqu'à la fin ; jusqu'au moment où, coincée et impuissante, je devrais soit le mettre à la porte, soit accepter sa proposition. Lorsqu'il referma la porte, je quittai ma table de travail et me dirigeai vers le salon. Je n'avais rien à faire et la télé était le seul sédatif accessible pour le moment. J'allumai l'appareil sans le son et regardai défiler les prévisions de la météo dans toutes les villes du monde. Lorsque Berlin revint pour la cinquième fois, je me dis que je pourrais peut-être faire un effort et changer de chaîne. La télécommande ayant disparu, je fus obligée de faire le trajet jusqu'à l'appareil. Accroupie devant l'écran, j'aperçus une collection de cassettes rangées sur une tablette attenante. Je savais que Julien Paradis enregistrait pratiquement toutes les émissions qu'il regardait. La volatilité de la télévision l'angoissait. Julien voulait retenir les images, comme il voulait retenir le temps, comme il voulait me retenir, moi.

Je me mis à lire distraitement les étiquettes des cassettes et y reconnus des noms et des titres. Je ne fus pas

261

étonnée de retrouver les cassettes des émissions de Bernard Pivot, classées selon la date et le thème, ni celles d'autres émissions. Puis, derrière cette première pile, je trouvai d'autres cassettes frappées de titres familiers comme *Le Réveil d'Alice*, *Le Souper du cinéma-vérité*. Je continuai à fouiller dans la pile et découvris cette fois des titres étrangers comme : *Conversations au téléphone*, *Dispute dans la nuit*, *J'ai même rencontré un clochard heureux*, *La confiance règne*, *Écrire ne fait pas de bruit*, et ainsi de suite. Julien Paradis accumulait les cassettes comme autant d'ossements humains qu'il conservait pour je ne sais quel usage ultérieur.

Je glissai la cassette du *Réveil d'Alice* dans la fente du VHS. J'aperçus d'abord de la neige sur l'image, avant de discerner une forme floue et immobile dans le coin gauche du cadre. L'image sauta, la caméra s'approcha d'un mouvement boiteux et je découvris que la masse de cheveux en broussaille recouvrait mon sommeil. Je dormais en ronflant légèrement, le visage bouffi et traversé de tics comme si je chassais des mouches imaginaires. La caméra resta cinq bonnes minutes sur moi, poussant la précision jusqu'à changer de côté dès que je tournais la tête sur l'oreiller. Je regardai la scène avec une fascination mêlée de dégoût. Julien Paradis ne m'avait pas juste filmée à mon insu. Il m'avait volé mon sommeil. Je vis alors le personnage du film — en l'occurrence moi — reprendre conscience et s'agiter devant la caméra. Et même si de mémoire je pouvais revivre la scène, le fait de la voir sur l'écran la rendit presque irréelle. C'était bien moi, là-bas, mais ça ne l'était pas vraiment. L'image était juste, mais elle n'avait aucun relief, aucune profondeur. Je changeai de cassette et revécus les grands moments du souper avec Victor et Madeleine. Comme je glissais une nouvelle cassette titrée *Dispute dans la nuit*, Julien Paradis poussa la porte d'entrée. Il ne fut même pas surpris de me retrouver par terre parmi sa collection de cassettes. Et tandis que l'image soufflait sa tempête de neige sur l'écran et que je me retournais pour lui demander des explications, Julien Paradis se contenta de murmurer :

— L'idéal, dans le fond, serait de pouvoir tout filmer.

21

LA BOÎTE À SURPRISES

Il était minuit quand le téléphona sonna. Minuit quand j'entendis la voix éraillée de Dan Comète m'ordonner de la rejoindre dans un bar de la ville. Elle ne s'excusa pas de l'heure tardive ni du fait qu'elle ne m'avait jamais donné de nouvelles depuis notre rencontre dans sa grange à Saint-Hubert. Elle avait quelque chose à me dire, m'annonça-t-elle comme si nous avions comploté la veille et qu'il y avait du nouveau dans l'air. Avant même que je ne réagisse, elle débita l'adresse du bar et raccrocha. Je restai un instant sur place avec le combiné dans les mains, me demandant si j'avais rêvé cet appel ou s'il s'était produit tel quel, regrettant seulement que Julien Paradis ne l'ait pas enregistré. Mais Julien, assis en tailleur sur le tapis du salon, classait ses cassettes et regrettait, pour sa part, que notre conversation sur la pertinence d'enregistrer chaque séquence de notre vie privée soit terminée. C'était mieux pour nous deux, car ce qu'il venait de m'apprendre m'avait fait sortir de mes gonds, et n'eût été Dan Comète, j'aurais fait un immense bûcher de toutes ces cassettes où ma vie et la sienne étaient méthodiquement disséquées.

Julien avait tourné beaucoup plus que je ne l'imaginais, parfois avec mon consentement, parfois à mon insu. Les cassettes lui servaient de fiches pour son roman. Dès que l'écriture d'une scène faisait problème, Julien Paradis se précipitait sur le magnétoscope, sortait la cassette d'une scène correspondante, étudiait soigneusement les détails contenus dans le cadre de l'image et, une fois gavé de nos petits drames quotidiens, se mettait à transcrire comme une parfaite sténodactylo.

— C'est indécent ! criai-je à Julien Paradis. C'est ma vie que tu me voles à chaque seconde et sans ma permission !

— Nuance, répondit Julien Paradis. C'est notre vie !

— Je m'en fous, t'as pas le droit !

— Quand on fait du documentaire, on a tous les droits, fit Julien Paradis.

C'était le comble ! Associer cette entreprise d'autopsie domestique à du documentaire relevait de l'outrage au tribunal. Un documentaire ne pouvait se faire sans le consentement ni la complicité des principaux intéressés, à moins de filmer la copulation des castors dans la nature. Julien Paradis ne connaissait rien au documentaire pour parler ainsi. Il ne faisait que dénaturer une tradition, sans aucune considération pour les lois qui la régissaient.

— Tu voles du matériel privilégié, fis-je en le regardant avec des yeux furibonds.

— Tous les écrivains le font, objecta Julien.

— Alors tous les écrivains sont des bandits.

— C'est un fait, sauf qu'ils volent pour mieux redonner.

— Redonner, mon œil !

— Combien de livres as-tu lus dans ta vie, Alice ? Combien ? Cent ? Deux cents ? Mille ?

Et comme je ne répondais pas, trop absorbée par ma rage, Julien enchaîna :

— Disons mille. Mille romans. Mille histoires. Eh bien, dis-toi que toutes ces histoires étaient vraies et que ces mille écrivains ont tous volé quelque chose à leur entourage pour te permettre, à toi, de passer un bon moment...

— Je m'en fous.

— Tu t'en fous peut-être, mais tu lis leurs histoires.

— Au moins, je lis quelque chose, dis-je méchamment à Julien Paradis, qui fit semblant de ne pas entendre. Le voyant momentanément déstabilisé, j'en profitai pour ajouter :

— Tu utilises les gens, Julien Paradis, moi comme les autres.

— Je n'utilise rien ni personne, je ne fais que raconter ma vie.

— Alors, laisse-moi en dehors de tes histoires, dans ce cas-là, hurlai-je.

— Impossible, fit Julien Paradis.

— Impossible, hein ? Tu diras ça au juge...

— Parfaitement, je lui dirai que je faisais de l'étude de caractère, me servit Julien Paradis, reprenant à son compte une expression que j'employais souvent. Et comme je m'apprêtais à bondir sur lui pour le réduire en bouillie, l'appel de l'extérieur vint une fois de plus sonner le début de la récréation.

*   *   *

Dan Comète n'aimait pas la société, mais il lui arrivait deux ou trois fois par année de se payer une virée parmi l'humanité. Elle pouvait à ce moment-là rester plusieurs jours en ville sans compter les heures ni l'argent qu'elle flambait en offrant la tournée à ses amis ou à tous ceux qui, sur son chemin, le devenaient. Lorsqu'elle venait à Montréal, elle descendait toujours au même bar. Bar n'était d'ailleurs pas le mot juste pour décrire le trou mal famé et trop éclairé qu'elle fréquentait. Le trou en question était situé dans une rue passante mais presque en retrait des autres devantures, comme si le bâtiment était né du coup de poing d'un architecte en colère. Les vitres de plain-pied n'avaient jamais été lavées de sorte qu'on ne voyait rien à l'intérieur, sinon des formes floues estompées par une épaisse couche de crasse et de poussière. Le trou portait le nom de L'Éclipse et accueillait entre ses murs criblés de graffiti une population survoltée de musiciens en chômage recyclés en rénovateurs de maisons, de punks en cavale et d'une petite pègre peu ambitieuse qui approvisionnait tout ce beau monde en produits chimiques de tous genres. Dolores y allait du temps qu'elle fréquentait son ex et j'y avais moi-même déjà passé une soirée complète à arbitrer une de leurs nombreuses querelles.

L'Éclipse était tenu par trois Grecs un peu louches, toujours assis à la table du fond près des toilettes. Ils jouaient aux dés en enfilant des cafés d'un noir tellement épais qu'on aurait dit du goudron. Les propriétaires n'avaient pas grand-chose en commun avec leur clientèle, mais cela ne les empêchait pas d'encaisser leurs chèques ni leurs espèces sonnantes.

Hormis un décor rudimentaire de tables bancales, de chaises boiteuses et de lustres en verre dépoli, L'Éclipse présentait l'unique avantage de fermer plus tard que les autres bars et de servir, passé les trois heures du matin réglementaires, la bière ou le cognac dans de grosses tasses à café. On pouvait aussi y manger à toute heure du jour ou de la nuit des plats de frites molles baignant dans une sauce rance ainsi que des brochettes de souvlaki trop cuites. Il y avait régulièrement des batailles à L'Éclipse et, une fois, un jeune Chilien y avait été poignardé dans les toilettes parce qu'il avait regardé quelqu'un de travers.

J'arrivai à L'Éclipse aux environs d'une heure du matin. L'endroit était tellement bondé qu'à la crasse s'ajoutait maintenant une pellicule de buée qui suintait sur les vitres, signe que ce soir-là les esprits étaient particulièrement échauffés. Je poussai la porte et découvris, sous l'éclairage criard, des visages verts et des formes chancelantes qui essayaient vainement de marcher en ligne droite jusqu'aux toilettes. Dan Comète était attablée au milieu de la salle, entourée d'au moins cinq énergumènes, probablement membres d'un mouvement écologique ou d'un groupe de métal. Elle me fit de grands gestes comme si elle téléguidait l'atterrissage d'un avion. Elle ne me présenta pas aux énergumènes qui me remarquèrent vaguement et continuèrent à téter leur bière communautaire. Lorsque je pris place à côté d'elle, Dan Comète m'administra une formidable claque dans le dos en guise de bienvenue avant de commander une grosse Black tiède.

— J'ai repensé à ton film... m'annonça Dan Comète. Je dis pas que j'ai changé d'idée, mais il se pourrait que j'aie besoin de tes services.

— Ah, oui ? fis-je en prenant une gorgée de bière pour humecter mes lèvres desséchées par mes discussions stériles avec Julien Paradis.

— Ouais, j'ai eu une idée. Je peux pas en parler tout de suite, mais ça serait un maudit bon tour à leur jouer.

Je hochai la tête en signe d'approbation avant de lui demander timidement à qui exactement elle voulait jouer un tour.

— À tous les chiens de la terre ! fit Dan Comète en éclatant d'un rire diabolique.

— Mais quel genre de tour ?

— Un tour d'avion, voyons, fit-elle en redoublant de rire.

— Je croyais que tu ne pilotais plus ? offris-je d'une petite voix vexée. Dan Comète s'esclaffa.

— Hé, les gars, elle croyait que je ne pilotais plus. Sur commande, ceux-ci éclatèrent à leur tour d'un gros rire gras communautaire.

— J'ai pas dit que je ne pilotais plus, précisa Dan Comète en prenant appui sur mon épaule pour mieux se balancer sur sa chaise. J'ai dit que je faisais la grève, et une grève, ça peut finir n'importe quand.

— Oui, je vois, fis-je sans grande conviction et en ayant hâte qu'elle cesse de me labourer l'épaule.

Dan Comète continua à divaguer sans que je comprenne où elle voulait en venir ni pourquoi elle m'avait conviée dans ce trou infâme avec sa bande d'abrutis métallisés. Je me gardai toutefois de lui faire le moindre reproche. Je n'avais pas envie de mourir poignardée dans les toilettes ni rôtie comme un souvlaki sur sa brochette. C'est pourquoi je me mis à opiner furieusement du bonnet dès que Dan Comète ouvrait la bouche pour raconter une histoire, prendre une gorgée de bière ou saluer un nouvel arrivant qu'elle avait connu en 1937 avant la guerre.

L'atmosphère déjà survoltée de L'Éclipse se mit à bouillonner tandis que les plus fulgurants éléments de la clientèle se levaient en tanguant avant de retomber lourdement sur leurs chaises, ou parfois à côté. La buée des vitres se concentrait maintenant en longues rigoles qui coulaient jusqu'aux plinthes humides. Entre les changements de disques où les derniers tubes américains côtoyaient

Acropolis adieu ! et son sirop grec, l'écho caverneux des rots de bière venait ponctuer les conversations qui, à ce stade, n'étaient plus que grognements.

Vers deux heures et demie du matin, encouragée par Dan Comète à boire plus qu'il n'était nécessaire, j'aperçus dans le brouillard une crinière rousse suivie d'une veste de cuir souple et trop bien coupée pour s'aventurer dans un tel bourbier. Et comme j'émettais déjà toutes sortes d'hypothèses sur le sort incertain de la veste de cuir et de son propriétaire, je reconnus Dolores et Bob, dans cet ordre-là et sans autre protection que leur air affairé. Ils cherchaient quelqu'un, et ce n'était certainement pas moi. Je fis signe à Dolores, qui était myope comme une taupe et qui me reconnut au coup de coude que Bob lui envoya.

Dolores me sauta au cou comme si elle ne m'avait pas vue depuis des mois, ou plutôt comme si elle ne s'attendait pas à me voir dans un endroit où j'avais d'ailleurs juré de ne plus remettre les pieds. Elle et Bob prirent place parmi notre famille élargie, et comme je tentais confusément de faire des présentations, Dolores me chuchota à l'oreille qu'ils étaient venus chercher « quelque chose » et qu'elle craignait que le « quelqu'un » du « quelque chose » ne les ait oubliés. J'opinai du bonnet une fois de plus.

Dolores semblait épuisée. Elle avait maigri, ses yeux de raton laveur étaient cernés jusqu'au nombril et son débit était tellement précipité que je ne comprenais pas les trois quarts de ce qu'elle racontait. Quant à Bob, il était déjà en grande conversation avec Dan Comète et comparait le moteur de la BMW à celui d'un avion. Lui aussi avait maigri et flottait comme un hameçon dans ses vêtements. Il offrit une tournée générale en jetant des regards furtifs vers l'entrée et ne se calma que lorsqu'une armoire à glace franchit la porte en roulant ses larges épaules et en balayant la salle de son œil de verre. C'était le « quelqu'un » en question. Bob lui fit de grands signes semblables à ceux de Dan Comète et l'orang-outan arriva à notre table en y jetant de l'ombre. Bob l'invita à s'asseoir. L'orang-outan s'inclina poliment dans ma direction, et lorsqu'il tendit sa grosse patte velue vers ma main pour y déposer un délicat baiser, je me crus un instant parachutée à la cour de France.

Malgré ce corps affreusement massif, ou peut-être justement à cause de cela, l'orang-outan avait les manières élégantes d'un jeune homme de bonne famille et multipliait les marques d'attention comme s'il cherchait à camoufler quelque tare héréditaire. C'était un ami d'enfance de Bob et l'information me rassura aussitôt. Un ami d'enfance ne pouvait être suspect, quelle ne fût sa profession. Devant un ami d'enfance, je m'inclinais automatiquement et l'imaginais dans la seconde qui suivait la couche aux fesses à un an. Ce simple exercice mental suffisait à chasser la réalité qui se présentait à moi avec son œil de verre posé comme un vase sur son gabarit de géant. Bob disparut bientôt aux toilettes avec Œil-de-Vitre tandis que Dolores croisait les jambes en jouant nerveusement du pied et en vérifiant sa montre toutes les secondes. Son impatience était telle qu'elle renversa sa bière sur ma jupe. Elle s'excusa avec tant d'insistance que je dus lui répéter à trois reprises que je ne lui en voudrais pas au jugement dernier, même si, en réalité, j'aurais voulu l'assommer.

À quatre heures du matin, un des propriétaires se leva et glissa une pièce de monnaie dans le juke-box. *Acropolis adieu !* l'hymne de L'Éclipse, s'éleva dans la fumée tandis qu'un jeune punk coiffé en hérisson et couturé d'épingles à nourrice décida de jouer à Zorba le Grec et de nous offrir une version accélérée du sirtaki. Mais le punk en question avait un peu trop bu, de sorte que son sirtaki l'entraîna chancelant sur la table de quatre motards en visite. Il s'étendit de tout son long sur leur cimetière de bouteilles vides. Peu habitués à ce genre d'épanchements, les motards, dégoulinant de bière, se fâchèrent et envoyèrent valser Zorba, qui s'écrasa cette fois sur la table voisine. Comme les locataires de cette nouvelle table n'avaient pas plus le sens de l'humour que leurs voisins motards, ce qui devait arriver arriva tout naturellement. Une bagarre générale éclata, autre rituel propre aux fins de soirée de L'Éclipse. Des bouteilles de bière vides volèrent à faible altitude et s'écrasèrent contre les murs maintes fois défoncés. Des pattes de chaises furent projetées dans les airs, avant de s'accrocher comme des guirlandes de Noël aux lustres dont les larmes de verre tintèrent. Des tables furent renversées et le juke-box hoqueta en rendant l'âme en grec.

Dès les premiers signes de zizanie, je m'étais réfugiée contre le mur de gauche avec une chaise plaquée contre ma poitrine. Dolores m'avait rejointe lentement en continuant à vérifier sa montre et à surveiller la porte des toilettes. Quant à Dan Comète, elle était à quelques mètres de nous et dirigeait le trafic aérien des bouteilles en poussant de grands cris comme au base-ball.

Au beau milieu de la mêlée, je vis Bob et Œil-de-Vitre sortir nonchalamment des toilettes sans même s'étonner de la tournure subite des événements. Œil-de-Vitre marcha tout droit dans la zone sinistrée, mais comme il dépassait d'au moins trois têtes tout le monde, y compris les motards, la foule se fendit miraculeusement en deux comme pour laisser passer Moïse et ses disciples. Dolores me prit par le bras tandis que de ma main libre j'entraînai Dan Comète. Nous nous retrouvâmes sur le trottoir avec le fou rire. Quand la crise se calma, Dolores nous invita à finir chez elle la soirée, même si celle-ci était passablement entamée.

Personne n'y vit d'objection, même pas Œil-de-Vitre qui me demanda discrètement si j'étais à pied, auquel cas il se ferait un honneur de me véhiculer dans sa Westfalia. Mais comme nous étions tous majeurs et motorisés, chacun s'en fut dans sa voiture ou dans sa camionnette.

Le premier arrivé gagnerait une ligne de coke supplémentaire. L'idée était de Dolores, qui savait bien que Bob nous battrait tous avec sa BMW. Elle ne se doutait pas que Dan Comète était une abonnée des courses à obstacles et que la vitesse était son euphorisant préféré. Je ne les vis pas démarrer. J'entendis seulement le crissement de leurs pneus sur l'asphalte blessé. La camionnette de Dan Comète toussait comme si elle combattait une crise d'asthme. Sa conductrice appuya sur l'accélérateur et dépassa Bob et Dolores à fond de train. Bob retrouva immédiatement ses esprits et partit en trombe à sa poursuite. Pour ma part, je décidai de ne pas emprunter le même chemin qu'eux, craignant de les retrouver dans un amas de ferraille fumante au coin de rue suivant. J'arrivai à l'appartement la dernière, et Œil-de-Vitre vint m'ouvrir la porte en s'excusant d'avoir pris tant de temps. Je compris que nous étions faits pour nous entendre. Il s'excusait encore plus souvent que moi.

Bob et Dolores étaient au travail, penchés sur de grandes traînées de poudre blanche, le nez tendu comme le bec d'un aspirateur. Quant à Dan Comète, une seule ligne lui avait suffi. Sa nature volatile la préservait, Dieu merci, des abus chimiques. Œil-de-Vitre avait mis un disque de Miles Davis sur le phono et tentait d'engager la conversation en parlant de poésie. Je me rappelai soudain toutes ces soirées chez mes parents où la même musique jouait en sourdine sur des discours échevelés adressés à la lune. La comparaison me donna le cafard, et je ne sus pas si c'était parce que je regrettais cette époque révolue ou parce que je venais de comprendre que je n'en étais jamais sortie.

Œil-de-Vitre sentit mon vague à l'âme et me demanda timidement si je voulais qu'il s'en aille. Je fis non de la tête. Il me demanda alors ce qui me ferait plaisir. J'hésitai un moment. Il y avait longtemps qu'on ne m'avait pas posé une telle question. Voyant que j'avais de la difficulté à formuler une idée claire, Œil-de-Vitre décida tout bonnement de me raconter sa vie. Je l'écoutai pendant une bonne heure me conter avec force détails son enfance à Oka dans une famille de dix enfants, ses études en anthropologie, ses séjours prolongés chez les Mohawks et ses voyages répétés en Amérique du Sud dans les plantations de feuilles de coca. Je l'écoutai en fixant cet œil bizarre qui, sous un certain angle, brillait comme une émeraude. Je l'écoutai tellement que j'en oubliai tous mes soucis. J'en oubliai même que Julien Paradis me gâchait de plus en plus la vie. Lorsque la lumière d'un bleu blafard frôla nos visages fatigués, je pris congé de lui à regret. Il se leva en même temps que moi et m'assura de son amitié avant de me demander, d'une toute petite voix de souris :

— Si on s'étaient rencontrés avant, est-ce que cela aurait changé quelque chose ?

— Avant ?... Avant quoi ? fis-je.

Œil-de-Vitre parut mal à l'aise, chercha les mots et les formules en regardant le plancher. Je suivis son regard et juste comme je butais contre ses pieds, je compris tout à coup de quoi il s'agissait.

— Tu veux dire avant Julien Paradis ?

Il fit oui de la tête. J'hésitai un long moment. Je ne savais que répondre. C'était à mon tour d'être mal à l'aise et de chercher les mots et les formules rassurantes.

— Oublie ça, fit-il. De toute façon, avec des si, on mettrait Paris en bouteille et Montréal en jarre, n'est-ce pas ?

Il m'offrit un sourire gêné que je lui rendis sans rien ajouter. Nous piétinâmes un instant sur place comme si nous étions chacun sur son quai de gare sans pouvoir jamais nous rejoindre. Je me retournai finalement vers Dan Comète qui dormait debout et me demanda, dans son sommeil, de l'héberger. Je lui fis signe que oui, soulagée que la réalité peu romantique vienne à mon secours.

Il ne restait plus qu'à aller se coucher avant que les premiers passagers du matin ne nous accablent de leur teint frais.

Œil-de-Vitre sortit en même temps que nous et regagna sa Westfalia. Quant à Dan Comète, elle avait à peine posé le pied chez moi qu'elle s'écroula sur le divan du salon. Julien Paradis dormait profondément dans la chambre. Je le regardai un instant et songeai à ce que ma vie aurait pu être si je ne l'avais pas rencontré. Que je le veuille ou non, il était trop tard pour de telles considérations.

*   *   *

Lorsque je me réveillai, Julien Paradis et Dan Comète étaient en grande conversation dans la cuisine. Ils parlaient comme s'ils se connaissaient depuis des siècles. Et bien que je n'entendisse pas la teneur exacte de leurs paroles, celles-ci étaient modulées par un enthousiasme des plus étranges. Que pouvaient-ils bien tramer comme cela en pleine après-midi ?

Sur la table, à côté de la cafetière, je remarquai une large boîte de métal cadenassée. Je me rappelai l'avoir vue une seule autre fois lorsque Julien Paradis avait déménagé chez moi. Semblable à une boîte à biscuits mais plus long et plus profond, l'objet appartenait au patrimoine de Julien Paradis et faisait partie du strict mininum dont il m'avait fait l'apologie. Je n'avais pas revu la boîte depuis et me demandai comment elle avait pu échapper à mes nombreuses perquisitions.

Dan Comète et Julien Paradis levèrent la tête en même temps pour me saluer et m'annoncer qu'ils étaient en train de jeter les bases d'un grand projet.

— Ah oui, lequel ? fis-je en souriant mais en me gardant bien de manifester trop d'intérêt.

— C'est une surprise ! fit Julien Paradis. On ne peut rien dire avant.

— Avant quoi ?

— Avant le grand jour ! répondit Dan Comète à qui il avait poussé des ailes.

Je n'en sus pas plus ce jour-là, ni les autres jours. Je ne sus même pas ce que contenait la boîte de métal que Julien Paradis s'empressa de ranger en me disant qu'un jour je comprendrais.

— Oui, mais en attendant ? fis-je avec entêtement.

— En attendant, trouve-toi une caméra, de la pellicule, et tiens-toi prête.

— Prête à quoi ?

— Prête à tout, déclara Julien Paradis avec son éternel air de mystère.

22

D'AMOUR ET D'ARGENT...

J'ai seize ans. Mes parents menacent toujours de se séparer. Les menaces, dans leur cas, devraient être promues au rang de discipline olympique. C'est toujours à qui portera le premier coup. À qui tombera le dernier. À qui laissera l'autre. À qui remportera la médaille. Chaque jour, ils détruisent un peu plus l'idée que je me fais du couple. Chaque jour, ils oublient de me présenter une honnête proposition de ce que serait la vie autrement. Si seulement ils se séparaient, je pourrais penser qu'il y a de l'espoir. Mais non. Mes parents sont incapables de me rendre ce service-là. Alors, en attendant, ils continuent à vivre ensemble en s'entre-tuant. Moi, je continue à désespérer en pensant à ce qui m'attend.

Mon père a repris goût à la route et au commerce. Il parle maintenant de fonder une compagnie et de bâtir un empire. Je ne sais jamais s'il y croit vraiment ou s'il veut juste décourager ma mère en lui faisant miroiter tout ce qu'elle perdra en le quittant. Il hésite encore entre la culture en serre, les sacs de plastique et les soins capillaires. Et comme mon père a toujours dit qu'il fallait être artiste, même en affaires, il se lance dans les soins capillaires parce que c'est un art en soi et qu'il est le seul à y croire.

De mon côté, j'ai commencé à écrire. Rien de très sérieux : la liste des corvées que j'ai remplies pendant la journée, un journal qui n'a d'intime que ce qui est écrit entre les lignes, des poèmes dépressifs et des nouvelles qui se terminent toujours par un suicide. Je ne suis pas particulièrement suicidaire, mais il m'arrive de vouloir en finir avec ma courte vie. Étant donné que je ne collectionne pas les armes à feu, que j'ai une sainte peur des couteaux et que ma mère bouffe toutes les pilules dans la maison, il ne me reste pas d'autre solution que la mort par autostrangulation. Il suffit de se passer la ceinture d'un peignoir autour du cou et de tirer sur les deux extrémités. Plantée devant mon miroir, je me regarde régulièrement devenir aussi bleue qu'une baleine échouée. Après quoi, j'imagine la tête de mes parents et celle de mon frère à l'enterrement, pas beaux, pas fiers, coupables comme dix de m'avoir poussée au suicide. J'imagine aussi la note que je leur laisserai : à défaut d'avoir raté ma vie, je suis heureuse de vous annoncer que j'ai réussi mon suicide. Le problème, c'est que je n'ai jamais le courage d'aller jusqu'au bout. Chaque fois, donc, je rate ma vie, mon suicide et une belle occasion de leur montrer que je ne suis pas n'importe qui.

J'ai seize ans. Quand je suis trop enragée pour me suicider, je m'enferme dans ma chambre et je broie du noir en écrivant. Je songe sérieusement à devenir écrivain. C'est la seule chose que je sais faire de mes dix doigts. À l'école, je ne réussis qu'en composition française. Mon prof, une vieille fille maigre qui gonfle sa poitrine avec des mouchoirs en papier, m'encourage énormément. Un jour, elle a lu ma composition à voix haute à toute la classe. Elle était tellement émue que les larmes lui sont montées aux yeux et qu'elle a dû fouiller dans les recoins les plus éloignés de son pull pour les éponger. La composition portait sur la naissance de mon frère et sur la nuit sinistre que j'avais passée seule à la maison à l'attendre. Évidemment, j'avais pris soin d'omettre certains détails, en l'occurrence la haine que j'ai vouée à mon frère dès qu'il est arrivé de la pouponnière et la haine que je lui ai réservée tout au long de sa croissance et de la mienne. Je n'avais retenu que la matière légale : l'émotion pétrie de tendresse de mes parents, l'innocence de mon frère, mon regard émerveillé sur cette nouvelle petite poupée. Je savais déjà qu'un écrivain, c'est avant tout un menteur-né. Il va sans dire que j'ai menti avec la dernière énergie.

Quand je n'écris pas pour l'école, j'envoie mes textes dans des concours littéraires. Un jour, les organisateurs d'un concours lancé par des agents immobiliers appellent à la maison. Comme mon père n'est pas au courant, il leur raccroche la ligne au nez en disant que la maison n'est pas à vendre. Les organisateurs rappellent en prenant soin cette fois de mentionner mon nom et le but de leur appel. Un monsieur m'annonce alors que je viens de gagner le deuxième prix et qu'un chèque me sera remis au cours d'une cérémonie. Je saute de joie et cours apprendre l'heureuse nouvelle à ma mère. Elle m'applaudit en déclarant que nous serons désormais deux dans la famille à écrire. La réaction de mon père est un peu moins enthousiaste. Il dit : comment ça, le deuxième prix ? T'aurais pas pu gagner le premier ?

La cérémonie a lieu au dernier étage d'une grande tour du centre-ville. Pour une fois, j'ai mis une robe, et c'est fière et rougissante que je vais cueillir le premier fruit de mes écrits. Je pose pour le photographe, entourée de mes parents et de mon frère, mais je suis un peu vexée lorsque le photographe me demande de tenir le chèque de deux cents dollars bien en évidence sous mon menton. On dirait que le chèque l'intéresse plus que celle qui l'a gagné. La cérémonie dure le temps de quelques discours arrosés de vin au vinaigre et d'olives dénoyautées. Mes parents sourient abondamment. Leur bonne humeur ne dure malheureusement pas longtemps. D'abord, mon frère, qui s'ennuie à mourir, a sorti sa vieille fronde et s'amuse à lancer des olives à la tête des invités, encouragé par mon père qui ne supporte pas les mondanités. Ma mère se fâche et accuse mon père de donner le mauvais exemple à mon frère. Mon père lui rétorque qu'elle a trop bu et qu'elle dit des bêtises. Nous plions bagage au bout de vingt minutes sans même remercier les agents immobiliers.

Dans l'ascenseur où nous nous regardons en chiens de faïence, mon père me demande de sortir le chèque que je viens de gagner. C'est un piège, évidemment. Il veut tester ma générosité et s'assurer que je ne suis pas un monument d'ingratitude. Hélas, je ne comprends pas le subterfuge. Quand il me demande de lui prêter de l'argent, je lui crie dans les oreilles : pas question, cet argent-là m'appartient. Je l'ai gagné à la sueur de mon front d'écrivain. Gagne donc tes propres concours, et laisse-moi les miens ! Comme la porte de l'ascenseur s'ouvre, mon père décrète : bravo, ma fille, tu viens de gagner le concours de la fille la plus égoïste du monde. L'année prochaine, j'espère qu'ils te remettront une médaille !

J'ai seize ans. Je fais la guerre à mon père et, bien que je me trouve toutes sortes de raisons, je me sens affreusement coupable. Coupable de ne pas lui avoir prêté l'argent. Coupable d'avoir gagné un concours. Coupable d'avoir voulu écrire, comme ma mère. Cette année-là, j'abandonne l'écriture pour le cinéma. Là, au moins, je suis assurée de ne rien gagner.

J'ai dix-sept ans. Les affaires de mon père ne sont pas encore florissantes, mais ce n'est plus qu'une question de temps. Son cercle d'amis a complètement changé. Il ne fréquente que des avocats, des notaires et des banquiers. De tous ses nouveaux amis, c'est le banquier qu'il préfère, ou du moins c'est lui qu'il courtise le plus assidûment. Le banquier est un homme plutôt terne qui dort dans son costume trois pièces et prend sa douche avec, par crainte de se mouiller. En plus d'entretenir un début de calvitie que mon père a promis de guérir, il souffre de strabisme. Quand je lui parle, je ne sais jamais à quel œil je dois m'adresser. La plupart du temps, je lui parle dans le milieu du front. Sa banque est attenante au collège que je fréquente et mon père me refile souvent une enveloppe à son intention. La plupart du temps, je m'arrange pour remettre l'enveloppe à sa secré-taire afin de ne pas avoir à serrer sa main moite et molle de seiche bancaire.

Ma vie au collège est nettement plus agréable qu'à l'école secondaire. Il y a des garçons dans tous mes cours, et certains se permettent même de fumer en classe. Les profs ont pratiquement notre âge et nous en profitons pour re-mettre en cause leur enseignement. De fait, mes années au collège seront une longue suite de remises en cause dans les classes et en dehors. Nous faisons souvent la grève. Je ne sais jamais pourquoi nous la faisons, mais je suis de toutes les batailles et de toutes les assemblées générales.

J'ai de nouveaux amis et nous avons érigé notre quartier général dans les escaliers au milieu de la grande salle. C'est là que nous nous retrouvons tous les jours pour discuter de la faim dans le monde. Dolores et moi sommes déjà inséparables. Nous suivons les mêmes cours, nous portons les mêmes jupes fleuries. Seuls nos goûts en matière de garçons diffèrent. Dolores aime les grands jacks baraqués comme des joueurs de hockey. Quant à moi, j'ai une prédilection pour les intellectuels sensibles et tourmentés qui ne pratiquent aucun sport, sinon le solfège.

À la maison, ça va de plus en plus mal. La vaisselle s'est remise à voler entre la cuisine et le salon. Dès que je pousse la porte d'entrée, je baisse automatiquement la tête pour éviter d'être assommée par un quelconque objet volant. J'attends toujours de mes parents qu'ils mettent une pancarte à vendre devant la maison et qu'ils l'agrémentent d'un prix de solde sur leur couple. Mon frère semble attendre la même chose que moi, même s'il ne le formule jamais aussi clairement. Il a beaucoup grandi, mon frère. Quand je tourne des films en super 8 pour mes cours de cinéma, je fais immanquablement appel à ses talents d'acteur. La plupart de mes films datant de cette époque portent sur les enfants. Je les filme au naturel, à travers les clôtures des parcs, derrière les carreaux sales des fenêtres ou devant les grilles des jardins. Selon mon prof de cinéma, je n'arrive pas à dissocier la prison de l'enfance. Avez-vous été battue pendant votre enfance ? me demande-t-il. Je réponds toujours la même chose : non, pas physiquement.

Un soir, mon père rentre à la maison avec une grosse enveloppe bourrée de bobines de films super 8. Il me demande d'aller porter l'enveloppe à son banquier le lendemain. Je suis étonnée. Je ne savais pas que son banquier s'intéressait au cinéma. Mon père réplique seulement que je dois remettre l'enveloppe en main propre au gérant, pas à sa secrétaire. « Compris ? »

Le lendemain, au lieu de me pointer à la banque, je fais un détour par la grande salle. Une demi-douzaine de mes amis sont rassemblés à ne rien faire. J'ai la brillante idée de les inviter à une petite projection privée, gracieuseté de mon père. La salle de projection est déserte. Nous nous entassons dans la dernière cabine au fond du couloir. Il y a là un projecteur super 8 en permanence. J'éteins les lumières, j'allume le projecteur. Dolores lance à la blague : ça serait rigolo si c'était un film porno. Elle ne croyait pas si bien dire. Aux premières images floues et mal cadrées, nous reconnaissons effectivement un film porno, même si nous n'avons jamais étudié le film porno dans nos cours d'histoire du cinéma.

Pour l'instant, le film est plutôt innocent et ne campe qu'une fille seule dans une grange mal éclairée. La fille se déshabille lentement. Les garçons de la bande sifflent pour cacher leur excitation et les filles rient trop fort en rougissant jusqu'à la racine des cheveux. Lorsque l'héroïne du film est complètement nue, elle se dirige vers le fond de la grange. Le souffle coupé, nous avons hâte de voir son étalon. Nous multiplions d'ailleurs les plaisanteries sur les bijoux de famille de ce dernier en lançant des pointes aux garçons qui font semblant d'en savoir plus long que nous sur ces choses-là. En réalité, ils ne savent rien du tout et sont aussi puceaux que nous.

Dans la cabine encombrée, les rires ont diminué et un malaise flotte dans l'air. Je me demande même si je ne devrais pas couper court à la projection, mais étant donné que je n'ai encore jamais fait « ça » de ma vie et que j'aimerais bien voir comment on s'y prend, je décide de continuer. Et tout à coup, alors que je ne m'y attends vraiment pas, je découvre avec effroi que la fille n'a pas rendez-vous sur la paille avec un homme. L'imbécile a rendez-vous avec un cheval qui braque sur elle un œil glauque de bête de cirque avant de se dresser sur ses deux pattes et de révéler à l'assistance médusée un énorme et monstrueux sexe bandé. C'en est trop. Une fille vient de pousser un cri d'horreur. Une autre dit qu'elle a mal au cœur. Les garçons sont tellement confondus qu'ils se sauvent en prétextant qu'ils sont en retard à leur cours. J'ai éteint le projecteur en catastrophe et je prie Dolores de réembobiner le film à ma place. Nous quittons les lieux précipitamment, sans nous regarder. J'ai envie de jeter l'enveloppe aux poubelles, mais je me souviens subitement de la mission qui m'a été confiée. Comment vais-je pouvoir l'accomplir sans vomir au visage du banquier ?

Je quitte le collège à midi. Dolores a essayé de me consoler en disant que ce n'était qu'un mauvais moment à passer. C'est gentil de sa part, sauf que ça ne change rien au fait que je suis seule à le passer. Je marche lentement en mesurant chaque pas qui me rapproche de la banque et du satyre qui y sévit. En entrant dans la banque, je fais une prière pour que le satyre soit parti dîner. Peine perdue. Il est là, assis derrière sa cage de verre, et parle au téléphone en agitant ses mains dans les airs. Je l'attends en regardant le plancher et en comptant les tuiles du carrelage. J'y vois alors poindre deux souliers polis comme des rubis. Lorsqu'il me tend la main pour serrer la mienne, je m'empresse de lui présenter le paquet, évitant ainsi tout contact physique avec cet homme que j'imagine dans un sous-sol sombre en train de se livrer à Dieu seul sait quelles cochonneries. Il prend le paquet nonchalamment et me remercie en souriant. Je tourne les talons avant même qu'il n'ait pu dire au revoir. Je viens d'un seul coup de perdre deux de mes plus deux précieuses illusions. L'amour, si j'ai bien compris, ne se fait pas juste dans les champs de marguerites au son d'un concert de harpe et de violon. Quant à l'argent, il a une odeur : celle du fumier.

23

LA ROUE DE FORTUNE

Dan Comète et Julien Paradis se voyaient maintenant très souvent pour préciser les grandes lignes de leur projet secret. Julien Paradis avait fait le trajet jusqu'à Saint-Hubert à quelques reprises et Dan Comète lui rendit la politesse en débarquant chez nous à l'improviste. Je me réjouissais de cette nouvelle amitié et me berçais de l'illusion qu'un tel rapprochement servait mes intérêts. Dan Comète semblait en tout cas se réchauffer à l'idée de participer à mon film. Quant à Julien Paradis, il avait cessé de m'accabler avec ses projets de mariage et me foutait enfin la paix. Comment ne pas me réjouir ? C'était malheureusement ne rien comprendre au cours incontrôlable des événements ni à son convoi de circonstances atténuantes.

Pourquoi donc sommes-nous aveugles de naissance, incapables de voir clair dans le présent que nous tissons quotidiennement ? Pourquoi ne recouvrons-nous la vue que lorsqu'il est trop tard, quand tout a été dit et fait, et qu'il ne reste plus qu'un tas de miettes et de cendres ? Je pose ces questions maintenant, mais à l'époque elles ne m'effleuraient pas l'esprit. Il faut dire que j'avais l'esprit quelque peu endormi par le calme apparent qui régnait sur l'avortement du printemps. Mon mariage mis en veilleuse, je respirais plus normalement sans faire de cauchemars à propos de la couleur de ma robe de noces ou de ce que je répondrais au curé quand il me poserait la question fatidique. Ce n'était peut-être qu'un sursis, mais il me remplissait d'aise et me portait à croire que j'allais m'en tirer à bon compte sans prendre de décision. Et puisque prendre des décisions, trancher, choisir, était une activité que je redoutais plus que la peste, le fait d'en être dispensée me comblait.

C'est bizarre, quand même. On passe des années à vivre dans l'anticipation d'une catastrophe. On accumule les peurs comme de vieux vêtements. On crie au loup à tout bout de champ. Et pourtant, lorsque le désastre se produit enfin, on est presque soulagé. Comme si, à craindre le pire, on ne faisait dans le fond que l'espérer.

Je ne voyais pratiquement plus Dolores. Je l'entendais parfois rentrer la nuit et renverser les choses au passage, et je ne savais jamais si c'était la fatigue ou l'ivresse qui la rendait aussi maladroite. Elle travaillait toujours à L'Empire, mais avait entrepris l'enregistrement d'un disque avec l'aide financière de Bob. Nous ne faisions plus que nous croiser dans les escaliers en échangeant des nouvelles sommaires sur la météo. De temps en temps, elle glissait dans ma boîte aux lettres un mot écrit hâtivement, m'assurant qu'elle était toujours mon amie et m'invitant un de ces quatre jeudis à aller prendre un café entre filles comme dans le bon vieux temps. Trois fois de suite, pourtant, elle se décommanda à la dernière minute. Trois fois de suite, j'eus la nette impression qu'elle mentait.

En attendant des explications, je me remis à travailler à mon projet de documentaire, ou du moins à y penser en m'installant devant la fenêtre du salon. Le nez collé contre la vitre, je guettais les premiers signes du printemps, les yeux braqués sur l'horizon, suivant le déplacement des nuages troués par un soleil trop anémique pour m'injecter le miel de ses rayons. J'attendais le printemps, et ce dernier se faisait désirer comme le prince charmant. Et bien que son retard fût suspect, je n'y vis ni signe, ni prémonition. Je mis cela sur le compte d'une nature fantasque qui, dans ce coin-ci de la planète, prenait plaisir à nous empoisonner la vie. Hormis cette raison boiteuse, je n'en voyais d'autre qui pût m'éclairer et me faire comprendre que ce temps suspendu était en réalité chargé comme un canon.

Julien était de plus en plus fébrile. On aurait dit qu'il préparait un vol de banque ou le dynamitage d'un pont. Quand il n'était pas en train de comploter à Saint-Hubert, il allait faire de grandes promenades dans la nature avec un mètre à mesurer. J'eus beau plaisanter sur sa manie de tout calculer, y compris les pas qu'il faisait, Julien refusa de m'expliquer pourquoi il se baladait avec cet instrument. Je n'insistai pas. Le mystère du mètre m'intéressait moins que celui toujours pas élucidé de Françoise, la seule femme que Julien Paradis avait aimée avant moi. J'avais décidé qu'il fallait que je la retrouve coûte que coûte. Je n'en pouvais plus de voir son fantôme rôder dans les parages. Rien de pire que d'imaginer quelqu'un qu'on ne connaît pas. La réalité manquant à l'appel, on tombe dans le piège de la mystification. On lui attribue toutes les qualités et les vertus qui nous font défaut. On l'imagine plus belle, plus grande, plus intelligente qu'elle ne l'est réellement. Tous les excès sont permis, tous les abîmes aussi.

Il fallait donc que j'en aie le cœur net et que je

retrouve cette fameuse Françoise, ne serait-ce que pour la faire descendre de son piédestal. Julien ne fit rien pour me faciliter la tâche. Il m'avoua du bout des lèvres son nom de famille — Faubert — en s'empressant de répéter qu'elle n'habitait plus à Montréal et que je perdais mon temps. Je m'entêtais tout de même. Je savais que Julien mentait, pour la simple et bonne raison qu'il redoutait notre éventuelle rencontre et l'information précieuse que je pourrais en retirer. J'appelai en vain tous les F. Faubert de l'annuaire. Entre les Frédéric, les François, les Florida et les Fernand, quelques Françoise répondirent au téléphone pour me révéler qu'elles ne connaissaient Julien Paradis ni d'Ève ni d'Adam. Il y avait toujours les registres de la Ville, mais la démarche était complexe et nécessitait une série d'opérations bureaucratiques qui prendraient au moins mille ans, à supposer, de plus, que je fournisse une adresse et un numéro d'assurance sociale. D'ici là, Françoise Faubert risquait effectivement de quitter la ville, sinon le continent. Il restait bien sûr une dernière possibilité. Elle n'était pas particulièrement éclairée mais avais-je vraiment le choix ?

* * *

Stella Lumières avait équipé sa porte d'un arsenal de chaînes et de cadenas. Elle mit presque une minute à tout déverrouiller. Son chat avait été remplacé par un jeune homme agissant comme valet, qui nous apporta le café sur un plateau rouillé. Stella Lumières avait sorti un jeu de cartes et l'avait posé silencieusement sur sa table de travail. En plus d'être graphologue, Stella lisait le tarot. Je lui expliquai rapidement la situation et la pressai de m'aider à y voir clair.

— Je vous l'avais dit, hein ? fit Stella Lumières avec ses prunelles noires dilatées.

— Dit quoi ? fis-je avec scepticisme.

— Qu'il y avait une troisième personne dans l'histoire. C'est elle qui tire les ficelles, je l'ai toujours su.

Je réprimai un geste d'impatience. Stella voyait des complots partout. À la longue, ça l'aveuglait.

— C'est pas ce que vous pensez, fis-je en essayant de rester polie. La personne que je cherche ne tire aucune ficelle. Mon ami l'a perdue de vue depuis longtemps. Il dit même qu'elle vit ailleurs.

— Alors, pourquoi vous vous intéressez à elle ? fit Stella, insultée que je remette en cause sa technique de divination.

— Parce qu'elle connaît la personne avec qui j'habite mieux que moi et qu'elle pourrait probablement m'apprendre beaucoup de choses à son sujet. Vous me suivez ?

— Je vous suis, mais je crois que vous ne voulez pas voir la vérité... enfin, bon, allons vérifier du côté des cartes, fit Stella avec humeur.

Elle me tendit le paquet en m'intimant de le garder quelques instants entre mes mains. Puis elle me demanda de mêler le jeu avant de le lui remettre. Elle étala les cartes en demi-cercle devant elle et les retourna une à une. Le tableau était inquiétant. J'avais en effet trouvé le moyen de faire sortir quelques bonnes cartes et plusieurs désastreuses, dont le Chariot, le Mât, la Roue de fortune et la terrible Maison-Dieu, la carte de la chute et de la ruine. Des temps mouvementés m'attendaient, temps que Stella qualifia diplomatiquement de changements majeurs et profonds. Quant à la mystérieuse Françoise, elle se présenta sous les traits d'une mauvaise Papesse, tempérée à gauche par la carte de la Justice et à droite par celle du Roi-Soleil. Fait important, la Papesse siégeait en périphérie du Bateleur, la carte qui me représentait ce jour-là.

— Elle ne tire peut-être pas les ficelles, fit Stella en connaissance de cause, mais son influence rayonne jusque dans votre maison.

Stella mêla à nouveau les cartes, puis avec un jeu réduit me demanda de lui poser une question. Il y en avait une que je brûlais de poser depuis longtemps : allais-je bientôt retrouver Françoise, et de quelle façon ? Je tirai une carte au hasard. C'était la Roue de fortune.

— C'est bien ce qui me semblait, fit Stella comme si le scénario se déroulait tel qu'elle l'avait imaginé. Vous allez effectivement la rencontrer, mais presque par hasard, où moment où vous ne vous y attendrez plus.

— Comment ça ? fis-je quelque peu désarçonnée.

— C'est simple, dit Stella Lumières. Ne la cherchez plus, c'est elle qui va vous trouver, et plus vite que vous ne le pensez.

*   *   *

Je rentrai à l'appartement plus déterminée que jamais à tout faire avouer à Julien Paradis. Mais ce dernier s'était évaporé une fois de plus. Il m'avait laissé en gage une note collée contre l'écran de la télé. Je l'arrachai et la froissai sans prendre la peine de la lire. Je me ravisai. Peut-être avait-il, dans un élan de générosité, décidé de me donner l'adresse de Françoise. Je défroissai la note. Madeleine avait appelé, m'indiquait Julien. Elle voulait me voir. Pour une nouvelle, c'en était une, à moins évidemment que Madeleine ne sache quelque chose que j'ignorais. Peut-être avait-elle été à l'école avec Françoise ?

Madeleine ne connaissait pas Françoise. Et même si elle l'avait connue, elle n'était pas en état de se souvenir de Françoise ni de qui que ce soit.

— Je quitte Victor, m'annonça-t-elle d'une voix funèbre.

Elle marqua un temps de silence pour me laisser absorber la nouvelle, puis se lança dans le récit détaillé des événements. Elle m'assura qu'elle était en excellents termes avec Victor et qu'ils avaient d'un commun accord décidé de se séparer. Elle avait pleuré toute la nuit. Victor avait pleuré, lui aussi. Je les imaginai aussitôt tous les deux assis sur le lit, un seau à leurs pieds pour recueillir leurs larmes.

— Mais où vas-tu aller ? fis-je d'un air effaré en espérant l'entendre dire qu'elle n'y avait pas pensé. Madeleine resta impassible. Une amie venait d'emménager dans un grand logement sur deux étages et cherchait quelqu'un avec qui le partager. Madeleine s'était proposée. Elle pourrait partir dès la semaine prochaine. Et les enfants ? Elle y avait réfléchi : une semaine sur deux, comme dans les meilleures familles désunies.

Madeleine pleurait et moi, pendant ce temps-là, je ne savais que dire, que faire. La prendre dans mes bras pour la consoler ? Mes bras restaient ballants au bout de mon corps, coupés de leurs ficelles. Je n'ai jamais su comment consoler les gens. Alors, dans le silence qui s'installa entre nous, j'ai dit cette chose affreuse à Madeleine. Je lui ait dit qu'elle ne pouvait pas faire cela. Elle ne pouvait pas s'en aller. Madeleine continuait à pleurer, les épaules secouées par ses sanglots. Elle ne m'écoutait pas. Je me suis approchée d'elle, même si j'avais très peur de la toucher et de mourir électrocutée au contact de ses larmes, et j'ai tenté de la dissuader. Je la voyais sur le bord de la falaise, prête à sauter, et je la retenais, même si je savais qu'il ne me restait plus qu'à la pousser. Et je me détestais de ne pas la pousser, de ne pas l'aider en quelque sorte à enfoncer le couteau que j'avais moi-même planté. Et si je ne le faisais pas, ce n'était pas pour elle, c'était pour moi, parce que j'avais besoin qu'elle reste et qu'elle sauve toutes nos apparences.

Madeleine a essuyé ses larmes et, d'une voix rauque, m'a dit que sa décision était prise, que c'était à cause de moi, que je lui avais fait voir clair. Un ressort s'est cassé dans ma tête et dans mon cœur. C'est toujours ainsi quand je sens les océans se déchaîner autour de moi. Je fuis. Je me dérobe. Je fais tout pour éviter d'être contaminée. Le chagrin des autres me rappelle le mien et je ne saurais dire lequel me fait le plus de peine. Désolée, ai-je dit d'une petite voix mécanique en marchant à reculons vers la sortie. Vraiment désolée. La porte s'est refermée. Je venais de perdre mon dernier pilier.

*   *   *

Dans ma boîte aux lettres, il y avait un mot de Dolores : Tonight's the night, rendez-vous sous la statue de l'ange au pied de la montagne à minuit. Une petite cuillère en argent sertie d'une pierre verte et assortie à un briquet tombèrent de l'enveloppe. Je les ramassai lentement en les regardant miroiter à la lumière, et avant même que je ne puisse en faire le moindre usage, Julien Paradis arriva à ma rencontre. Il avait les yeux brillants comme la lumière au fond du tunnel et un sourire malicieux accroché aux lèvres.

— C'est ce soir, m'informa-t-il en chuchotant. Prépare-toi, et surtout n'oublie pas la caméra.

Plutôt que d'accueillir la nouvelle avec enthousiasme, je la reçus comme une gifle de plus dans la série qui depuis ce matin s'abattait sur moi. Toute l'anxiété refoulée se mit à bouillonner avec une intensité qui m'étonna. Julien Paradis eut droit à la plus grande colère de cette fin de siècle. Une colère qui explosa comme s'il venait de mettre le pied sur une grenade dégoupillée dans un champ de blé.

L'explosion le projeta sanglant contre les quatre murs de l'appartement. Julien ne sut jamais quelle terrible parole il avait prononcée pour déclencher un tel déluge d'hostilité. Je ne pus malheureusement pas lui expliquer. J'étais en proie à trop d'émotions confuses pour calmement rationaliser mon désarroi. Je n'eus même pas la présence d'esprit de lui annoncer la fin de Victor et Madeleine. Au lieu de cela, je lui lançai le cadeau de Dolores au visage en le traitant de tous les noms et en lui disant d'aller se pendre avec sa maudite caméra.

— Calme-toi, Alice, fit Julien. La caméra, c'est très important.

— Dans ce cas-là, prends-la toi-même ! fulminai-je.

— C'est impossible, Alice, j'aurais pas le temps de filmer, plaida en vain Julien.

La rage m'empêchait de l'écouter, et encore plus de l'entendre. Voyant qu'il ne réussirait pas à me calmer, il se contenta de répéter le message. Puis, d'un geste impatient, il enfila sa veste, ramassa la boîte de métal à ses pieds et sortit.

J'essayai de rejoindre Dolores durant le reste de la journée et une partie de la soirée pour savoir ce qu'elle savait que je ne savais pas. Mais Dolores était introuvable. À L'Empire, on ne l'attendait pas aujourd'hui. Elle n'était pas à son appartement, ni au studio d'enregistrement, ni même chez Bob dont le répondeur attestait que la vie était courte et qu'il ne servait à rien d'appeler si on ne laissait pas de message. À quoi je répondis que, si la vie était courte, le message du répondeur était beaucoup trop long. Je faillis redescendre chez Madeleine, mais me rappelai que je ne pouvais plus compter sur la rassurante épouse au foyer qu'elle avait été.

Je sortis à la tombée de la nuit sans trop savoir où

aller. Julien Paradis avait pris la voiture. Et bien qu'il m'ait demandé la permission, j'en fus proprement furieuse. Chaque fois qu'il partait avec ma voiture, c'est comme s'il me privait de mes jambes. Or personne n'avait le droit de badiner avec mes jambes, Julien Paradis le savait mieux que quiconque.

Je partis en pestant et je marchai sans discernement dans les rues étroites bordées de lampadaires. Je remontai la rue Rachel comme le saumon remonte les rivières, seule dans la nuit comme un bateau en mer qui fend la brume, seule avec ma peine et mes amis dispersés aux quatre vents, seule en cette fin de siècle glaciaire, guidée par une lumière artificielle qui éclarait tout sans rien révéler. La nuit était froide. Le pavé était rongé par le calcium. Je descendis une rue étroite peuplée de condos invendus, des condos à perte de vue comme les pierres tombales des cimetières, des condos semblables à des abris nucléaires aménagés pour les occupants condamnés à l'errance de leurs télécommandes.

Comme je traversais la rue, j'entendis un klaxon. Je l'ignorai, croyant que j'avais affaire à un énervé qui s'amusait à faire peur aux piétons. Le klaxon retentit de nouveau. Je me retournai. C'était Œil-de-Vitre dans sa Westfalia. Le hasard fait drôlement les choses, me dis-je en marchant vers sa camionnette. Il ouvrit la portière du passager et m'invita de la main à prendre place à côté de lui.

— Qu'est-ce que tu fais de bon ? me demanda-t-il.

— Rien, répondis-je, j'essaie de me perdre dans la nuit.

— Je peux te déposer quelque part ?

— Le sommet de la montagne, fis-je après réflexion. J'ai envie d'avoir la ville à mes pieds.

La Westfalia a gravi lentement la côte qui mène à l'observatoire, là où la ville ressemble à une maquette tapissée d'étoiles, là où on a l'impression de s'élever au-dessus de la mêlée pour regarder l'humanité s'agiter inutilement. Il y avait peu de voitures sur l'étroite bande de stationnement. Œil-de-Vitre a coupé le moteur et nous sommes restés longtemps à regarder droit devant nous et à imaginer les millions de vie qui palpitaient à nos pieds.

— Qu'est-ce que tu vois ? ai-je demandé à Œil-de-Vitre.

— Je vois madame Tartampion devant sa télé. Plus loin, les Tremblay ont fini de souper. Là-bas, quelqu'un a claqué la porte pour de bon, et là, juste en bas, un homme vient de foncer dans un poteau de téléphone parce qu'il marchait tête baissée, fit Œil-de-Vitre.

— C'est une soirée calme, si je comprends bien.

— Tellement calme que la police joue aux dominos et que les pompiers font des mots croisés.

— Pas d'accidents, d'incendies, de meurtres, de vols ?

— Non, rien de rien. Le calme plat.

Rassurée par le diagnostic, je demandai à mon chauffeur de redescendre et de m'emmener faire le tour des beaux quartiers tout près. Les rues étaient si tranquilles qu'on aurait dit que leurs habitants étaient morts ou en train de rédiger leur testament. Les lumières étaient allumées, mais aucune ombre, aucune silhouette ne passait devant l'écran des fenêtres. Le film était interrompu, les acteurs à la pause café.

— Est-ce qu'il y a une vie après la mort ? fis-je à Œil-de-Vitre.

— Je ne sais pas, répondit-il. De toute façon, ce qui compte, c'est qu'il y ait une vie *avant* la mort.

— Ce soir, en tout cas, on n'est pas servis.

— On est en vie, nous, non ? dit-il.

— Des fois, je me le demande.

— Tu vois la vie trop en noir, fit Œil-de-Vitre, tu

devrais essayer le rose de temps en temps.

— Es-tu déjà allé au Nebraska ? lui demandai-je à brûle-pourpoint.

— Le Nebraska, réfléchit-il, non, toi ?

— Non plus... enfin pas pour l'instant.

À vingt-trois heures, je demandai à Œil-de-Vitre de me déposer au pied de la montagne près de la statue de l'ange. Il voulut attendre avec moi le dénouement des événements, mais j'avais besoin d'être seule pendant un certain temps. Il le comprit et m'invita à le rejoindre à L'Éclipse quand tout serait fini. Sa Westfalia démarra sans bruit. Dans le ciel d'encre, je vis poindre le halo orangé de la pleine lune et j'aperçus le clignotement de quelques rares étoiles qui tentaient péniblement de s'affirmer. Avenue du Parc, les voitures se précipitaient vers le centre-ville dans une cascade pailletée de diamants. Leurs lumières m'éblouirent et me firent chercher refuge au pied de l'ange menaçant posé sur un immense socle vert-de-gris. Je m'assis sur une marche en frissonnant et fixai le profil lumineux de la ville qui se découpait à l'horizon. Je vis la place Ville-Marie se dresser dans la nuit et suivis le mouvement rotatif de son phare qui balayait la ville et ne s'arrêtait sur rien. Rien de précis.

Les araignées coincées dans ma montre remontaient lentement vers le sommet en chantant : il est minuit moins cinq, Alice, minuit moins cinq. Un cycliste égaré traversa la place, tête baissée. Un autre qui se croit en été ! marmonnai-je à qui voulait bien m'entendre. Il n'y avait personne autour. Je me levai alors pour faire les cent pas du côté des bosquets déplumés. Toute cette nature pétrifiée me donnait la chair de poule.

À minuit et quart, j'allai vers le versant sud de la montagne et vis tout à coup une petite lumière clignoter au-dessus de la place Ville-Marie. Elle ressemblait à la lumière d'un ovni. Je suivis sa course le long de la ligne brisée des gratte-ciel. Puis, tout à coup, à la hauteur de l'avenue du Parc, elle sembla hésiter et bifurqua en direction de la montagne. Je me dressai sur la pointe des pieds. Elle s'approchait en ligne droite comme si un mètre la guidait et lui pavait la voie. J'y regardai de plus près : c'était bel et bien un avion. Le cou tendu vers l'horizon, j'entendis le grondement du moteur et constatai que l'avion était seulement à quelques mètres de la tête de l'ange et ressemblait à une mouche épinglée sur un tableau noir. Un coup de vent balaya les environs et du ciel se mit à tomber une pluie fine et grise qui s'égrena sur la cime des arbres, comme une pluie de cendres froides échappées d'un quelconque incinérateur. Une main s'agita à l'extérieur de l'avion et balança ensuite une nuée de feuilles blanches qui s'envolèrent au vent.

Immobile au milieu de la place, je vis l'avion reprendre la direction du centre-ville. Je repartis du côté des bosquets et m'arrêtai à l'orée du champ gelé. Et, alors que je ne m'y attendais plus, l'avion fit volte-face et amorça avec des soubresauts terrifiants un atterrissage, là sur l'herbe gelée, devant moi.

Je crois que j'ai fermé les yeux. Je les ai fermés très longtemps pour ne pas voir l'avion s'écraser ni affronter la meute de journalistes qui se précipiteraient sur les lieux de la catastrophe et me tendraient le micro pour que j'y crache. J'entendis des sirènes d'ambulances gémir au loin, et lorsque j'entrouvris un premier œil, l'hélice tournait comme une crécelle à quelque cinq cents mètres de moi. L'avion avait atterri sur une patte sans se briser les ailes. Une première portière s'ouvrit, puis une deuxième. Dan Comète et Julien Paradis sautèrent chacun de leur côté en riant aux éclats. Je crois qu'ils riaient tellement fort que leurs rires enterrèrent pendant quelques secondes le cri des sirènes. Lorsqu'ils m'aperçurent blottie contre les bosquets l'air terrifié, ils se mirent à sauter et à me faire de grands signes. C'est là que j'entendis cet imbécile de Julien Paradis me poser à travers les branches une question qui aujourd'hui encore me met hors de moi : pourquoi, demanda Julien Paradis, pourquoi t'as pas apporté la caméra ?

24

ON NE MEURT JAMAIS
LE MERCREDI

Quatre voitures de police freinèrent d'un coup sec au pied de l'ange qui se balançait toujours sur une patte comme s'il cherchait à fuir et que la main de Dieu ou du Diable l'en empêchait. Ils furent suivis par deux camions de pompiers et par trois ambulances qui se bousculèrent à la ligne d'arrivée. La circulation à la hauteur de la statue fut momentanément détournée et, dans la mêlée générale, j'entendis cette deuxième question de Julien Paradis qui, menottes aux mains, me demanda avec insistance où étaient passés Bob et Dolores.

— Tu le sais mieux que moi ! jappai-je par-dessus l'épaule d'un policier qui me barrait la route.

— Ils nous suivaient depuis Saint-Hubert, on faisait la course, lança Julien Paradis avant de disparaître dans la voiture de police et me laissant seule devant la foule intriguée.

Deux détectives s'approchèrent de moi et voulurent que je me porte témoin. Je leur répondis que j'étais myope et souvent atteinte de troubles de mémoire ; ma déclaration les laissa songeurs. Ils notèrent toutefois mon nom en m'observant du coin de l'œil comme si j'étais le maître d'œuvre de ce beau gâchis. Et, dans une certaine mesure, je suis prête à reconnaître qu'ils avaient vu juste à travers ma myopie.

Dan Comète avait été poussée dans une première voiture de police avant que les journalistes ne la pressent de questions. Ces derniers se tournèrent donc vers moi et tentèrent en vain de m'arracher quelque confession. J'invoquai de nouveau ma myopie, mes troubles de mémoire, agrémentant le tout de phrases décousues, amputées de verbes et de compléments, tactique grammaticale qui sut les convaincre que j'étais quelque peu sonnée, donc indigne de foi. En quittant les lieux, je me retournai vers la carcasse de l'avion qu'une gigantesque remorque essayait de déplacer et constatai une fois de plus que Dolores m'avait laissée tomber. Elle ne perd rien pour attendre, celle-là, dis-je en serrant les dents et en concluant que l'amitié, comme le reste de la vie, n'était qu'une vaste fumisterie.

Julien Paradis téléphona pendant la nuit pour m'annoncer qu'il passait devant le juge aux premières heures du matin. Il serait probablement libéré sous caution. Quant à Dan Comète, son cas était plus compliqué. Elle risquait de perdre son permis de pilote, et même de faire de la prison. Julien était atterré.

— C'est de ma faute, tout ça, fit-il avec consternation.

— Dan Comète savait ce qu'elle faisait, non ?

— C'est pas une raison, j'aurais dû l'en empêcher,

déclara Julien Paradis avant de raccrocher.

Le lendemain, je me précipitai au magasin pour acheter le *Journal de Montréal*. D'habitude, je l'achète pour vérifier si je ne connais pas quelqu'un sur la liste des fatalités du week-end ou encore si mon propre nom ne s'y est pas glissé. Au fil des ans, j'ai remarqué que les gens meurent surtout le samedi et le dimanche quand il n'y a que des rapports de chiens écrasés pour alimenter l'actualité. Pour ce qui est des morts du mardi ou du mercredi, ils se font généralement voler la vedette par des politiciens rusés qui n'ont pas besoin de payer de leur vie pour qu'on parle d'eux.

Chemin faisant, je me disais que l'heure de gloire de Julien Paradis était peut-être arrivée et que je le retrouverais à la une du journal sous la rubrique : « Écrivain inconnu désormais célèbre pour complicité avec une pirate de l'air ». J'imaginai le Super Cub éclaboussé sur la première page avec les visages de Julien et de Dan Comète en médaillon. Or, quel ne fut pas mon étonnement de constater que l'incident avait été relégué aux pages intérieures, au profit d'un spectaculaire carambolage sur le pont Jacques-Cartier. La photo de la une avait été prise la nuit et on ne discernait pas grand-chose, sinon une sinistre sculpture de métal tordu sur fond de scintillement de phares. L'image avait une qualité proprement surréaliste. Je jetai un rapide coup d'œil avant de tourner à la page trois où il était effectivement question de l'atterrissage d'un Super Cub sur le flanc de la montagne. L'engin de Dan Comète n'était plus qu'un avion miniature posé comme un cheveu sur le crâne chauve de la montagne. Et comme je m'attardais à la photo sans prendre la peine de lire l'article, mon regard fut attiré par une capsule en haut de la page où on pouvait lire : « Ils faisaient la course avec l'avion avant de capoter ».

J'ai dû lire le contenu de la capsule au moins vingt

fois, presque mécaniquement, comme s'il s'agissait d'un fait divers qui ne me concernait pas. Ils étaient morts sur le coup, entre le ciel et la terre dans la courbe fatale du pont Jacques-Cartier. Morts sur le coup. Je répétai les mots à voix haute. Morts et enterrés sur le pont Jacques-Cartier. Dire que j'y étais passée si souvent et eux aussi, sans jamais nous douter qu'un jour cette courbe serait fatale pour deux d'entre nous. Dire qu'il existait comme cela plein d'endroits à Montréal, des lieux prédestinés qui nous attendaient de toute éternité pour nous conduire, comme ils le disent, à notre dernier repos. Dire que chacun de nous portait l'heure, la date et le lieu de sa mort, et que nous ne serions pas foutus de le savoir de notre vivant.

J'ai lu l'article au bas de la page. L'auteur ne semblait pas savoir grand-chose sur eux, sinon qu'ils formaient un couple et que le conducteur conduisait une BMW. Rien de plus, rien de moins. Un couple en BMW avait trouvé la mort sur le pont Jacques-Cartier en faisant la course avec un avion.

J'ai refermé le journal avec le respect qu'on porte à un missel. Il trônait sur la table de la cuisine avec les restes du déjeuner et me fit frissonner. Allions-nous tous finir à la page trois du *Journal de Montréal*, un lundi matin ? Et qu'arriverait-il si c'était mardi ou mercredi et qu'il n'y avait plus d'espace dans le journal ? Serions-nous en vie pour autant ?

M'emparant du briquet que Dolores m'avait laissé en héritage comme si elle avait toujours su, j'approchai sa flamme vacillante du journal et fis sur-le-champ un autodafé à la mémoire de ma meilleure amie. Le détecteur de fumée dans le couloir se mit à hurler et la fumée à se répandre. Le journal fut rongé par les flammes et réduit en cendres. Il auréola la table de cuisine d'un immense cerne noir. Je pensai alors à cette phrase qui n'est pas de moi mais que je fis mienne, cette phrase qui dit que les journaux d'hier sont des cimetières...

*   *   *

Julien fut libéré avec l'ouverture des banques. Je pus payer sa caution sans dévaliser mon père. Il ne nous restait plus qu'à attendre le procès. Dan Comète eut moins de chance que lui. La caution était très élevée. Nous aurions pu nous débrouiller pour trouver l'argent, mais Dan Comète refusa d'emblée. Elle préféra attendre son procès en prison. J'allai lui rendre visite à quelques reprises pour lui tenir compagnie, mais surtout pour savoir ce qui l'avait poussée à défier ainsi la loi de l'aviation. Elle m'expliqua qu'elle avait voulu terminer sa carrière de pilote en beauté.

— Si j'avais continué, dit-elle, j'aurais fini comme mon père.

— Mais tu adorais ton père, fis-je complètement déroutée.

— Je l'adorais peut-être, mais c'est lui qui m'a obligée à piloter des avions. Personnellement, j'aurais préféré apprendre le piano.

— Tu aurais pu vendre ton avion, dans ce cas-là ?

— Jamais de la vie ! Je ne viens pas d'une famille de brocanteurs, moi ! fit-elle, insultée.

— Dans ce cas-là, pourquoi ne pas continuer ?

— Pour ne pas finir comme mon père dans un accident bête, un accident dont personne n'aurait parlé.

Je ne comprenais vraiment pas ce qu'elle voulait dire. N'avait-elle pas cessé de piloter à cause des journalistes et des concessionnaires qui l'embêtaient avec leurs causes et leurs marques de bière ? Dan Comète se tut un instant. Elle prit son menton entre ses mains et regarda par terre. La cloche sonna la fin de l'heure des visites. Dan Comète se leva et me regarda d'un drôle d'air.

— Je croyais que tu détestais la publicité, insistai-je.

Elle hésita un instant en passant un doigt distrait sur le rebord de la table en bois.

— Moi aussi, je le croyais, fit-elle en se retournant.

* * *

— À quoi tu penses ? demanda Julien Paradis.

— Je pense que je ne suis pas réaliste.

— C'est quoi, ça, la réalité ?

— C'est rien, c'est un concept, répondis-je avec philosophie.

Nous roulions en voiture. Julien avait mis son beau costume à fines rayures et une chemise d'un blanc éclatant. Il était coiffé, rasé, parfumé. C'était le Julien des grands jours, le Julien du dimanche. Moi, j'étais en noir. J'avais mis la seule robe de ma maigre collection qui ressemblait à un enterrement. En l'enfilant, je m'étais d'ailleurs demandé si j'aurais encore beaucoup d'autres occasions de la porter. J'espérais que non. De toute façon, je n'avais qu'une meilleure amie. Maintenant qu'elle était partie, pas question de la remplacer.

L'aiguille dans la boîte de vitesse tremblait dangereusement. Les voitures que nous dépassions semblaient pratiquement immobiles. J'en fis la remarque à Julien en menaçant de lui confisquer le volant. Il me conseilla de me calmer. Je lui répondis de ralentir. Il rétorqua que ce n'était pas le moment, que nous allions être en retard pour la cérémonie.

— C'est le moment ou jamais, Julien, ce serait vraiment trop bête de mourir en se rendant à un enterrement.

Dans le village où Dolores était née, il n'y avait pas

grand-chose à voir, sinon des rangées de maisons basses dominées par le clocher d'une église. Les trottoirs étaient déserts, les rues aussi. C'était un village comme tant d'autres, un village calme et sans ambitions, où il n'y avait rien à faire sinon pleurer d'ennui.

J'ai aperçu une maison verte sertie de jolis volets blancs. Des êtres humains palabraient sur le perron. Sa façade donnait sur une rue tranquille fleurie de saules trop paresseux pour pleurer. Un immense tableau d'affichage tapissé de velours nous attendait sur le seuil de la porte. J'y ai lu le nom de Dolores en lettres de Velcro. Ses tantes étaient à l'intérieur, assises en rond avec leurs varices et leurs robes à gros imprimés. J'ai reconnu sa mère même si je ne l'avais jamais vue de ma vie. Elle avait de petits poignets comme Dolores et des chevilles fines comme des brins d'herbe. Elle voulait un cercueil ouvert pour sa fille. Mais Dolores était trop coquette pour se montrer en plein jour, le visage défiguré.

— Vous la connaissiez ? me demanda une vieille dame du village.

— Vaguement, lui répondis-je.

— Moi aussi, poursuivit-elle. Je l'ai vue une fois à la télévision. Remarquez que c'était au câble, mais le câble, c'est de la télévision pareil. Tout le monde parlait d'elle dans le village quand elle est montée à la grande ville. C'était une bien belle fille, pleine d'avenir.

J'ai prié la vieille dame de bien vouloir m'excuser. J'ai cherché en vain des visages familiers. Je n'ai trouvé que des visages blêmes de commères et de cartomanciennes. Stella Lumières m'est apparue parmi une gerbe de fleurs mortuaires. Je l'ai entendue dire que la vie de Dolores serait belle jusqu'à trente-trois ans, et qu'après elle la regarderait passer comme à travers une fenêtre. J'ai repéré les fenêtres autour et me suis demandé si Dolores se cachait derrière l'une d'elles.

Dans l'église baignée de soleil, l'encens saturait l'air comme une réminiscence de patchouli. Les oiseaux chantaient aux vitraux et l'orgue avait le son grave des sermons. Victor, Madeleine et leurs trois enfants étaient assis dans la troisième rangée. Œil-de-Vitre, pour sa part, se tenait complètement en arrière. Elle a vécu sa vie pleinement, a dit le prêtre devant le cercueil en bois blanc. J'ai voulu protester au nom de Dolores qui n'aurait certes pas approuvé le choix de la couleur ni du matériau. Elle aurait aimé quelque chose d'un peu plus fantaisiste : un cercueil en béton criblé de graffiti probablement. De toute façon, elle n'y resterait pas longtemps. Elle ne tenait jamais en place. Pourquoi le ferait-elle maintenant ?

Dehors, le soleil était aveuglant. Nous avons descendu les marches de l'église en trébuchant avant d'emboîter le pas jusqu'au cimetière, à la queue leu leu comme à la petite école. Les gens étaient silencieux, les arbres aussi. Les croque-morts ont posé la boîte blanche sur une sorte d'ascenseur. Le cercueil est descendu lentement emportant avec lui et pour longtemps ma meilleure amie. Je n'ai pas pleuré. J'ai juste fermé les yeux. La réalité est un concept, me suis-je dit, et la mort, un simple passage à vide. Quand je serai morte, j'irai rejoindre Dolores. Dolores et le président Kennedy.

J'ai retrouvé les invités au sous-sol de la salle paroissiale. La mère de Dolores avait commandé un buffet. C'était une hôtesse parfaite, sa mère. Elle avait pensé à tout : aux crudités, aux olives, aux sandwichs aux œufs et aux verres en plastique. Son père n'avait pensé à rien. Il mâchouillait une branche de céleri et se tenait coi dans un coin avec sa peine à peine visible.

J'ai dit à Julien que j'en avais assez de tout ce cirque et que la plaisanterie avait assez duré.

— Vous vous en allez déjà ? m'a demandé sa mère. Vous n'avez rien mangé.

Je lui ai répondu que j'étais pressée. J'ai tiré la manche de Julien et salué de la main Victor, Madeleine et Œil-de-Vitre. Nous avons marché en silence jusqu'à la voiture. Quand j'ai refermé la portière, je ne sais pas ce qui m'a pris. Je me suis mise à rire. À rire comme une imbécile.

— Qu'est-ce que t'as à rire comme ça ? demanda Julien Paradis.

— Je ne ris pas, ai-je menti.

— C'est pas de ma faute, tu sais, poursuivit-il, moi je n'étais pas d'accord, mais Bob a insisté.

— Oui, je sais, ils insistent toujours. Ils défendent leur honneur et celui de la profession.

— Qu'est-ce que tu racontes, Alice ?

— Rien, rien, je ne raconte rien, fis-je en hochant la tête. Au fait, Julien, tu ne m'as jamais dit ?

— Quoi ?

— Qu'est-ce qu'il y avait dans la boîte ?

— Quelle boîte ?

— La boîte que t'as emportée avec toi dans l'avion ?

— Ah, cette boîte-là...

— Oui, cette boîte-là, qu'est-ce qu'il y avait dedans ?

— Rien de très important.

— Julien...

— Rien, je te dis.

— Julien Paradis !

— Bon, d'accord... Les cendres de mon premier roman.

— Les quoi ?

— Il fallait que je les disperse aux quatre vents, sans

quoi je ne pouvais pas continuer à écrire. Elles m'obsédaient.

— Et le paquet de feuilles blanches ?

— La même chose... C'est pas de ma faute, tu sais.

— C'est de la faute à qui, alors ?

— À personne, soupira Julien, c'est un concours de circonstances.

— Un concours, en effet... Je me demande qui l'a gagné ?

Julien Paradis ne répondit pas. De longues heures s'écoulèrent avant que nous n'échangions d'autres paroles. Julien Paradis conduisait toujours et, du coin de l'œil, je surveillais son profil impassible découpé contre la vitre où venaient s'écraser des gouttes de pluie. J'aimais beaucoup le profil de Julien Paradis. Pourtant, ce jour-là, son profil m'apparut comme celui d'un parfait étranger.

Lorsque nous arrivâmes enfin à l'appartement, je compris que ce voyage à rebours nous avait définitivement séparés. Nous pourrions continuer à vivre des siècles ensemble sans que cela y change quoi que ce soit. Je fis malgré tout une dernière tentative de rapprochement. Je n'y croyais qu'à moitié, mais si Julien avait compris, nous serions peut-être encore ensemble.

— Julien, fis-je avec une sorte de désespoir, si on partait au Nebraska demain, comme ça, sans prévenir, sans rien... ?

Nous venions d'arriver devant l'appartement. Julien coupa le moteur et se tourna vers moi.

— J'ai quelque chose à te proposer, Alice, dit Julien qui ne m'avait pas écoutée.

Il marqua un silence, puis lentement, calmement, il dit :

— Marions-nous, Alice, marions-nous avant qu'il

ne soit trop tard... C'est le temps, Alice. C'est maintenant ou jamais.

Je jetai un coup d'œil à la fenêtre de Dolores, la fenêtre qui était toujours là, qui n'avait pas bougé et qui scellait les vêtements encore chauds et les meubles portant les empreintes de ma meilleure amie. Je me retournai en soupirant vers Julien Paradis qui n'avait rien compris. Je lui fis signe de la tête que j'acceptais.

*   *   *

Je suis allée choisir ma robe en organdi chez La Mariée de l'an 2000. Ma mère ne pouvait pas m'accompagner. Elle a prétendu qu'elle était retenue par une migraine. Je la comprends. J'ai moi-même mal à la tête chaque fois que je me lève et qu'une nouvelle page du calendrier me saute au visage. Plus que deux jours. Julien a acheté la bague de fiançailles : trois anneaux dorés sertis de pierres bleues. Il a hâte de se marier, moi j'ai hâte d'en finir.

Ma mère m'a dit : tu fais une erreur monumentale, ma fille. Mon père m'a dit : surtout, n'écoute pas ta mère. J'ai revu Œil-de-Vitre par hasard dans la rue. Il m'a parlé de son premier mariage. Il n'a jamais compris pourquoi il s'était marié. En revanche, il a toujours su pourquoi il avait divorcé.

J'ai renversé du jus de tomates sur ma robe de mariée. Je ne l'ai pas fait exprès. J'étais en pleine répétition générale devant mon miroir. Mon miroir me désespère. Devant lui, je n'ai jamais l'air d'une mariée. J'ai l'air d'un pneu Michelin en blanc.

La veille des noces, Julien est allé à Québec remplir des dossiers, des fichiers, des formules, et que sais-je encore. Il m'a laissée seule dans l'appartement. Il a eu tort. Sans lui, je ne me possède plus. J'ai appelé Madeleine pour qu'elle vienne à mon secours. Mais Madeleine était coincée entre un cours de méditation et une session de tai-chi. Chez Dolores, les nouveaux locataires rénovaient avec fureur. Je me suis bourrée de Virgin Mary et de valiums, puis j'ai fait venir du poulet. Je n'ai pas eu le courage de le manger. J'ai appelé Œil-de-Vitre. Je lui ai demandé de venir me consoler. Il est arrivé dans le temps de le dire. Il m'a dit : tu es folle, le mariage ce n'est pas pour toi. J'ai répondu : pas plus folle que les autres. J'ai mis ma robe de mariée sans culotte. Nous avons fait l'amour sur la table de la salle à manger.

Œil-de-Vitre est reparti pendant la nuit. Julien a téléphoné peu de temps après son départ. Je lui ai dit que je ne savais plus si je l'aimais. J'ai ajouté que le mariage n'était peut-être pas une si bonne affaire. Julien a répondu que le mariage était un contrat qu'on pouvait annuler n'importe quand. J'ai répliqué que ça me soulageait de savoir que ce n'était pas si important que ça. Julien a coupé court à la conversation : marions-nous d'abord, on verra après, a-t-il lancé en raccrochant.

J'ai erré dans l'appartement le reste de la nuit comme une âme en peine. J'ai pensé à Dolores, et plus je pensais à elle, plus je me sentais craquer. Je me suis demandé pourquoi certaines personne meurent à vingt ou à trente ans, avant d'avoir commencé quoi que ce soit. Était-ce une clause dans leur contrat ? Pourquoi eux plutôt que Julien, Madeleine ou moi ? À quoi servait-il d'avoir de la volonté et du courage si, au bout du compte, nous n'avions jamais le choix ?

J'ai allumé la télé au canal des Immeubles Vidéo. J'ai regardé les bungalows vides défiler sur l'écran en me demandant où étaient donc partis les habitants. Puis j'ai glissé dans le VHS une cassette trouvée au hasard. J'ai revu un morceau de ma vie avec Julien Paradis défiler en accéléré.

Subitement, à travers la neige et les lignes chaotiques, j'ai aperçu un visage. Un visage familier. Celui de Françoise Faubert. Nous allions enfin nous rencontrer.

Françoise était couchée dans une chambre blanche, probablement une chambre d'hôpital. Elle n'avait pas l'air très forte, même ses draps avaient plus de couleur qu'elle. J'ai monté le son. Mon cher Julien, a-t-elle murmuré, je crois que c'est bientôt la fin... Ne t'inquiète pas, je pars en paix avec moi-même. La mort n'est pas si grave que ça. C'est juste de perdre les gens qu'on aime qui fait mal... Ne pense pas trop à moi quand je serai partie... Dépêche-toi de rencontrer quelqu'un d'autre et de l'épouser. Oui, tu as bien entendu, épouse-la. Si tu ne le fais pas pour toi, fais-le au moins pour moi, Julien. J'aurais tellement voulu qu'on se marie et qu'on ait beaucoup d'enfants. Je sais que tu trouvais ça idiot. Tu disais qu'on n'avait pas besoin de ça, qu'on était éternels... J'aurais aimé ça, être éternelle avec toi, mais c'est pas possible pour l'instant...

Françoise s'est tue un instant. Elle était visiblement à bout de souffle. Elle s'est tournée lentement vers sa table de chevet, y a pris un verre en tremblant. Elle a bu une toute petite gorgée, puis, avec le verre entre les mains, elle a dit : une dernière chose, Julien... une dernière chose... Promets-moi de disperser les cendres de mon roman au-dessus de la ville... Promets-le-moi...

25
ON EST BIEN PEU DE CHOSE...

J'ai dix-huit ans ; mes parents se sont séparés défini-tivement. Je suis malheureuse mais soulagée. On a beau être pour la paix des ménages et l'harmonie des couples, il y a une limite à ce que nos principes les plus chers peuvent endurer. Mon père a dit qu'il gardait les enfants, les disques et la télé. Ma mère n'a pas protesté. Ce n'était pas néces-saire. Un départ est une protestation en soi. Inutile d'en rajouter. Ma mère est partie vivre sa vie avec le divan du salon. Et comme la décoration intérieure n'a jamais été une priorité chez mes parents, le salon est maintenant privé de son unique pièce de mobilier.

J'ai dix-huit ans et je vis dans une maison qui tombe en ruine. L'acidité qui suinte des murs fait monter la ten-sion et fermenter les sentiments. Quand je m'y promène, je découvre à quel point on est bien peu de chose. On est son père, sa mère, sa société, son siècle, bref la somme des autres moins la somme de ses antécédents. Comment, après cela, croire qu'il existe une part de soi, une toute petite part, qui n'ait pas été contaminée ? Entre les lézardes des murs et les fentes du plancher, je sens un grand vide m'aspirer. J'aimerais bien que mon père m'aide à le combler, mais mon père est temporairement hors d'usage. Il rase les murs en solitaire. Il longe les lacs et les rivières en somnambule. Lorsqu'il sort de sa transe, il balance sa fortune du moment à l'eau, parce que l'argent, c'est comme de la merde : ça pue et ça empoisonne les relations. De retour à la maison, il cogne sur le comptoir de la cuisine, il donne des coups dans les placards et envoie valser les salières. Mon frère et moi le regardons faire sans broncher. Il redouble de colère et crie que c'est la faute des femmes. *Toutes* des salopes, de la première jusqu'à la dernière. *Toutes* des salopes, sauf sa mère, évidemment. Nous trouvons qu'il exagère. Nous ne nous gênons pas pour le lui dire. Il riposte en nous traitant de bons à rien, surtout moi, la dernière femme à portée de sa main.

Quand mon père se calme enfin, il organise des fêtes folles à la maison. Les invités débarquent quasiment par autobus nolisés et viennent renifler partout dans nos affaires. Mon père est un hôte charmant et, à le voir boire, danser et chanter à se fendre l'âme et les tympans, les invités trouvent que le divorce lui va à merveille. Ils ont beau croire ce qu'ils veulent et lui faire toute une réputation, moi je connais mon père mieux que personne. Je sais qu'il n'est plus que l'ombre de lui-même. Même son ombre est au courant.

J'ai dix-huit ans, ou du moins je fais semblant de les avoir. Certains jours, j'en ai quatre-vingt-deux. Cette foutue histoire entre mes parents m'a mise tout à l'envers. C'est ridicule. J'ai tellement souhaité à la fin qu'ils se séparent, pourquoi suis-je aussi désenchantée par le monde et la société ? Je ne crois plus à l'amour. Je ne crois plus au mariage. Je ne crois plus à rien. Je jure de ne pas avoir d'enfants, ni de divan, ni de salon. Ça tombe bien, l'époque est en pleine liquidation.

Je reste des journées entières enfermée dans ma chambre à regarder fixement les fleurs du papier. Je crois que je suis en train de devenir catatonique et qu'il faudra un jour me sortir sur une civière, le corps complètement raide et l'esprit complètement gelé. Mon frère a beau tambouriner sur la porte de ma chambre et mon père menacer de faire venir le serrurier, je ne bouge pas, je respire à peine, je fais la grève : la grève de moi-même.

Je continue à mariner pendant des jours, peut-être des semaines, toute seule avec mes pensées. Ni mon frère ni mon père ne me voient le bout du nez. Je ne sors de ma chambre que lorsqu'ils ont déserté la maison, et comme ils la désertent souvent, j'arrive très bien à m'alimenter et à combler mes rares besoins. Je n'ai pas de plan précis et je ne puis dire à quel moment je mettrai un terme à mon incubation. Mes amis téléphonent de temps en temps pour savoir ce que je deviens. Certains craignent que mon enfermement ne soit le fruit d'un complot paternel. Chaque fois que le téléphone sonne, mon père se fait d'ailleurs un devoir de hurler contre le mur de ma chambre pour qu'ils l'entendent bien se buter à mon obstination.

Toutes les tactiques d'intimidation de mon père échouent. Il essaie d'abord d'enfoncer la porte avec l'aide de mon frère. Peine perdue. Il ne vient pas à bout des quatorze chaînes et loquets que j'y ai posés. Il fait venir les pompiers qui plaquent leur échelle contre ma fenêtre pour tenter de me raisonner. Mais, étant donné qu'il n'y a pas le feu, que toutes les fenêtres sont scellées et que je me suis cachée sous le lit, les pompiers repartent bredouilles en

317

conseillant à mon père de m'ignorer. Ma mère consent à venir mettre son grain de sel. Je l'entends plaider pendant une heure pour les bienfaits de l'exercice et de l'air frais. Elle me dit que je suis en train de gâcher ma vie et de perdre mes meilleures années. Je lui riposte que ma vie est gâchée de toute façon et que ce qu'elle considère comme mes meilleures années est encore pire que ce que j'avais imaginé. Mon père se rabat sur ma vieille grand-mère qu'il fait expressément venir de Trois-Trous. Il l'installe dans la chambre voisine et lui demande de simuler un cancer du poumon. Et j'avoue que je craque juste à entendre son horrible toux résonner à travers la cloison. Quand je n'en peux plus, je me bouche les oreilles avec les bouts filtres de mes vieux mégots. Après quelques semaines, ma grand-mère en a assez de tousser sans la moindre gratification. Elle repart à Trois-Trous, convaincue qu'un jour je sortirai, faute d'oxygène et de cigarettes.

J'ai dix-huit ans et je fais semblant de résister, alors qu'en fait j'ai démissionné depuis longtemps. Le matin quand je me réveille, je ne me sens jamais comme une fille de dix-huit ans, ni comme un être humain du reste. Je me sens comme un magma, peut-être un légume, peut-être un pachyderme, peut-être même un ectoplasme. Le ramdam de la cuisine parvient jusqu'à mes oreilles en empruntant le chemin des escaliers, et j'y réponds en m'enfouissant plus profondément sous l'édredon.

Un jour, mon père se fâche pour de bon. Je l'entends gueuler dans le sous-sol. Il dit que ça ne se passera pas comme ça et que, si je veux jouer à ce petit jeu-là, il sait y jouer mieux que moi. On va voir ce qu'on va voir, hurle-t-il en montant les escaliers du pas lourd et déterminé du général qui monte à l'assaut, du chien qui va à la curée. Le premier coup de massue fait voler en éclats le miroir de ma chambre, le deuxième fait s'effondrer le lustre du plafond. Mon père a décidé qu'aux grands maux, les grands remèdes. Inutile de défoncer une porte quand on peut abattre une cloison. Il met de nombreuses heures à démolir le mur qui sépare ma chambre de la chambre voisine, et chaque coup de massue est une ode au défoulement.

Devant la tempête de plâtre et de poussière qui s'abat sur moi, je trouve refuge sous le lit en serrant une couverture contre moi et en suçant mon pouce. C'est la première image que mon père aura de moi : une fille de dix-huit ans retombée en enfance et agrippée à ses dernières possessions. Il refuse d'ailleurs de me regarder et se contente de dire qu'à partir d'aujourd'hui tout va changer. Il sort une valise du placard, l'installe au milieu de la pièce et, sans me regarder, dit à travers la forteresse de ses dents : si t'es pas bien ici, fous le camp !

* * *

J'ai dix-huit ans ; mes parents viennent de se séparer définitivement. Je me suis réfugiée dans un motel au bord d'une autoroute mal pavée. De ma fenêtre, je vois la ville me tourner le dos. De mon lit, je vois la queue d'un néon clignoter contre la lucarne d'une salle de bains crasseuse où un long cheveu noir s'est incrusté dans le lavabo. Dans le silence qui monte avec la nuit, j'entends un solo de saxo se faufiler sous les tapis élimés, le long des plinthes qui gondolent, et s'attaquer aux cordes sensibles de mon âme sous anesthésie. J'écoute attentivement cette ligne mélodique qui arrive en ligne droite et me fait croire que mes parents viendront bientôt me chercher et que nous vivrons heureux comme dans les contes de fées. Et je m'accroche à cette musique comme je m'accroche à toutes sortes d'idées qui ne tiennent pas debout mais qui me rassurent sur ma faculté d'en inventer.

Le climatiseur est en panne et je compte les gouttes d'eau qui tombent avec un bruit sourd sur le tapis. Je pensais qu'à force de les écouter, je trouverais le sommeil. Mais c'est mal connaître les raffinements de l'insomnie. Je me lève et je sors prendre l'air. Je n'arrive pas plus à respirer. J'aperçois l'eau tranquille de la piscine creusée au milieu du stationnement. Je m'en approche en voulant plonger dedans. Au lieu de cela, je plonge au fond de moi. Je tombe dans un grand trou turquoise violemment éclairé et tellement aveuglant que je ne peux pas le regarder. Mais je le regarde tout de même. C'est comme un volcan en éruption. Il râle, il rugit, il vomit sa douleur à la face de la terre. Et je m'approche du volcan même si je suis morte de peur. Sa grosse blessure s'ouvre et saigne abondamment, et je me demande s'il suffirait d'un mur de brique posé en diachylon pour qu'il se calme et cesse de gémir. Mais le volcan est plus fort que moi. Aucun mur de brique ne saurait le contenir.

Lorsque je retrouve mes esprits, c'est encore la nuit. Au loin, une grande roue illuminée tourne doucement en grinçant. Le saxophoniste a repris une nouvelle mélodie en répétant toujours les mêmes notes, toujours les mêmes harmonies comme une boucle magnétique, comme une prison : ma propre prison que je traîne partout avec moi parce que c'est plus commode et plus rassurant, parce qu'il vaut mieux se cramponner à n'importe quoi plutôt que de regarder le monde sans le filet de sécurité de ses parents. Alors je monte sur le toit du motel par l'escalier de secours et je regarde le ciel et les étoiles s'approcher à un point tel qu'il suffirait de tendre la main pour les décrocher. Mais je ne décroche rien du tout. Je reste sagement assise sur le rebord du toit, sans jamais regarder en bas.

J'ai trente-deux ans. Je viens de quitter mon futur mari, définitivement. Je crois que nous n'étions pas faits pour vivre ensemble. Ce matin, j'ai pris un avion pour Lincoln, la capitale du Nebraska. J'ai décidé d'aller y recommencer ma vie. Le Nebraska, c'est une sorte de plaisanterie dans la famille. Je suis partie à l'aube, quelques heures avant la cérémonie. Je n'ai jamais pris l'avion de ma vie. Ce n'est pas que je n'aime pas les voyages mais c'est plus fort que moi, les avions me donnent des boutons.

Il y a de drôles de hasards, quand même. Sur le vol pour Miami, je viens d'apercevoir un monsieur qui ressemble comme deux gouttes d'eau à mon ex-futur mari. Je le regarde à plusieurs reprises pour être bien certaine qu'il ne s'agit pas d'un effet d'optique ni d'un tour que mon imagination me joue. C'est un phénomène courant quand on quitte quelqu'un ou que celui-ci nous abandonne. On croit le voir partout. Sauf que, cette fois-ci, ce n'est vraiment pas de ma faute. Le monsieur en question est une réplique exacte de mon ex-futur mari. Il porte le chapeau comme lui. Quand il passe à côté de moi, je fais tout pour éviter son regard. Je ne me sens vraiment pas prête à m'embarquer dans une autre histoire.

Je ne sais pas ce qui se passe, mais le vol a été retardé. Le personnel vient justement de rouvrir les portes et invite les passagers qui le veulent à aller prendre l'air. Moi je ne dis jamais non à de telles invitations. Ils nous ont demandé de ne pas quitter la salle d'attente parce qu'il n'y en avait plus pour très longtemps. Ils nous disent cela depuis trois heures. Je commence à en avoir marre de leurs histoires, sans compter que je n'ai pas bu mon premier café de la journée. *Fresh coffee in a new town.* J'ai lu cette phrase quelque part. Je l'aime bien. C'est une phrase d'espoir qui pousse comme une fleur sur les décombres de la veille. Une phrase qui permet d'y voir clair et de tout recommencer. Je bois mon café froid dans le coffee shop de l'aéroport, les fesses collées au tabouret. Un homme s'assoit à mes côtés. Il engage la conversation et veut savoir pourquoi diable je vais au Nebraska. C'est une longue histoire, que je lui réponds. Il me suggère alors de l'accompagner à Washington. On voit qu'il me connaît mal. Je n'ai pas l'habitude de suivre des étrangers.

Je le regarde s'éloigner en me demandant comment j'ai fait pour en arriver là, dans cet aéroport tranquille, le matin du plus beau jour de ma vie. Je me lève sans attendre la réponse. Je traîne un peu dans les couloirs, je fais l'aller-retour entre la porte des arrivées et celle des départs. Des gens se tombent dans les bras comme s'ils avaient été séparés depuis des siècles. Demain ou dans dix minutes, ils n'y penseront plus, ils reprendront leurs habitudes interrompues, mais là, juste à la frontière des portes automatiques, alors que le visage familier se profile, lumineux comme un néon, ils ne se contiennent plus. Leurs émotions éclatent au grand jour en autant d'expressions qu'il y a d'individus.

Les portes automatiques sont redevenues immobiles. Les avions ont cessé de vomir leurs passagers. Une voix vient d'annoncer dans les haut-parleurs que le vol pour Miami est de nouveau prêt pour l'embarquement. C'est dommage. Je ne le prendrai pas.

J'ai repéré un téléphone public près des toilettes. Je m'en approche lentement. À ne pas savoir pourquoi on part, on ne part pas vraiment, on ne lâche pas prise. Je décroche le combiné et compose le numéro d'un vieil ami. Ce n'est pas vraiment un vieil ami dans le sens où on l'entend. Je le connais depuis peu mais au fond c'est comme si on se connaissait depuis toujours. Il s'appelle Œil-de-Vitre. Enfin, ce n'est pas son vrai nom. Il faut dire que ce n'est pas son vrai œil non plus. Il me fait penser à mon grand-père. Il lui manquait un œil, à lui aussi, mais cela ne l'a jamais empêché de voir clair.

Œil-de-Vitre décroche le téléphone. Sa voix est pâteuse de sommeil. Il me dit : ne bouge pas, j'arrive. Je lui réponds : pas de danger, je ne bouge plus depuis longtemps. Œil-de-Vitre se pointe à l'aéroport à 9 heures pile. Il reste quelques secondes devant moi sans rien dire, puis s'empare de ma valise en m'entraînant dehors. Nous dépassons des centaines de voitures posées comme des conserves sur le béton avant de monter dans la Westfalia. Nous roulons sur l'autoroute en silence et en regardant dans la même direction. La ville est calme. C'est le printemps. La neige fond par plaques grises. Les escaliers des maisons sont mouillés d'une rosée abondante.

Œil-de-Vitre ouvre la porte de son appartement. Le chien du voisin aboie. Il n'y a pas de robe de mariée sur la table de la salle à manger, juste une immense carte des États-Unis avec un cercle rouge autour du Nebraska.

ÉPILOGUE

Julien Paradis ne s'est pas rendu à l'église. Il s'est perdu en cours de route. Je crois qu'il a eu encore plus peur que moi de se marier. Les invités de la noce nous ont attendus en vain. Ils ont fini la journée dans un hôtel de la ville en buvant à notre santé. Mon père était furieux. C'est lui qui a payé l'addition. Quant à ma mère, elle jubilait de voir que j'avais finalement suivi ses conseils. J'ai mis quelques semaines avant de les rappeler et de leur expliquer les raisons de ma démission.

Aux dernières nouvelles, Julien s'est installé dans la maison de Dan Comète pendant que celle-ci purge une peine d'un an pour atteinte à la sécurité publique et violation des règlements de l'aviation. Il paraît que Julien a renoncé à écrire. Il s'est lancé dans la fabrication de l'hydromel. Il passe ses journées avec des abeilles en leur racontant qu'il est le plus grand écrivain de sa génération.

Je ne vois plus Madeleine, mais on se parle au téléphone de temps en temps. Elle vit seule avec ses trois enfants. Elle cultive dans son jardin de nombreux amants. Quant à Victor, il a quitté toutes ses maîtresses pour vivre avec un homme. Notre copropriété a été transformée en condominium. Œil-de-Vitre, recyclé dans l'immobilier, a négocié la transaction. Moi, je ne m'en sentais pas capable. Je me suis remise à écrire. Je ne sais pas ce qui m'a pris. Je parle beaucoup moins qu'avant, c'est probablement pour ça. Il faut se taire pour écrire, ou alors ne plus savoir quoi dire aux gens. J'ai déménagé dans un bungalow en banlieue de Montréal. Œil-de-Vitre habite à trois pas de chez moi. Je vis plus souvent qu'autrement dans mes pensées, sans jamais mettre les pieds dehors, sauf pour tondre mon gazon. La plupart du temps, je regarde par la fenêtre le paysage morne des piscines creusées et des flamants roses, qui me rassurent sur l'existence sans pour autant m'obliger à y participer. Je ne connais aucun de mes voisins et ne tiens pas à les connaître ni à les fréquenter. Leurs familles semblent unies. Je ne sais pas si elles le sont vraiment. Pour trompeuses qu'elles soient, les apparences me suffisent en ce moment.

Je ne peux pas dire que j'ai changé, sauf peut-être sur un point. Moi qui ne manquais jamais un anniversaire, je préfère maintenant les éviter. C'est pourquoi j'ai décidé qu'aujourd'hui, jour de mes trente-trois ans, je ne ferai rien d'extraordinaire. Je ne suis pas sortie de la journée malgré le soleil incendiaire qui brûlait les herbes folles sur mon perron. Je n'ai pas répondu au téléphone bien qu'il n'ait sonné qu'une fois. Vers la fin de l'après-midi, Œil-de-Vitre s'est pointé avec des fleurs et un gâteau. Il voulait à tout prix m'entraîner dans le jardin. Sur le coup, j'ai refusé. Je ne suis pas du genre jardinière, et puis le pollen me donne le rhume des foins. Œil-de-Vitre a insisté en prétendant que c'était indécent de passer une aussi belle journée en prison. Je n'ai pas osé lui dire que la prison avait parfois plus d'avantages que d'inconvénients.

Œil-de-Vitre a tellement insisté que j'ai fini par céder. Après tout, si j'ai réussi à rester en vie tout ce temps-là, je pourrais peut-être commencer à en profiter. Dans le jardin plein de lumière, j'ai découvert avec étonnement une table sertie d'une nappe blanche sous le grand lilas en fleur. Des ballons accrochés aux branches se balançaient doucement au vent. Œil-de-Vitre avait aménagé un décor de fête champêtre où il ne manquait que le joueur d'accordéon. Je me suis assise au bout de la table devant mon gâteau d'anniversaire qui fondait d'appréhension. Le soleil jetait ses rayons obliques sur la nappe d'un blanc éclatant. L'air embaumait le lilas comme du temps de mon grand-père quand la vie était si simple et que l'aube ne portait pas la moindre trahison. J'ai entendu au loin des enfants crier en plongeant dans leur piscine et des chiens aboyer en reconnaissant les pas du maître de la maison. J'ai entendu une maman appeler sa famille reconstituée et un bébé crier au meurtre dans sa couche mouillée. J'ai voulu me boucher les oreilles pour ne plus entendre tous ces sons à la fois étranges et familiers qui me rappelaient tout ce que je n'avais pas connu, tout ce que j'avais appris à détester. Mais je ne me suis pas bouché les oreilles. J'ai juste enfilé une paire de lunettes de soleil. Pour la première fois depuis longtemps, je crois que j'ai pleuré.

Montréal, mai 1990

Table